Ingrid Retterath

Westerwald

Wanderungen für die Seele

20 Wohlfühlwege

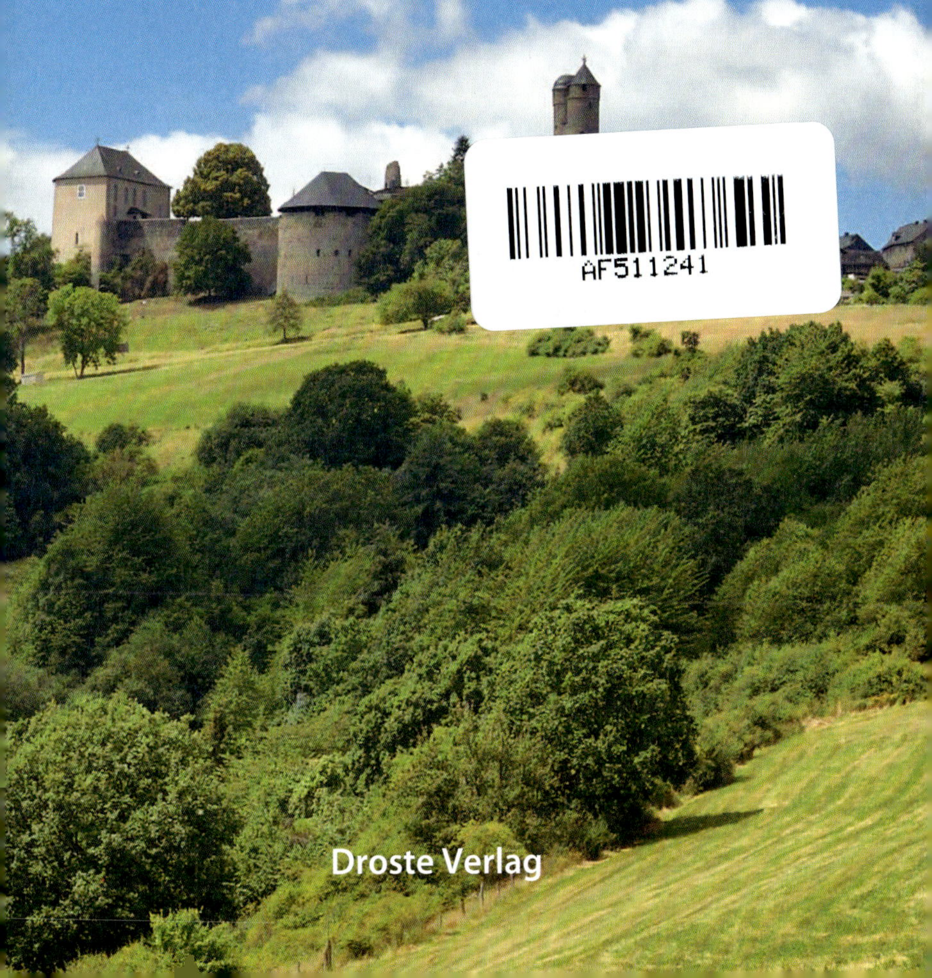

Droste Verlag

ALLE WANDERUNGEN AUF EINEN BLICK

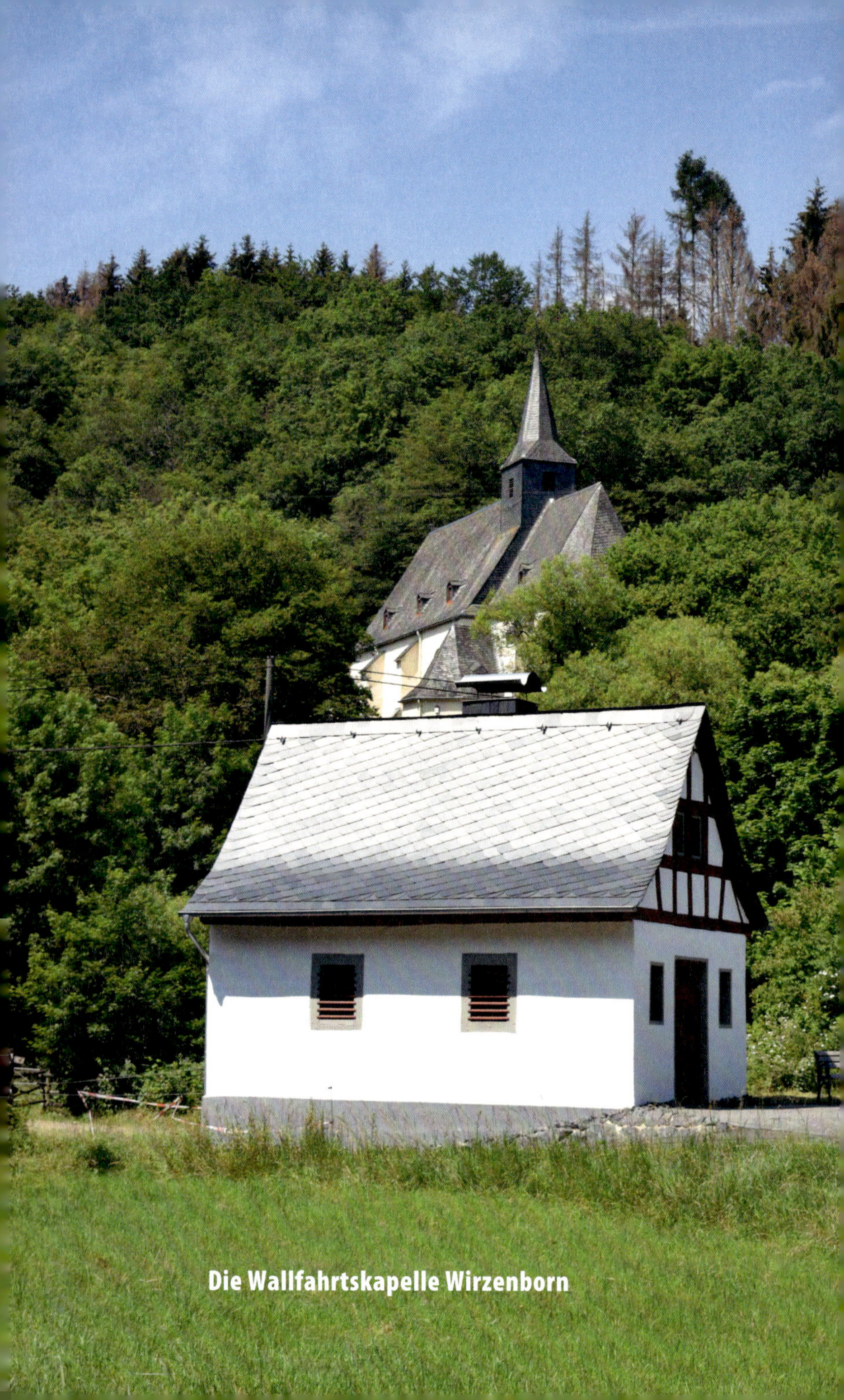

Die Wallfahrtskapelle Wirzenborn

Liebe Wanderfreunde und Auszeitsucher

Zwischen Sieg, Dill, Lahn und Rhein lässt es sich herrlich wandern. Und auch hier gilt wie so oft: Die Entscheidung für genau diese 20 Touren ist keine Entscheidung gegen alle anderen!

Leben ist Veränderung. Die heißen und – vor allem – trockenen Sommer 2018 und 2019 schwächten die Abwehrkräfte der Nadelgehölze so sehr, dass 2019 und 2020 viele Bäume den Stürmen und dem Borkenkäfer zum Opfer fielen. Wo ich noch von einem dichten Nadelwald schreibe, können Sie vielleicht schon Panoramablicke genießen. Wir freuen uns daher allerorts an dem fröhlich-jungen Grün der Laubbäume, die nun mit aller Kraft direkt in den Himmel wachsen wollen.

Weniger ist manchmal mehr. Wir eifern nicht um den längsten oder anstrengendsten Wanderweg. Eine kurze Runde mit vielen schönen Naturerlebnissen und Pausen, Gedanken und Gesprächen bringt uns frische Energie für den Alltag. Deshalb lassen sich die vorgeschlagenen Touren oft noch weiter abkürzen.

Felskuscheln und Waldbaden. Was andere über uns denken, ist uns beim Wandern egal. Wenn uns danach ist, umarmen wir einen Baum, streicheln ein Moospolster oder feuern lauthals eine Schnecke an, die über den Weg „huscht".

Danke schön sage ich an Stephan, Freddy und Myria für die gemeinsamen Wege.

Ihnen wünsche ich viele erfrischende Wanderungen mit Streicheleinheiten für die Seele.

Ingrid Retterath

NATUR-INFO

KULTUR-INFO

TOUREN-/EVENT-INFO

GENUSS-INFO

INSPIRATION

* 13,6 Kilometer
* 401 Höhenmeter
* 5 Stunden
* Rundweg

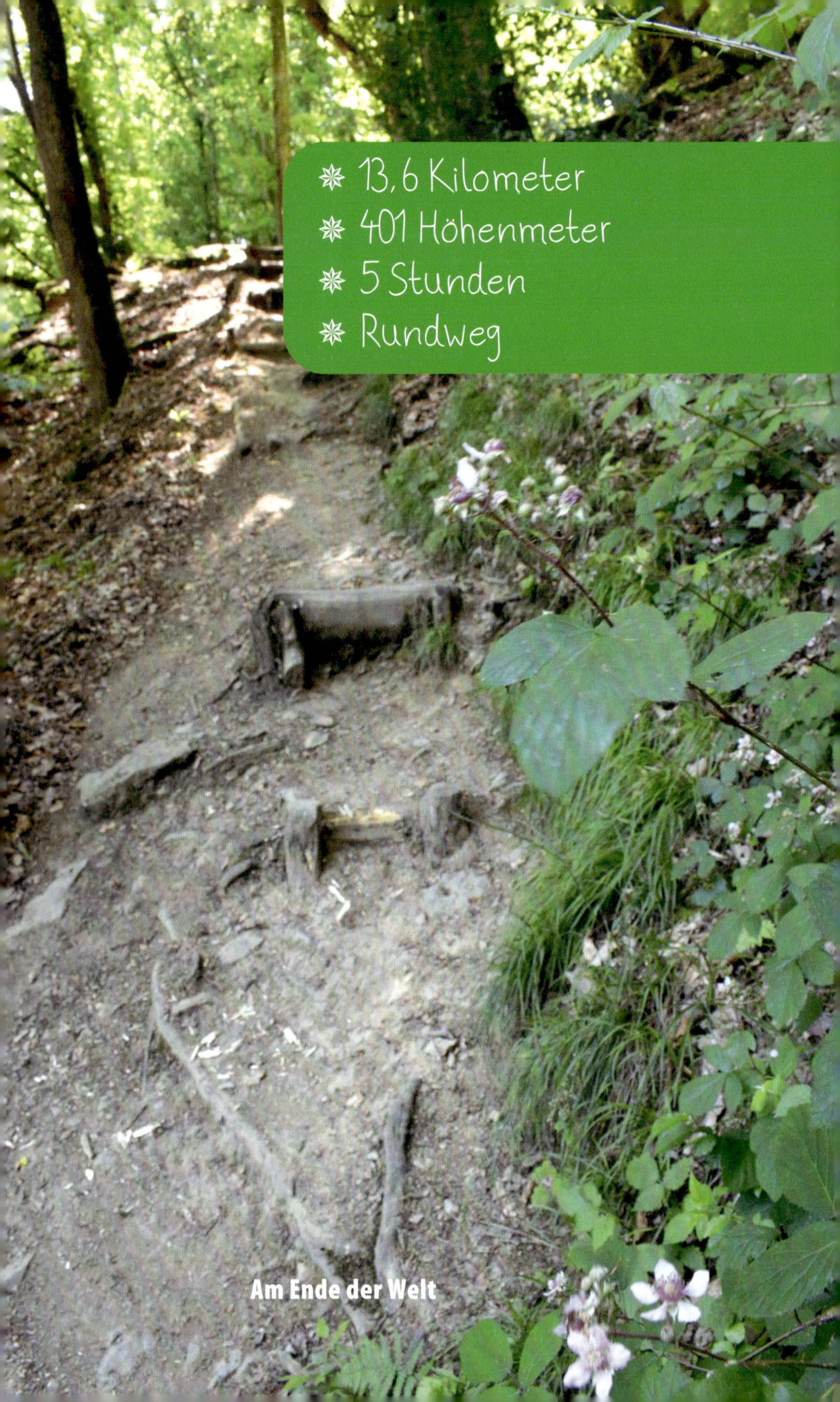

Am Ende der Welt

Die Sonnentour

In der Kroppacher Schweiz

Wir starten am Parkplatz vor der Klostermauer von Kloster Marienthal und folgen den Wegweisern des **Westerwaldsteigs,** einem grünen **W** auf weißem Grund. Bis wir in die Nähe des Ortes Racksen kommen, können wir uns durchgehend an diesem Wegzeichen orientieren. Am Hotelparkplatz des Marienthaler Hofs gehen wir geradeaus in den **Lohmühlenweg,** der hinter dem letzten Haus geschottert in den Wald führt. An der folgenden T-Kreuzung halten wir uns links und etwa 20 Meter dahinter rechts. Der Waldweg führt stetig bergauf zu einer T-Kreuzung, hier gehen wir nach links. Schon 60 Meter weiter folgen wir einem Forstweg nach rechts.

Wir verlassen den Wald und gehen direkt dahinter links. Auf einem Grasweg am Waldrand gelangen wir zu einer **Aussichtsbank ❶.** Hier gönnen wir uns die ersten Genuss-Minuten. Die Aussicht auf Racksen und das Seelbachtal ist an diesem sonnigen Tag bezaubernd.

An der Bank verlassen wir den Westerwaldsteig und wandern geradeaus zum Ortsrand von Racksen. Wir laufen geradeaus an einem Fachwerkhaus entlang zu einer Gabelung an einem geschieferten Haus, hier geht es nach links. Der Weg führt bergauf, zunächst asphaltiert, dann als Naturpfad am Waldrand entlang. Hinter dem letzten Feld wandern wir rechts am Feldrand bergab zu einem Asphaltweg, dem wir nach links folgen. Etwa 300 Meter weiter gehen wir nach rechts hinab ins Dörfchen **Haderschen.** Der Wirtschaftsweg heißt nun **Hümerichsweg.**

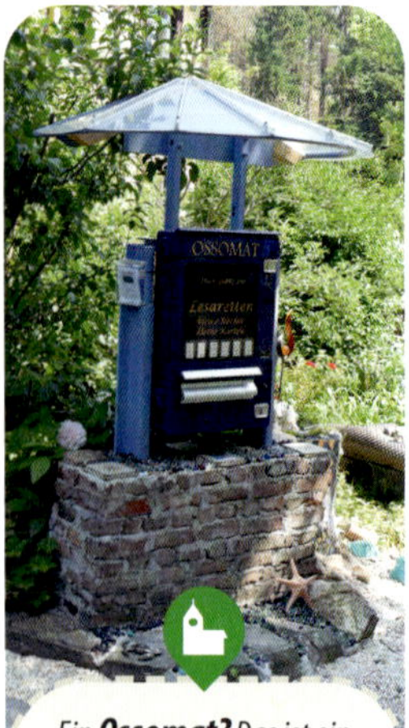

Ein ***Ossomat?*** *Das ist ein umgebauter Schacht-Zigarettenautomat mit „Lesaretten", bezaubernden Schachteln mit einem kleinen Buch oder Glückwunschkarten, die alle einen engen Bezug zum Westerwald haben. Mein Tipp für die Seele: Sau-Zen.*

Hinter der **Sonnenuhr** **2** am Haus Nummer 14 kommen wir an eine Dreiergabelung. Wir folgen der linken Straße bergab und bleiben weiter auf dem Hümerichsweg: An der nächsten T-Kreuzung verläuft er nach links, an einer Gabelung rechts, an der Bank unter der Linde wieder rechts und etwa 30 Meter dahinter links. Kaum sind wir abgebogen, fallen uns das **Haus Vielfalt** und der leuchtend **blaue Ossomat** **3** an der linken Seite auf.

Unser Weg führt zwischen dem Grundstück von Haus Vielfalt und einem kleinen Mühlenteich zum Waldrand. Dort biegen wir rechts ab und laufen durch die Auen des Seelbachs zur K 42. Nachdem wir dic Straße und einen Schotterplatz überquert haben, nehmen wir den Naturpfad, der am Ende des Platzes halb rechts wieder ans Seelbachufer führt.

Der Pfad endet nach etwa 700 Metern an einer Wegkreuzung, an der wir geradeaus **(Sonnenweg, Westerwaldsteig)** weiter durch das Seelbachtal wandern. Auch an der nächsten Wegkreuzung gehen wir geradeaus. Hinter der **Sonnenuhr im Seelbachtal** **4** halten wir uns auf einer Wiese zunächst rechts und gehen weiter oben links auf ein Wäldchen zu.

Dort treffen wir auf die Raiffeisenstraße (B 256), die wir achtsam überqueren. Nach links blicken wir auf den Ort Helmerotherhöhe, bevor wir bergab in den nächsten Wald eintauchen, also dem Forstweg nach rechts folgen.

An der folgenden T-Kreuzung horchen wir noch einmal gut auf unsere innere Stimme. Sind wir heute fit, trittsicher und schwindelfrei genug, um dem **Westerwaldsteig** auf seiner alpinen Streckenführung durch das Nistertal zu folgen? Dann biegen wir hier links ab.

Oder ziehen wir die leicht begehbare **Alternativroute** vor, die ebenfalls als Westerwaldsteig markiert ist und uns rechts nach etwa 300 Metern wieder auf unseren Rundweg bringt? Sie ist 3 Kilometer kürzer, aber spart auch den eindeutigen Höhepunkt der Wanderung aus.

Für die Seele

Auf dem Weltendepfad konzentrieren wir uns allein auf das Hier und Jetzt. Unsere Belohnung: das wohlig-warme Gefühl einer gemeisterten Herausforderung.

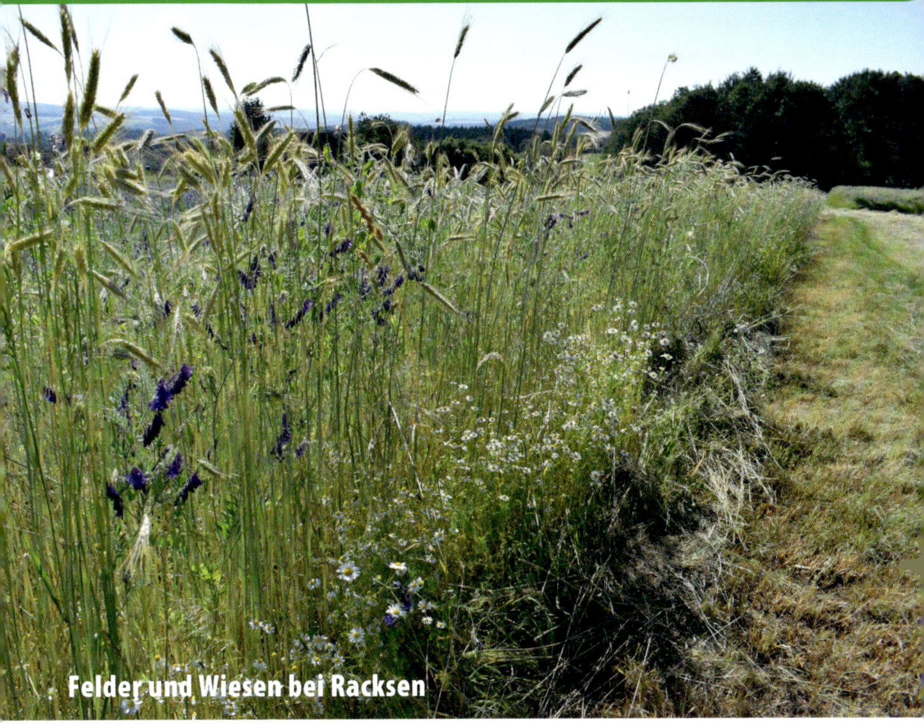

Felder und Wiesen bei Racksen

Wir schreiten also (wahrscheinlich) mutig auf dem linken Weg voran und kommen zu einem Findling. Hier nehmen wir den nach rechts führenden Pfad, der uns zum **Aussichtspunkt Sonnenberg** 5 bringt. Hier packen wir unser Picknick aus dem Rucksack und lassen es uns bei einem Blick auf das Örtchen Alhausen im Nistertal gut schmecken.

Hinter dem Aussichtspunkt bringt uns der Pfad abwärts zurück zu dem Forstweg, den wir eben der

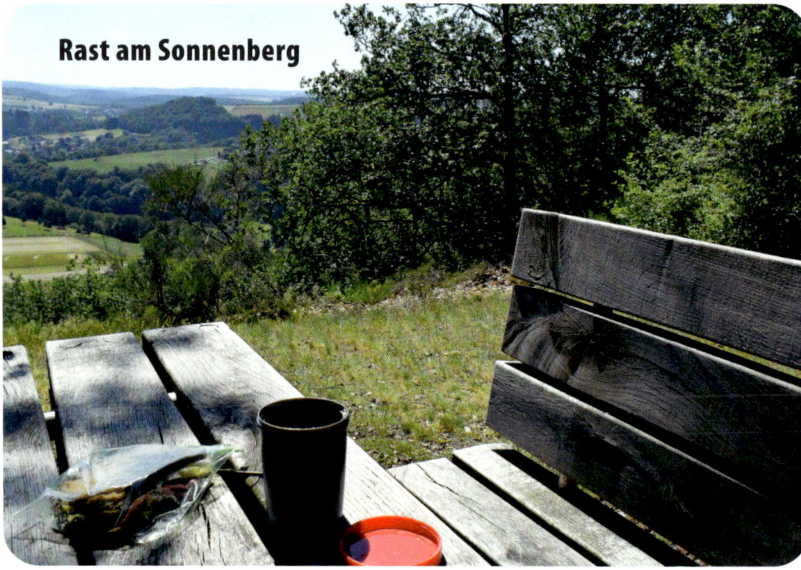

Rast am Sonnenberg

Aussicht zuliebe verlassen haben. Wir folgen ihm halb rechts und gehen an einem Abzweig geradeaus weiter. Der Pfad führt steil hinab zu einem namenlosen Seifen (einem Bächlein) und wir können weiter hinten schon das bewegte Wasser der Nister zwischen den Bäumen glitzern sehen.

An der Mündung des Bächleins in die Nister erreichen wir an einem Holzsteg rechts den **Weltendepfad ⑥.** Diesem folgen wir für gut 1 Kilometer voll konzentriert. Die eindrucksvolle Felslandschaft und der schmale Pfad lassen kaum einen anderen Gedanken zu. Wenn doch, lauschen wir dem Plätschern der Nister. Zu anderer Jahreszeit oder bei anderem Wasserstand könnte es auch ein kräftiges Rauschen sein.

Auf dieser Strecke überqueren wir zwei Seifen, kommen an einem Stollen aus der Zeit der Erzgewinnung vorbei, der heute ein Fledermaus-Winterquartier ist, und erreichen eine Bank. Dort halten wir uns links und kommen zur **Alhausener Nisterbrücke ⑦.**

Die Siedlung Alhausen wird fast vollständig von der Nister umflossen. Sie wurde bereits 1451 als Aldeshausen urkundlich erwähnt, ist aber wahrscheinlich schon 600 Jahre älter. Nur ein Weg führte hinab, das erklärt ihren Beinamen „Ende der Welt".

An dieser Fußgängerbrücke verlassen wir den Westerwaldsteig und wandern geradeaus auf dem **Kölner Weg** mit seinem **K** weiter. Das ist ein 253 Kilometer langer Weitwanderweg, der seit 1913 Wanderer von Köln-Rath/Heumar durch das Bergische Land und das Siegtal zum Westerwald bringt, von dort über Marienthal und Marienstatt nach Bad Marienberg weitergeführt wird und auf dem Rückweg zum Rhein (Königswinter) über die Westerwälder Seenplatte und Neustadt (Wied) verläuft.

Durch die Nisterauen gehen wir zunächst auf einem Naturpfad, später auf einem Wirtschaftsweg. Ihm folgen wir an einem Abzweig weiter geradeaus **(K, MW)** neben dem Hardseifen.

An einer T-Kreuzung biegen wir scharf rechts ab und wandern stetig bergauf, ehe wir nach etwa 150

*Der Schulweg von Alhausen nach Stein-Wingert war lang und gefährlich. Die Alhausener schlugen deshalb einen Pfad in die Felsen oberhalb der Nister, damit die Kinder sicher ankamen. Das war der erste **Weltendepfad,** inzwischen heißt eine 6,5 Kilometer lange Strecke so.*

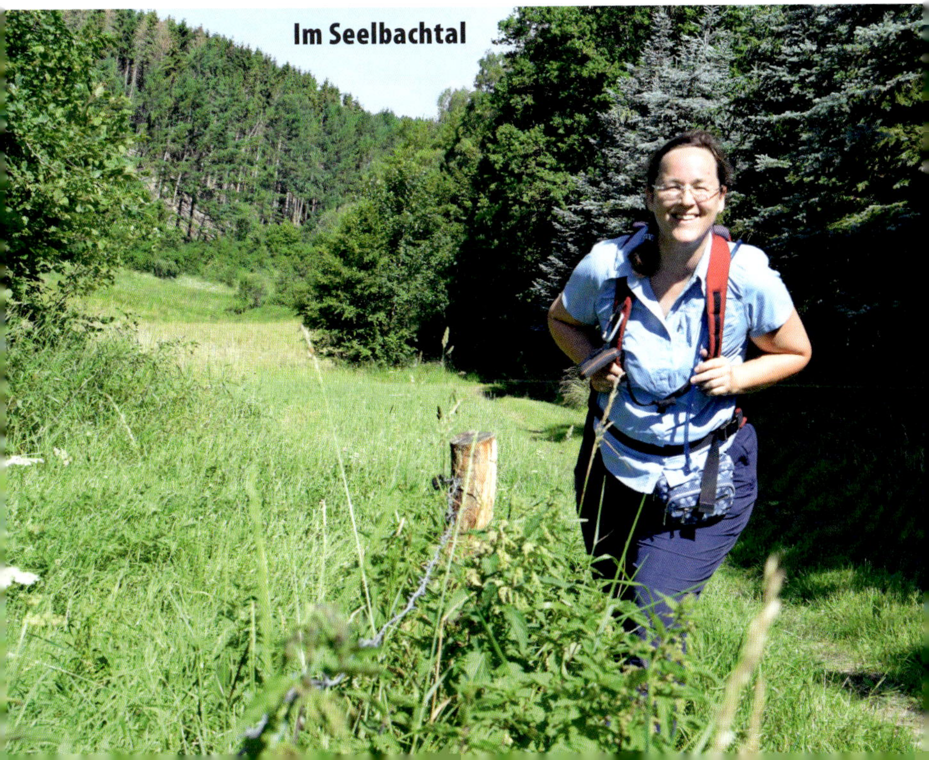

Im Seelbachtal

Auszeittour 1

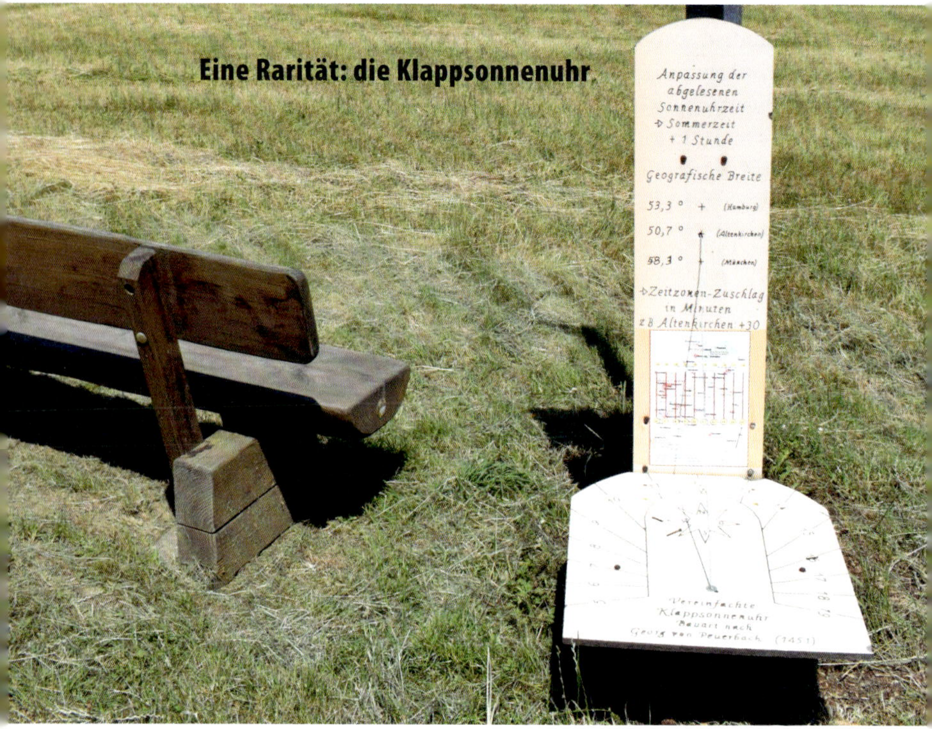

Eine Rarität: die Klappsonnenuhr

Welche Wonne, eine Wanderung bei ***Sonnenschein*** *zu unternehmen! Besonders im Frühjahr und Herbst genießen wir die ersten beziehungsweise letzten warmen Sonnenstrahlen auf der Haut. Wenn wir im Licht baden, werden Körper und Seele mit frischer Lebensenergie geflutet.*

Metern einem Weg nach links folgen. Es geht weiter leicht bergauf und aus dem Wald heraus zur B 256. **Hier mündet der erwähnte Abkürzungsweg** wieder ein.

Wir überqueren die Straße und folgen dann links einem Naturpfad **(MW).** Dabei genießen wir den Ausblick zum Dörfchen Isert. An einer T-Kreuzung gehen wir rechts **(MW/K/Sonnenweg).** Wir kommen zur **Klappsonnenuhr 8:** So etwas trugen Reisende einst mit sich, um – jedenfalls bei Sonnenschein – stets die Zeit ablesen zu können; der Nachbau, den wir hier vor uns haben, ist allerdings stark vergrößert.

An dieser Stelle werden wir von einem großartigen Panoramablick überrascht.

Wir wandern geradeaus weiter zu einem Waldstück, dort hinter einer Bank gehen wir nach links, an der nächsten T-Kreuzung wieder links und in den

Wald, um nach 10 Metern rechts **(K)** abzubiegen. Nun geht es geradeaus aus dem Wald heraus zur **Gartenstraße,** der wir für knapp 50 Meter nach rechts folgen. In einer Kurve halten wir uns an den geradeaus führenden Wirtschaftsweg. An einem Stromkasten biegen wir rechts ab. Etwa 80 Meter weiter nehmen wir an einer Gabelung den linken Weg. Der Asphaltbelag geht in Grasuntergrund über und wir laufen, immer geradeaus, am Ortsrand von Nassen entlang zum nächsten Waldstück.

Der Weg verläuft zunächst am Waldrand entlang, dann im Wald bergauf bis zu einer teilweise asphaltierten Wegkreuzung. Dort wandern wir geradeaus bergab und erreichen die Mauer des **Klosters Marienthal 9.**

*Der Überlieferung nach betete ein Hirte an der Stelle des heutigen **Klosters Marienthal** vor einem selbst geschnitzten Marienbild, das fortan Pilger anlockte. Das Marienthaler Mirakelbüchlein schildert im 15. Jahrhundert Wunderheilungen, sogar die Wiedererweckung Verstorbener.*

Kloster Marienthal

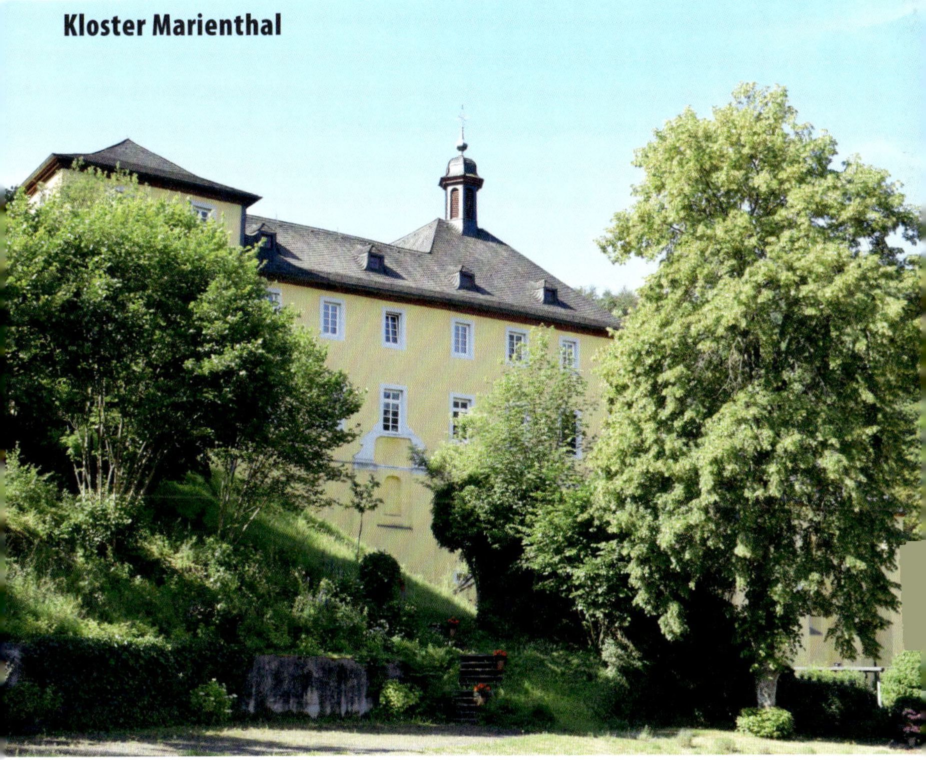

Auszeittour 1

Um 1460 wurde hier eine Kapelle für das wundersame Gnadenbild gebaut. Die erste Kirche datiert bereits von 1494, weil die Kapelle die Pilgerströme nicht mehr fassen konnte. Die heutige Barockkirche folgte 1756. Im Jahr 1666 wurde ein Franziskanerkloster gegründet. Es verfiel nach der Säkularisation 1803, wurde aber Ende des 19. Jahrhunderts wieder von den Franziskanern genutzt. Heute ist es eine Bildungsstätte.

Wir folgen der Klostermauer und gehen an einem Fachwerkhaus nach rechts zu der Kreuzung am **Marienthaler Hof ⑩**, in dem es sich gut essen lässt. Von dort sind es nur noch wenige Schritte nach links zum Startpunkt und zum definitiv sehenswerten Kloster, das ebenfalls über Gastronomie verfügt.

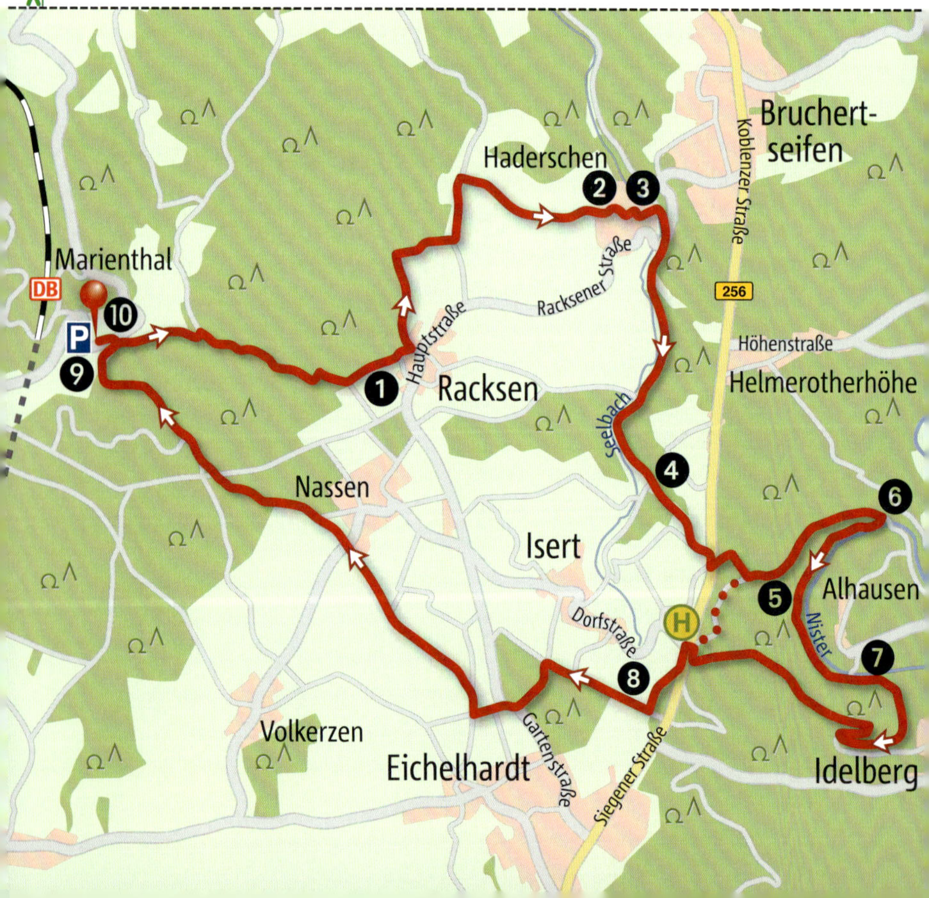

Entspannung ✱✱✱✱✱

Genuss ✱✱✱✱✱

Romantik ✱✱✱✱✱

WIE & WANN:
Naturpfade, Wiesenwege und Wirtschaftswege, in den Ortschaften Bürgersteige; für den Weltendepfad ist Schwindelfreiheit und absolute Trittsicherheit nötig, Engstellen und Kletterstücke sind mit Stahlseilen gesichert; beste Wanderzeit: ganzjährig bei Sonne (wegen der Sonnenuhren)

HIN & WEG:
Auto: Parkplatz zwischen Waldhotel und Kloster Marienthal, Am Kloster 15, 57577 Marienthal (Westerwald) (GPS: 50.736744, 7.672145)
ÖPNV: RB 90 bis Kloster Marienthal, 1 km Fußweg

ESSEN & ENTSPANNEN:
Klostergastronomie Marienthal ❾ Am Kloster 15, 57577 Marienthal (Westerwald), Tel. (0 26 82) 9 66 09 66, www.klostergastronomie-marienthal.de (Do., Fr. 16–21, Sa. 14–21, So. 11–19 Uhr)
Marienthaler Hof ❿ Am Kloster 4, 57577 Marienthal (Westerwald), Tel. (0 26 82) 2 20, www.marienthaler-hof.de (variable Öffnungszeiten, So. ab 11 Uhr Familienbrunch)

ENTDECKEN & ERLEBEN:
Aussichtsbank bei Racksen ❶
Sonnenuhr in Haderschen ❷
Ossomat ❸
Sonnenuhr im Seelbachtal ❹
Aussichtspunkt Sonnenberg ❺
Weltendepfad ❻
Alhausener Nisterbrücke ❼
Klappsonnenuhr ❽
Kloster Marienthal ❾ Wallfahrtskirche Marienthal „Zur Schmerzhaften Mutter", http://wallfahrtskirche-marienthal.de

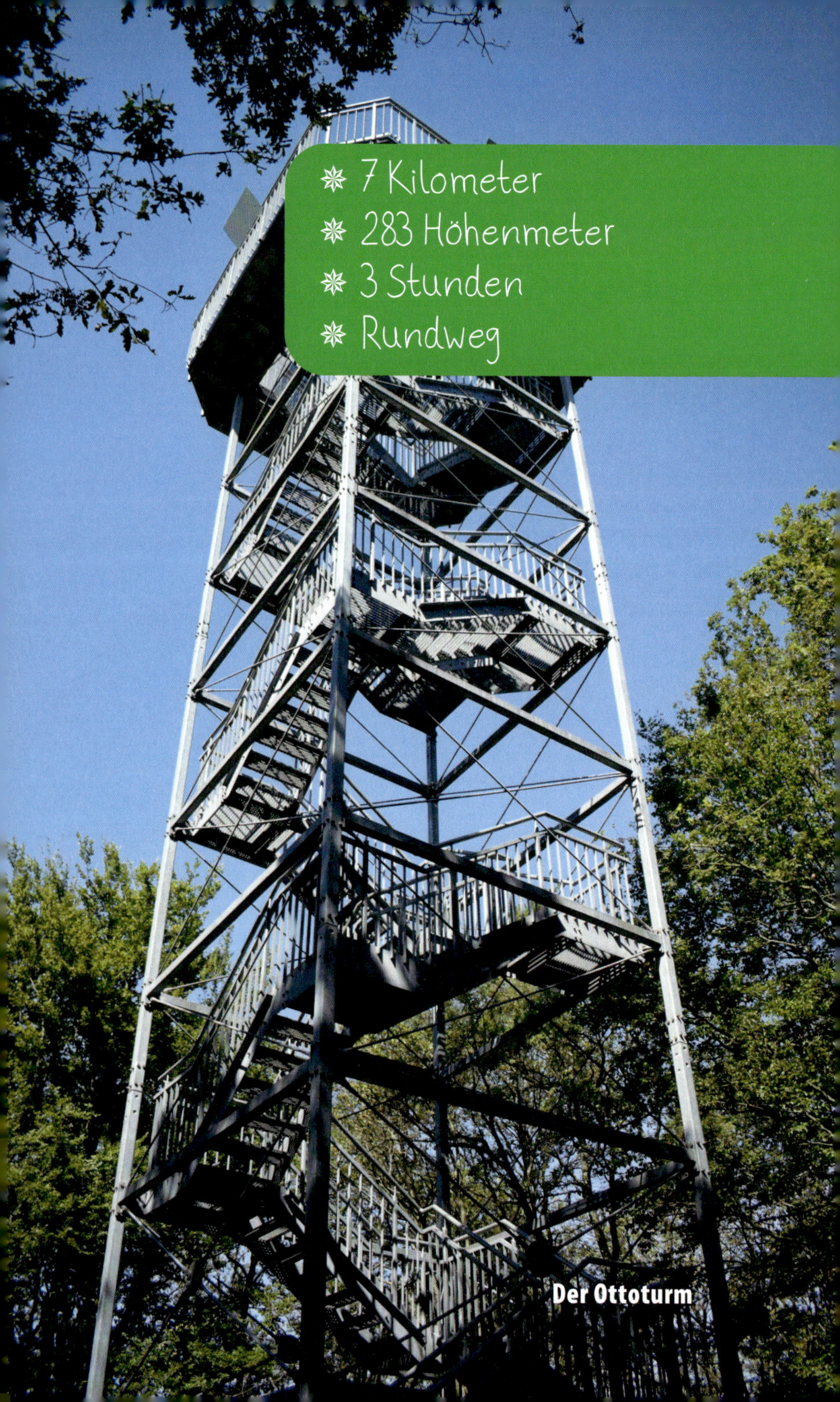

* 7 Kilometer
* 283 Höhenmeter
* 3 Stunden
* Rundweg
Der Ottoturm

Mythischer Fels

Am Druidenstein bei Kirchen

Wir starten in Herkersdorf auf dem Wanderparkplatz Ottoturm und gehen auf der linken Seite des Kruzifixes zum Restaurant **Waldhof Kirchen ①**, das wir uns für eine Einkehr nach Ende der Wanderung vormerken. Dort folgen wir den Markierungen des Europäischen Fernwanderwegs **E 1** über die Straße nach rechts und bis vor einen kleinen Parkplatz. Dort nehmen wir den linken der beiden nach rechts führenden Wege **(S, E 1, Natursteig Sieg, Druidensteig).** Es geht bergab, dann nach links und steil bergab durch Buchenhallenwald zu einem Spielplatz. Hier laufen wir nach links zum Ortseingangsschild von Kirchen, überqueren die Höferwaldstraße und folgen auf der anderen Straßenseite dem schmalen Pfad des **Druidensteigs** bergauf. Der Aufstieg wird oben sofort belohnt mit weiten Aussichten nach Kirchen, ins Siegtal und hinüber zur Freusburg.

Der Pfad endet an einem Forstweg, dem wir halb rechts folgen. Er schlägt einen Linksbogen und ermöglicht uns auf diese Weise weitere **Aussichten ins Siegtal ②.**

In dieser Gegend wird der Wald seit Jahrhunderten in sogenannten Haubergsgenossenschaften bewirtschaftet. Für die Eisenverhüttung wurde ständig Holz benötigt. Man konnte es sich nicht erlauben, einen Wald unwiederbringlich abzuholzen. Deshalb erfand man ein schlaues und nachhaltiges Rotationssystem: Ein Eichen-Birken-Mischwald wurde in 18 Parzellen eingeteilt (andernorts auch in 16 oder 20 Parzellen). Pro Jahr durfte nur eine Parzelle abge-

*Vermutlich wurde die **Freusburg** um das Jahr 1100 erbaut. Im 19. Jahrhundert wurde sie als Forstwohnung genutzt und seit 1928 als Jugendherberge. 1986 eröffnete der damalige Bundespräsident Richard von Weizsäcker sie nach einer aufwendigen Renovierung neu.*

holzt werden. Nach 16 bis 20 Jahren hatte das nachwachsende Holz Armdicke, die ideale Basis zum Verkohlen.

An der nächsten Wegkreuzung gehen wir geradeaus zum Rettungspunkt 5113-716, dort geradeaus auf einem **Naturpfad** weiter. Wir queren dabei einen anderen Pfad und laufen am Rand einer Wiese hinab ins Imhäuser Tal. Dort kommt links das oberste Plateau des Ottoturms in Sicht, vor uns öffnet sich der Blick hinüber zur Herkersdorfer Heilig-Kreuz-Kirche mit ihrem ungewöhnlich geformten – nämlich runden – Kirchenschiff.

Im Imhäuser Tal halten wir uns geradeaus und gelangen über eine Brücke zum Ortsrand von **Herkersdorf.** Dort laufen wir auf der anderen Straßenseite der **K 103 (Imhäusertalstraße)** rechts bergauf zu einem Forstweg. Hier geht es links und nach etwa 15 Metern

Auf dem Kreuzweg

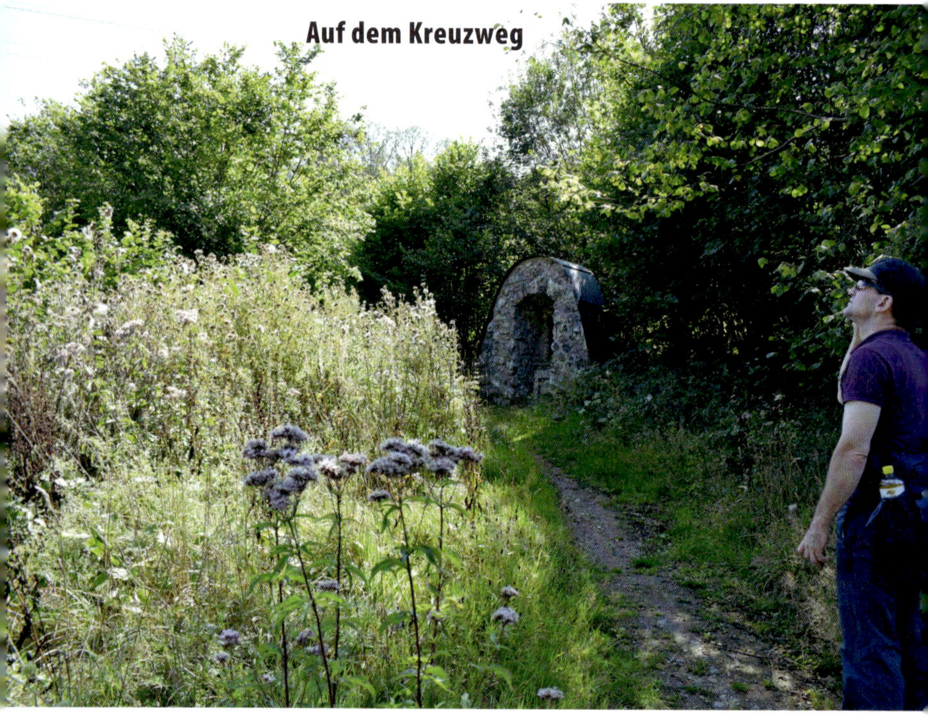

Für die Seele

Dieser Weg ist eine Einladung zur Zeitreise: Wie mag es wohl gewesen sein, den keltischen Druidinnen am Druidenstein bei ihren Ritualen zuzusehen?

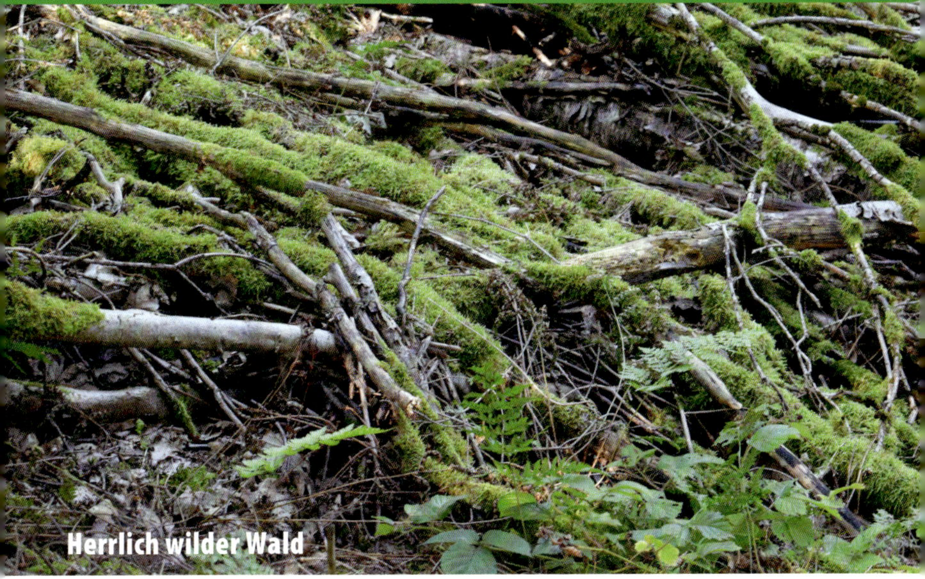

Herrlich wilder Wald

scharf rechts bergauf. Knapp 500 Meter weiter biegen wir scharf links ab und wandern zum Rettungspunkt 5213-008, dort weiter geradeaus bis zum Beginn des **Kreuzwegs 3**.

Hier können wir links des Weges an einem schattigen Picknicktisch rasten und Kraft tanken, denn nun geht es bergauf. Wir biegen scharf rechts ab und passieren die erste Kreuzwegstation. An jeder Station nehmen wir uns Zeit, durchzuatmen und die faszinierende Vielfalt der verarbeiteten Gesteine zu bewundern.

Die Geschichte des Kreuzwegs reicht zurück bis zum Ende des Ersten Weltkriegs. Die Bewohner von

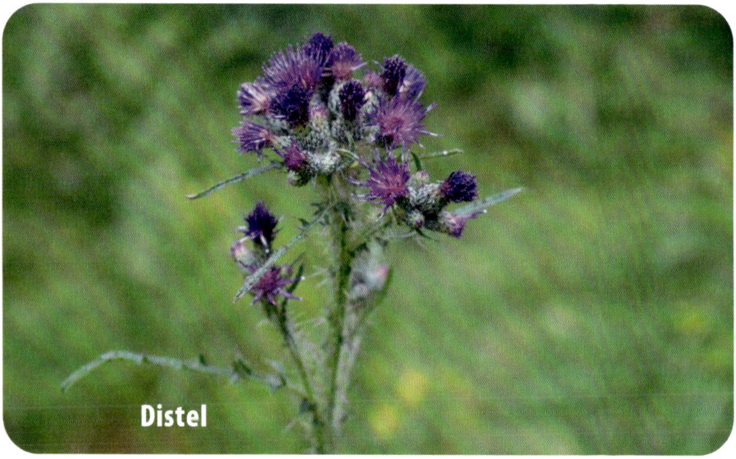

Distel

*In den **Grotten** des Kreuzwegs sehen wir natürlich das in Herdorf abgebaute Eisenerz, Bleiglanz, Zinkerz, Kupfererz und Silbererz. Bei näherer Betrachtung fallen uns auch Basalt, Tuff, Sinter, Quarz und seltene Mineralien wie Grüneisenstein und Braunspat ins Auge.*

*Der **Druidenstein** entstand, als vulkanische Lava durch die Grauwacke des Grundgebirges an die Erdoberfläche gedrückt wurde und zu Basalt erstarrte. Wind und Wetter griffen zuerst die weichere Wacke an, der „harte Kern“ aus Basalt erodierte langsamer.*

Herkersdorf und Offhausen waren so dankbar für die Heimkehr ihrer Männer, Söhne und Väter, dass sie 1919 einen Kreuzwegbauverein gründeten. Erklärtes Ziel der 45 Gründungsmitglieder war die Schaffung eines absolut einzigartigen Kreuzwegs. Ein Bauunternehmer aus dem benachbarten Herdorf zeichnete die Pläne für die Grotten. Mit Spenden und Theateraufführungen finanzierte der Verein die Baukosten. Die Steine, Kristalle und Mineralien waren Spenden von Bergleuten, die in Herdorf unter Tage arbeiteten. Im Jahr 1927 wurden die jahrelange Mühe und das Sparen endlich mit der Einweihung der 14. Station belohnt.

Der Kreuzweg führt uns zum **Druidenstein** 4. Wir wandern einmal um ihn herum. Die gerippten Flanken des Basaltkegels wirken auf eine eigentümliche Weise elegant. Er erhebt sich auf 450 Meter Meereshöhe und ist selbst etwa 20 Meter hoch. Seit 1869 steht er unter Naturschutz. Im Dreißigjährigen Krieg wurde die Spitze abgeschlagen, damit der Feind sich nicht an dieser auffälligen Wegmarke orientieren konnte. 1979 zerbarst der Druidenstein bei einem heftigen Blitzschlag und wird seitdem von sechs Stahlbetonbalken zusammengehalten.

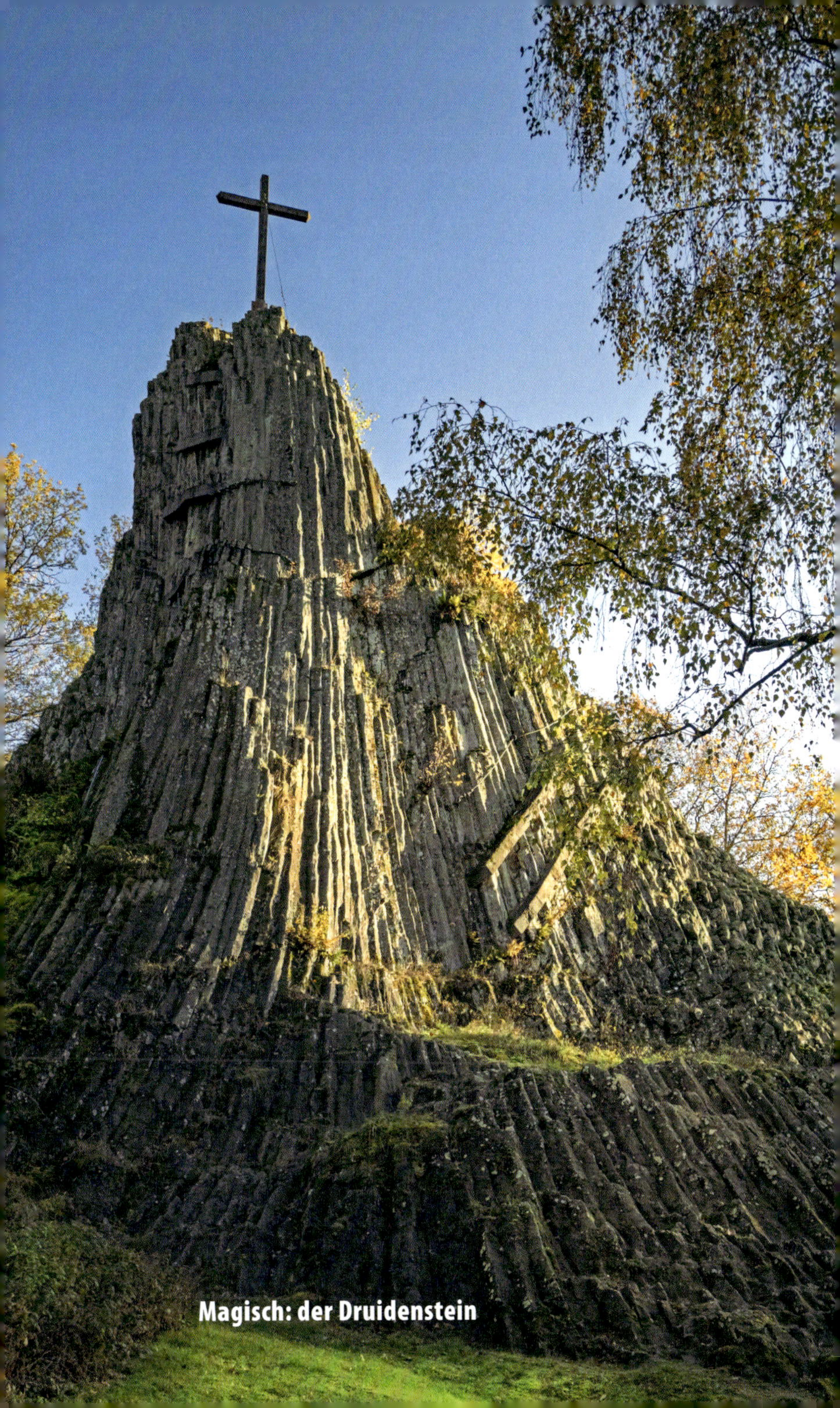

Magisch: der Druidenstein

Auszeittour 2

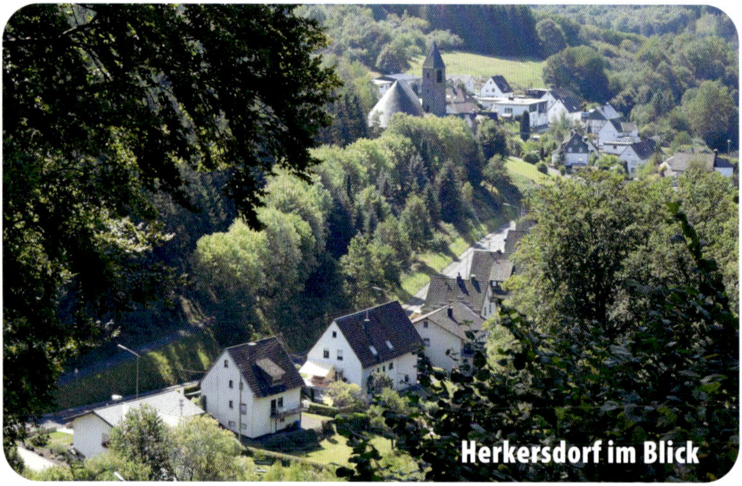

Herkersdorf im Blick

Wie viele Sagen, Legenden und Mythen gibt es wohl rund um diese besondere Felsformation? Keltische Priester sollen ihn als Opferstätte genutzt haben. Bei den germanischen Chatten wiederum war er Thingplatz zur Sonnenverehrung. Am Druidenstein beteten sie außerdem die Göttin Erka an, deren Name auch andere Schreibweisen wie Herke oder Herka hat. Damit hängt vermutlich der Ortsname Herkersdorf zusammen. Bis heute hat der Stein einen festen Platz in den Herzen der Bevölkerung, die ihn auch Drüdelstein oder Köppel nennt.

Zwischen der Trinkhalle **Zum Druidenstein** und dem Rettungspunkt 5213-164 laufen wir die Zufahrt hinab zu einer Gabelung, an der wir rechts Richtung **Offhausen** wandern. Vor einem Reiterhof halten wir uns links und gehen auf dem Schotterplatz mit den mächtigen Eichen geradeaus auf einem Waldweg bergab **(Natursteig Sieg)** zu einer T-Kreuzung.

Dort biegen wir nach rechts ab und achten nach etwa 250 Metern genau darauf, wo vor (!) den ersten Gärten Offhausens ein kaum auszumachender Naturpfad scharf links abzweigt. Diesem Pfad folgen wir bis zum Friedhof, wo wir auf die **K 101** treffen. An dieser Straße gehen wir auf dem Gehweg nach links und wechseln am Friedhofseingang die Straßenseite. Rechts geht es nun eine Treppe hinab und hinter der **Druidenhalle** nach rechts bergauf zu einem Schotterweg **(Am Rehzug)**, dem wir nach rechts folgen.

Vor dem ersten Haus folgen wir dem Weg nach links bergauf zur nächsten Straße. Dort gehen wir nach links zurück Richtung Wald und nehmen den rechten Weg. Eine Rastbank lädt zum Verschnaufen und Schauen ein. Hier genießen wir die Aussicht auf Herkersdorf, nun von der anderen Seite.

Wir nehmen erneut den rechten Weg und wandern unter einer Stromleitung hindurch geradeaus bis zur nächsten Gabelung, an der wir rechts bergauf laufen. Auf der Höhe müssen wir links weiterwandern **(Druidensteig, Natursteig Sieg)**. Vorher schauen wir uns aber erst einmal rechts die Aussicht ins **Siegerland** 5 an. Die Brücke der A 45 und die ersten Ausläufer der Stadt Siegen sind in der Ferne gut zu erkennen.

Auf der Höhe wandern wir zu einer Gabelung. Dort folgen wir dem nach rechts führenden Schotterweg, bis nach etwa 350 Metern rechts ein Weg zum **Ottoturm** 6 auf dem Kahlenberg führt. Der Auf-

*Ein erster **Aussichtsturm** auf dem Kahlenberg wurde 1911 gebaut, gestiftet von Otto Stein aus Kirchen. Die Bevölkerung konnte zwar das Einschmelzen des Turms im Zweiten Weltkrieg verhindern, war aber machtlos gegen den Rost, der 2009 den Abbruch des Baus erzwang.*

Rundumblick auf dem Ottoturm

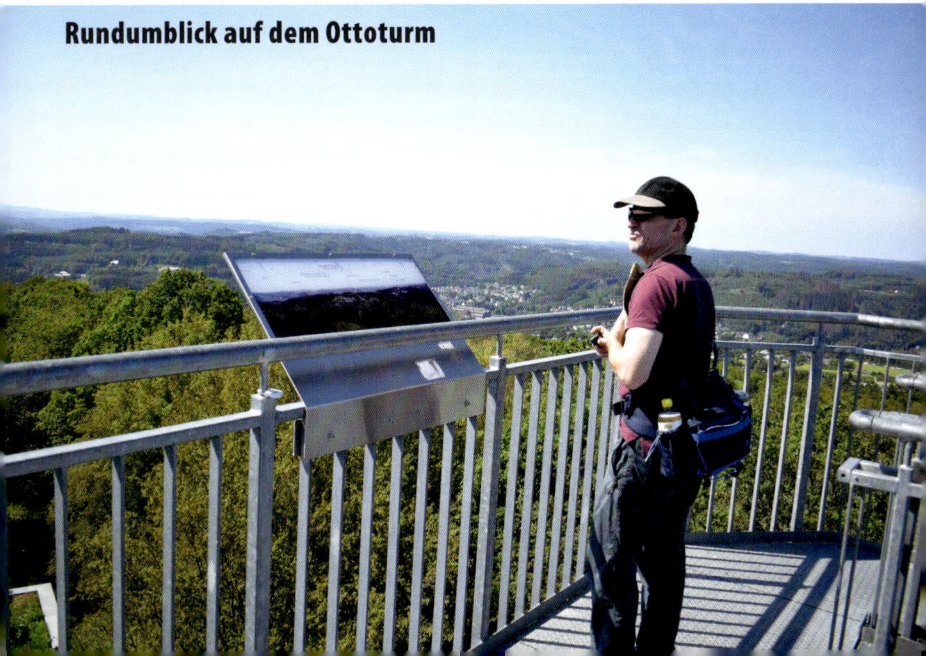

stieg auf den knapp 8,60 Meter hohen Turm aus dem Jahr 2010 ist unerwartet kurzweilig, denn auf den Stufen sind die Namen der Spender zu lesen, die den Bau ermöglicht haben. Oben halten wir die Nase in den Wind. Unsere Blicke schweifen über das Land und hinüber zum Druidenstein, dem wir von hier aus noch einmal zuwinken können.

Nach dem Abstieg wandern wir geradeaus auf dem **Druidensteig.** Keine 50 Meter weiter nehmen wir den nach links abzweigenden Naturpfad, der uns zurück zu dem Schotterweg bringt, von dem wir weiter östlich zum Ottoturm abgebogen sind. Wir folgen ihm halb rechts **(X).** Er wird an einem Parkplatz zur Straße **Am Ottoturm** und führt bergab zum Startpunkt unserer Wanderung zurück.

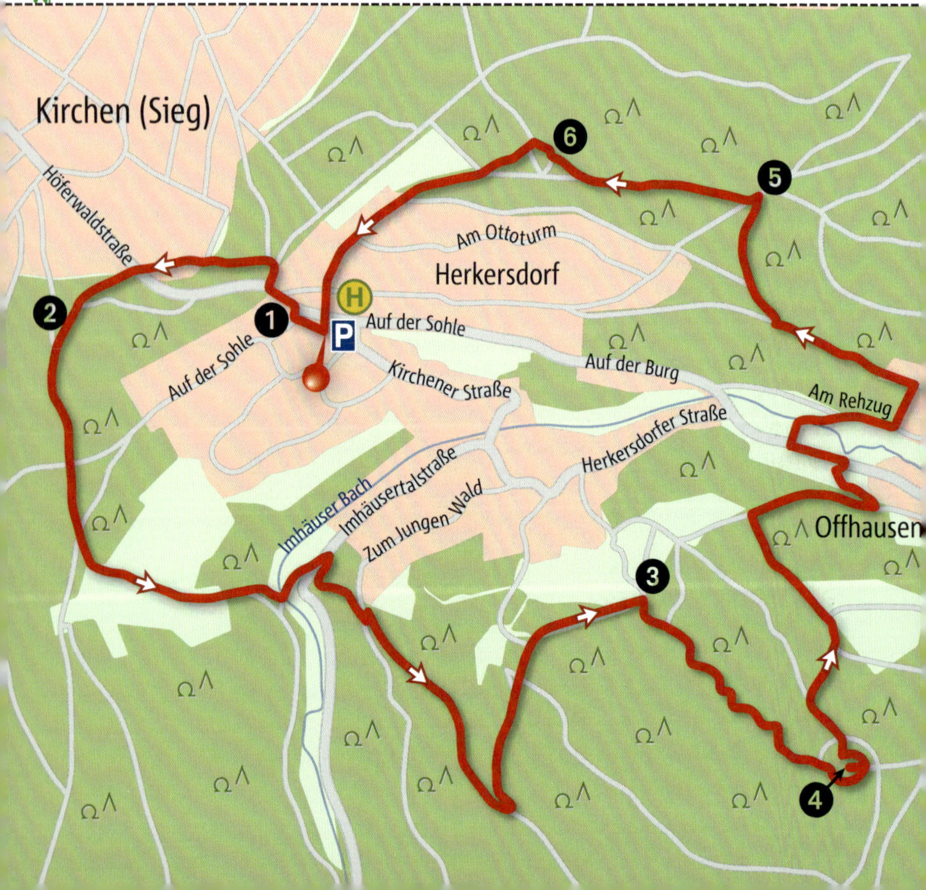

Entspannung ✸✸✸✸✸
Genuss ✸✸✸
Romantik ✸✸✸✸

WIE & WANN:
Naturpfade, Wiesenwege und Wirtschaftswege, in den Ortschaften Bürgersteige; ganzjährig lohnend

HIN & WEG:
Auto: Herkersdorf, Wanderparkplatz Ottoturm, Auf der Burg/Kirchener Straße, 57548 Kirchen (Sieg) (GPS: 50.802372, 7.895922)
ÖPNV: RB 90 bis Kirchen, ab dort Bus 295 bis Herkersdorf, Am Ottoturm (Mo.–Fr.); ansonsten ca. 1,5 km Fußweg oder Anruf-Linien-Taxi mit Anmeldung am Vortag unter Tel. (0 27 47) 91 27 61 00

ESSEN & ENTSPANNEN:
Bitte an Rucksackverpflegung denken!
Waldhof Kirchen ❶ Auf der Sohle 2, 57548 Kirchen (Sieg), Tel. (0 27 41) 9 72 80 54, www.waldhof-kirchen.de (Do. ab 18, Fr., Sa. ab 17.30, So. 10.30–14.30 und ab 17.30 Uhr)

ENTDECKEN & ERLEBEN:
Aussicht ins Siegtal ❷
Kreuzweg ❸
Druidenstein ❹
Aussicht ins Siegerland ❺
Ottoturm ❻

- 10,6 Kilometer
- 228 Höhenmeter
- 4 Stunden
- Rundweg

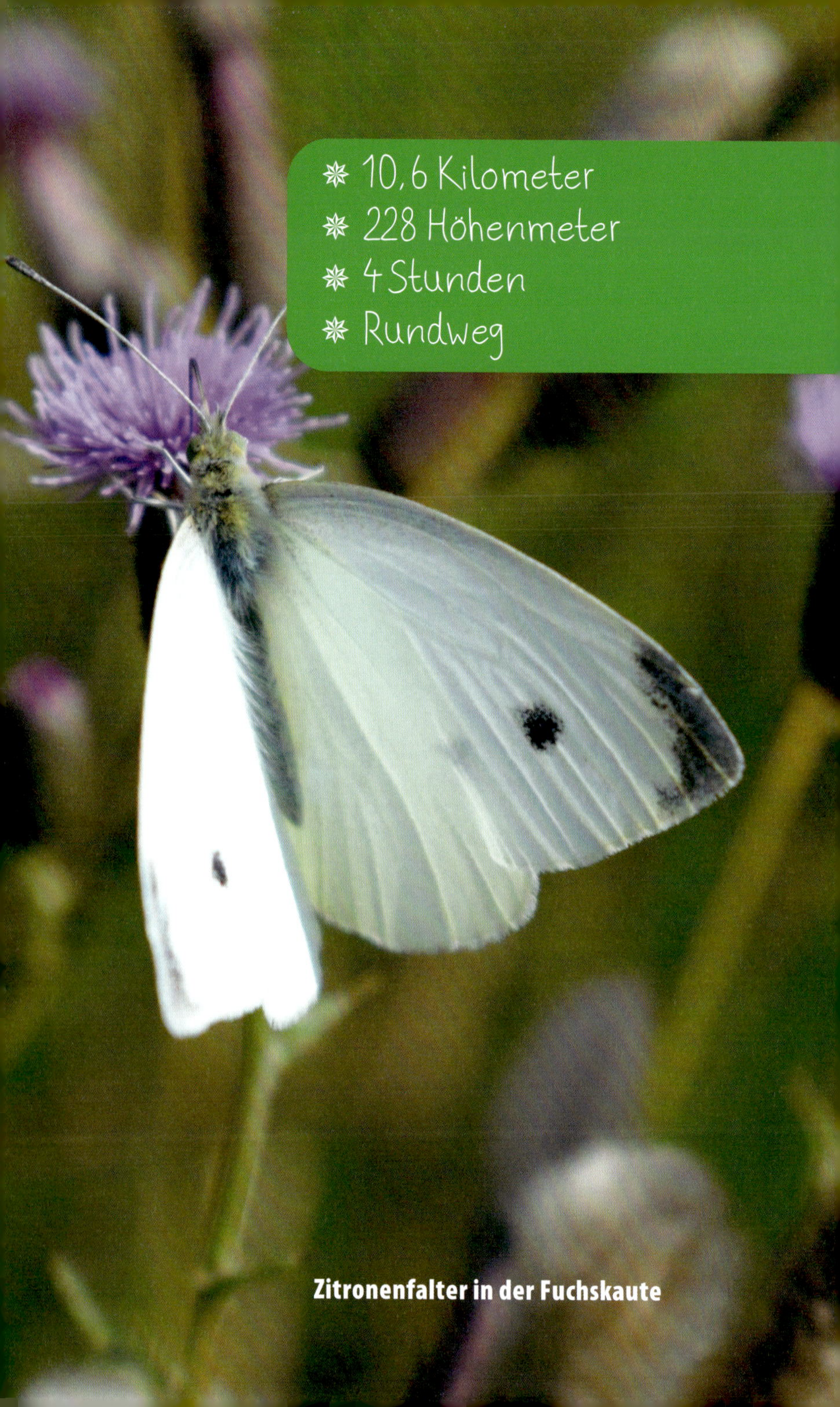

Zitronenfalter in der Fuchskaute

Dreiländerhöhen

Fuchskaute und Ketzerstein

Wir starten unterhalb des Restaurants **Fuchskaute Lodge** und gehen bis zum Ende des Parkplatzes. Dort laufen wir auf dem sich anschließenden Schotterweg weiter und treffen auf den **Rothaarsteig,** dem wir nach links folgen. Am Rand eines Naturschutzgebiets genießen wir den weiten Panoramablick. Es will uns vorkommen, als läge uns der gesamte Westerwald zu Füßen.

An der nun folgenden Wegkreuzung kommen Willingen und seine Nachbardörfer ebenfalls in unser Blickfeld. Auf der Waldliege oder der Sitzbank gönnen wir uns eine erste kleine Panoramapause. Was kümmert uns, dass wir gerade einmal 400 Meter gelaufen sind? Wir haben alle Zeit der Welt!

Mit diesem wundervollen Ausblick im Herzen folgen wir dem nach rechts führenden Weg **(R 2, R 3, Rothaarsteig)** leicht bergauf. Rechter Hand liegt die 657,30 Meter hohe Nordanhöhe der Südkuppe der Fuchskaute, die höchste Erhebung des Westerwalds, zwischen den Bäumen versteckt.

Wir kommen zu einer Schranke, an der wir geradeaus weiterlaufen, passieren den Rettungspunkt 5314-484 und erreichen eine T-Kreuzung. Nun geht es links und über eine Weide zu einer Gabelung am Waldrand.

Hier wandern wir mit den Wegzeichen **E1, R2, R3** in den Wald hinein. Es geht zunächst leicht bergauf. Rechts von uns liegt im Wald die Nordkuppe der Fuchskaute.

Dann geht es geradeaus bergab zu einer Kreuzung. Wir laufen weiter geradeaus und bergab zu einer Schranke. Dort folgen wir einem Grasweg nach links

*An der höchsten Stelle des Westerwalds sagt der **Fuchs** dem **Hasen** Gute Nacht. Dann ziehen beide sich in ihre „Kauten" zurück, also in ihre Erdbaue und Schlafmulden.*

*Die **Fuchskaute** ist ein Dreifachgipfel: Die 656,40 Meter hohe Nordkuppe wird auch Alteberg genannt. Die Südkuppe, gut 600 Meter südlich, hat wiederum zwei Anhöhen: die Nordanhöhe, mit 657,30 Metern der höchste Punkt des Westerwalds, und die Südanhöhe nahe der Fuchskaute Lodge.*

und nach gut 30 Metern rechts **(E 1, X).** Der rustikale Pfad ist mit Wurzeln durchzogen, die unsere Aufmerksamkeit beanspruchen, denn wir wollen nicht ins Stolpern geraten.

An der nächsten Gabelung gehen wir geradeaus zu einem geschotterten Forstweg und dort links **(R)** zu einer Wegkreuzung. Wir wandern geradeaus an einer Weihnachtsbaumschule entlang, biegen dahinter rechts ab auf einen Pfad, der im Rechtsbogen verläuft.

Hinter einem Wall, der in alten Zeiten vermutlich eine Grenze markierte, laufen wir rechts bergauf. Wir nehmen den nächsten nach links führenden Weg, gehen nach knapp 200 Meter rechts und wählen dann wiederum den nächsten Weg nach links **(X, E 1, Rothaarsteig).**

Aus der Ferne sehen wir etwas, das wie gestapelte Strohballen aussieht. Je mehr wir uns annähern, desto klarer erkennen wir, dass es sich um eine Steinformation handelt, nämlich die am **Aussichtspunkt Ketzerstein ①** (Rettungspunkt 5314-465). Hier bietet sich uns ein wunderbarer Blick ins Tal und hinüber zum

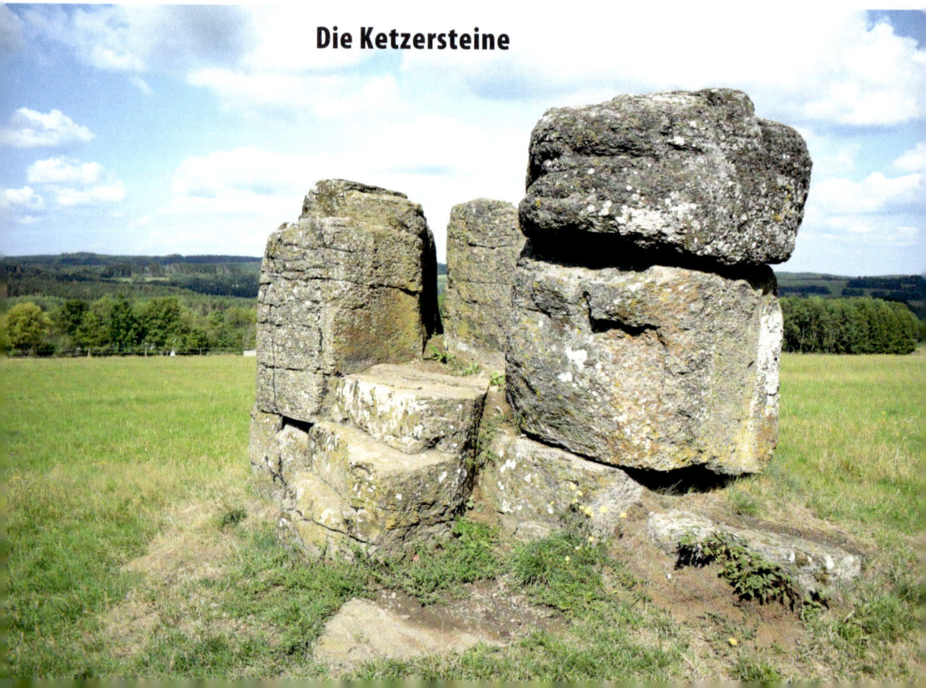

Die Ketzersteine

Für die Seele

Wir werden zu Grenzgängern zwischen Rheinland-Pfalz, Nordrhein-Westfalen und Hessen und staunen über eine geheimnisvolle Holzkiste mit Kurbel.

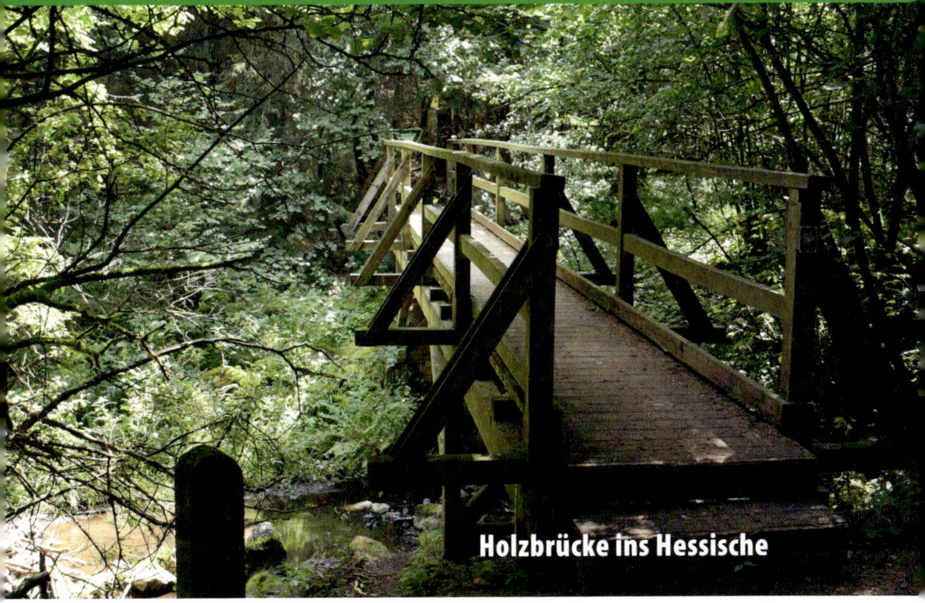

Holzbrücke ins Hessische

Flugplatz Siegerland. Für unsere Stullenpause haben wir die Wahl zwischen einer Schutzhütte und einem Picknicktisch.

In vorchristlicher Zeit ging es auf den Basaltblöcken dieses Gipfels wohl blutig zu: Sie wurden vermutlich als Opferaltar genutzt. Mit Ketzerei hat der Name der Felsformation nach Ansicht der Historiker aber nichts zu tun. Auf der Infotafel lesen wir, dass er sich wohl von „Katze“ ableitet, einer mittelalterlichen Bezeichnung für einen Grenzübergang.

Wir folgen dem Weg bis zu einer T-Kreuzung. Dort laufen wir nach rechts bis zum Ende des Asphalt-

*Der **Ketzerstein** ist ein einstiger Vulkan, bei dem sich aus der Lava anders als beim Druidenstein (siehe Tour 2, Seite 20) quaderförmige Basaltblöcke bildeten. In ihrer Nähe schwankt und dreht sich die Kompassnadel wegen deren hohen Gehalts an magnetischem Ilmenit (Eisen-Titan-Erz).*

wegs, dann links an einer Baumreihe entlang. An deren Ende biegen wir rechts ab und wandern auf einem Grasweg weiter. Vor einem Wäldchen gehen wir links zur K 38, dann rechts auf dem Grasstreifen neben der Straße bis zu einem links abzweigenden Asphaltweg (Rettungspunkt 5314-534). Diesem folgen wir bis zu einer Rechtskurve. Hier halten wir uns an einen Grasweg, der kaum erkennbar geradeaus weiterführt und später zu einem Feldweg wird. Er bringt uns am nächsten Waldstück zur Landesgrenze. Hier biegen wir rechts ab **(O 1, 7, R 3).** Rechts des Weges liegt Rheinland-Pfalz, linker Hand Nordrhein-Westfalen.

An der folgenden Gabelung wandern wir geradeaus bergab auf einem wurzeligen Weg zum **Dreiländerpunkt ②,** wo wir an die Grenze zu Hessen stoßen – sie verläuft mitten im Ketzerbach. Er schied einst das Königreich Preußen vom Herzogtum Nassau, wie ein Grenzstein verrät.

Mitten im Niemandsland stellen wir überrascht fest, dass wir an einem hochinteressanten Multime-

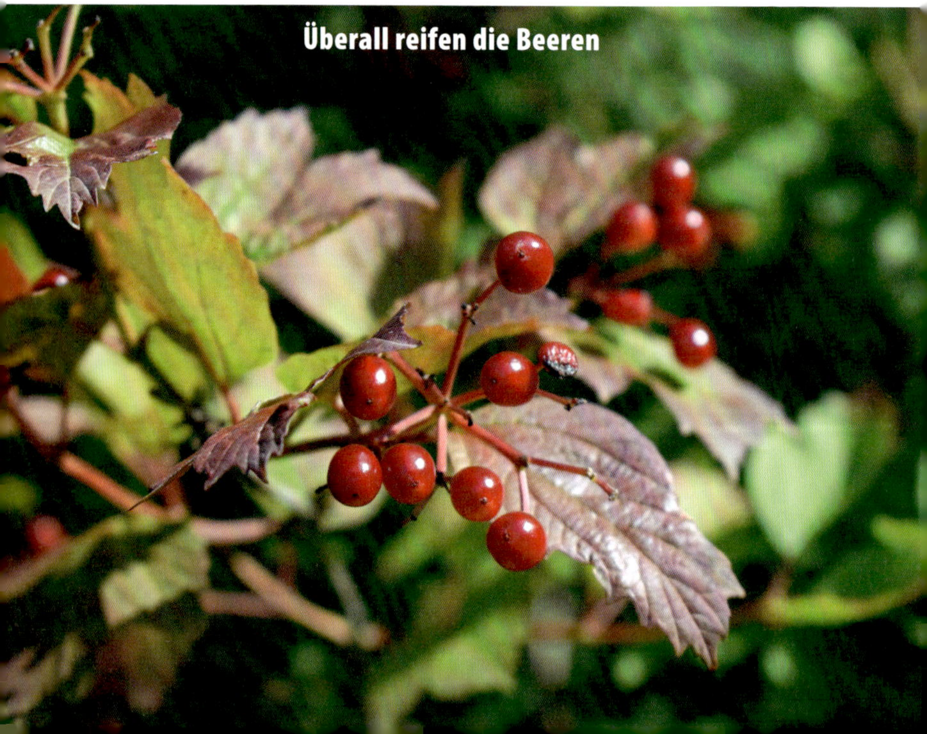

Überall reifen die Beeren

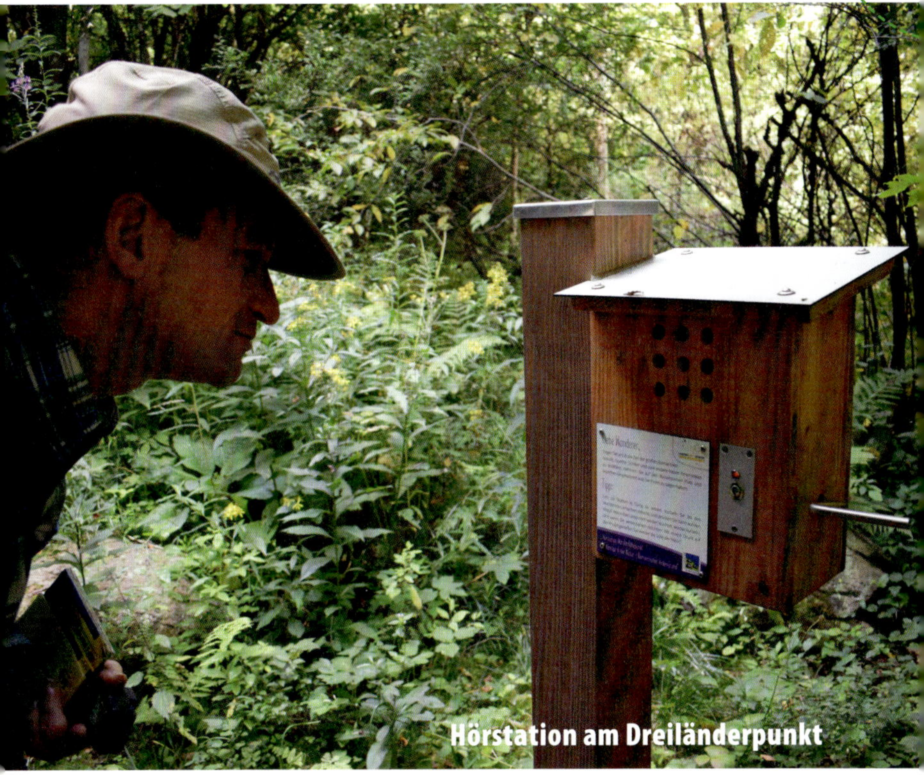

Hörstation am Dreiländerpunkt

diapunkt stehen: Ein Kasten mit Kurbel erweist sich als Audiostation des **Themenwanderwegs „Literatur in der Natur – Romantischer Hickengrund".** Sie nimmt uns mit literarischem Lob auf das Wandern und die Natur auf eine Gedankenreise mit. Der Ketzerbach plätschert munter dahin. Das grüne Naturidyll wird von würzigem Waldduft untermalt. Dazu gibt es für die Spielkinder unter uns noch ein Geocache!

Wir laufen über eine kleine Brücke nach Hessen und ins **Naturschutzgebiet Rabenscheider Höhe.** Der Name stellt sofort klar, dass wir wieder bergauf wandern werden. An der nun folgenden T-Kreuzung gehen wir auf einem Wirtschaftsweg rechts weiter **(7, R 3).** An einer Gabelung bleiben wir geradeaus, nun wieder auf dem **Rothaarsteig.** Wir kommen zur K 38, die wir vorsichtig überqueren, und gehen nach links zu einem **Wanderparkplatz.** Dort biegen wir sofort rechts ab und laufen auf einem Forstweg bergauf.

Rechts des Weges finden wir den **Kilometerstein 30** des **Rothaarsteigs,** dessen Markierungen wir nun vollkommen entspannt bis ans Ziel folgen können. Wir wandern an einer Weide entlang, mittendrin wächst ein Solitärbaum wie aus dem Bilderbuch.

Dahinter geht es nach rechts **(I, 7),** an der nächsten Kreuzung geradeaus und am Waldrand links. An einer Infotafel laufen wir geradeaus zur **Rothaarsteig-Schutzhütte.** Hier genießen wir den Blick hinüber zum Fernmeldeturm auf dem Höllberg.

Wildblumenwiese

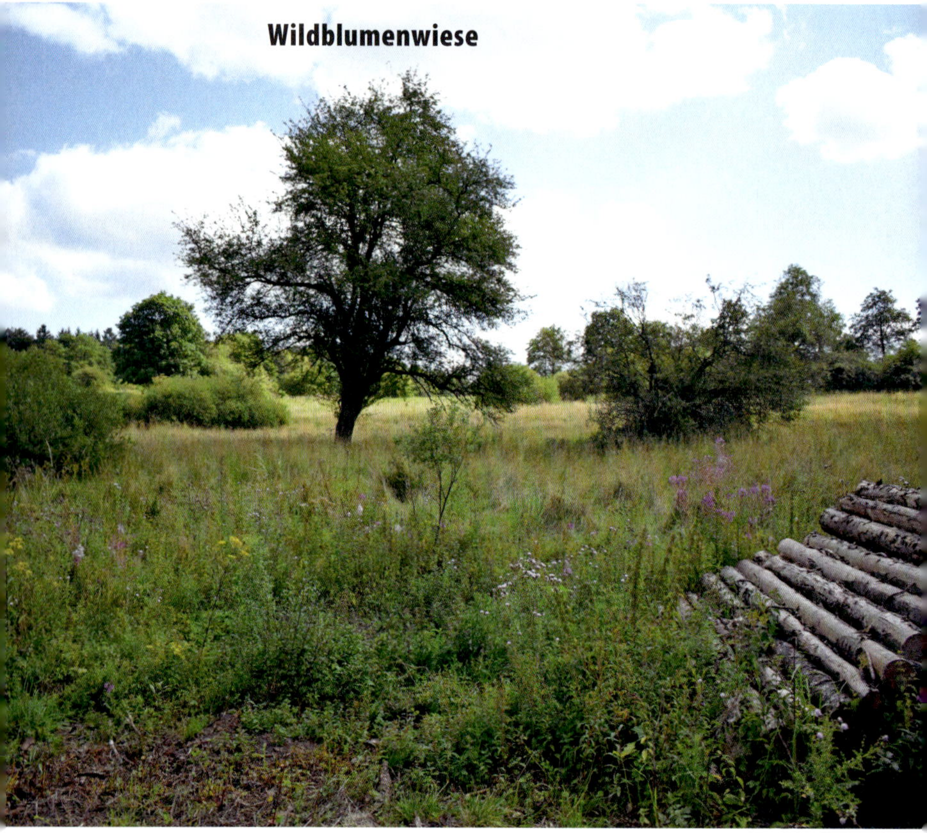

Toskana im Westerwald

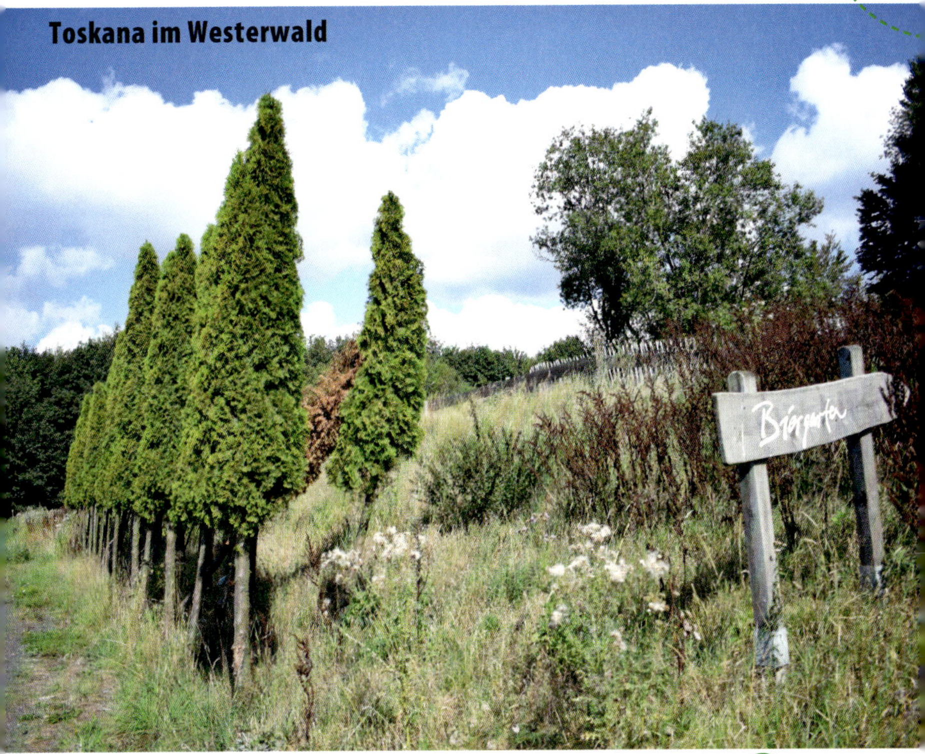

An der nächsten Gabelung nehmen wir den rechten Weg. Er schwenkt im Wald nach links. Nun sind wir wieder im **Naturschutzgebiet Fuchskaute ③**. Es ist gleichzeitig ein Teil des Europäischen Vogelschutzgebiets Westerwald und ein Flora-Fauna-Habitat-Raum. Die offene Landschaft mit Wacholderheide, Borstgrasrasen und Arnikawiesen wird von Kühen und Schafen beweidet. Diese vierbeinigen Landschaftsgärtner tragen erheblich zur Artenvielfalt bei, denn ohne sie würden die alten Hutweiden zuwachsen.

Wir laufen hinauf zur Südanhöhe der Fuchskaute, wo wir auf Infotafeln erfahren, dass wir am Tor zum Rothaarsteig und zum Westerwaldsteig stehen. Nun sind es nur noch wenige Schritte hinab zur **Fuchskaute Lodge ④**. Hier können wir bei einem kühlen Getränk

*Die flache **Basaltkuppe** der Fuchskaute entstand vor 25 bis 30 Millionen Jahren durch Vulkanismus. In der geschützten Höhenlage wachsen bedrohte Arten und Pflanzen, die sonst nur auf alpinen Bergwiesen gedeihen. Ein Paradies für seltene Schmetterlinge!*

Auszeittour 3

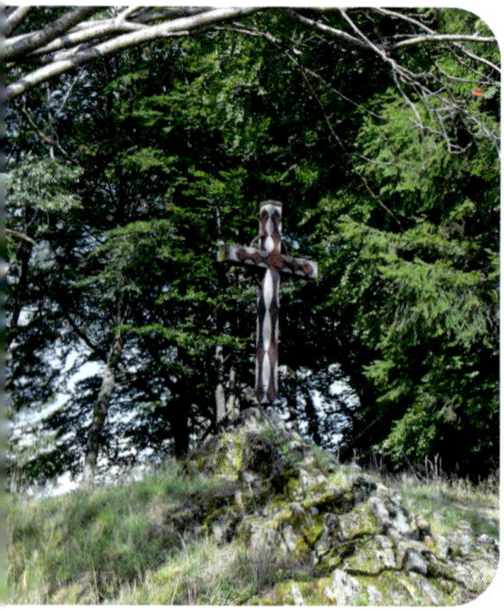

im Biergarten entspannen oder uns durch die kulinarischen Köstlichkeiten der hauseigenen Patisserie futtern.

Auf den letzten Metern hinab zum Parkplatz fällt uns auf der linken Seite das **Bergkreuz Fuchskaute** ⑤ ins Auge. Nein, es ist kein Gipfelkreuz, sondern ein an markanter Stelle aufgestelltes Bergkreuz. Denn die Fuchskaute hat drei Erhebungen, die weder eine gute Aussicht noch ein Gefühl von Gipfelbesteigung vermitteln. Der höchste Punkt des Westerwalds bleibt uns deshalb an dem Platz mit dieser Aussicht viel besser in Erinnerung.

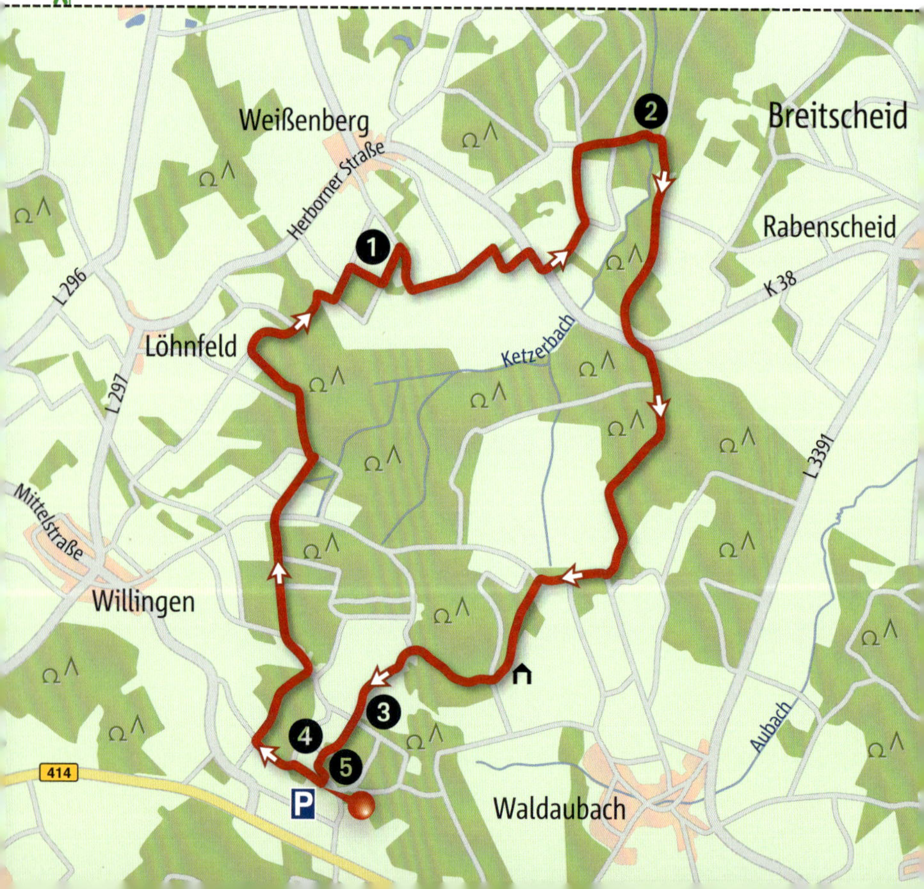

Entspannung ★★★★★
Genuss ★★★★☆
Romantik ★★★★☆

WIE & WANN:
Naturpfade, Wald-, Wiesenwege und Wirtschaftswege; bitte einen Kompass (magnetisch, nicht digital) einpacken; ganzjährig lohnend

HIN & WEG:
Auto: Parkplatz Fuchskaute, 56479 Willingen (GPS: 50.658116, 8.10324)
ÖPNV: Keine direkte Anbindung an die Strecke

ESSEN & ENTSPANNEN:
Fuchskaute Lodge ❹ Fuchskaute 1, 56479 Willingen,
Tel. (0 26 67) 9 61 93-0, www.fuchskaute-lodge.de
(Do. 18–21, Fr.–So. 12–22, März–Okt. außerdem Mi. 18–21 Uhr)

ENTDECKEN & ERLEBEN:
Aussichtspunkt Ketzerstein ❶
Dreiländerpunkt ❷
Naturschutzgebiet Fuchskaute ❸
Bergkreuz Fuchskaute ❺

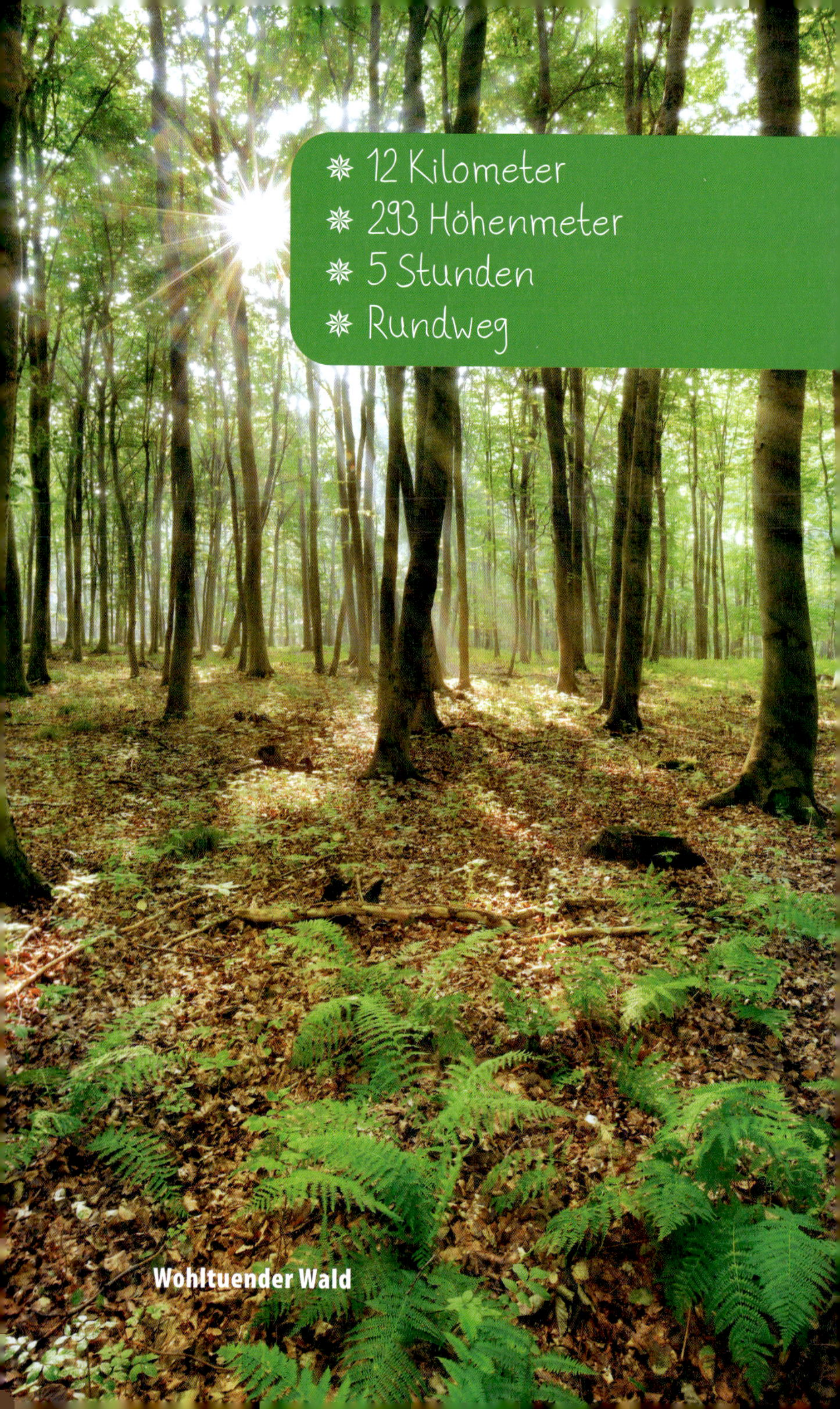

- 12 Kilometer
- 293 Höhenmeter
- 5 Stunden
- Rundweg

Wohltuender Wald

Wohl-Fühl-Weg

Holzkunst und Blicke am Gelbach

Unmittelbar neben dem Parkplatz und der Bushaltestelle Wirzenborn liegt der Startpunkt des **Skulpturenwegs Reckenthal,** den zeitgenössische Bildhauer ins Leben gerufen haben und der auf zwei Routen an insgesamt 42 Holzskulpturen vorbeiführt. Hier starten auch wir zu unserer Wanderung, an der Skulptur 1 („Du, ich, wir"). Wir wandern den **Kiefernweg** hinauf. Hinter dem Wasserwerk und Skulptur 2 („Das Leben") macht der Weg einen Rechtsbogen zum **Grillplatz Wirzenborn.**

Weiter geradeaus laufen wir an der Skulptur 3 („Mensch und Natur") entlang. Der Weg führt zwischen Weiden und Feldern bergauf an den Kunstwerken 4 („Grenzen-grenzenlos") und 5 („Grenzenlos") vorbei. Das liegende Holzkunstwerk 6 „Horizontale Rhythmik" lädt dazu ein, uns hinzusetzen und mit den Fingerspitzen der geschwungenen Linienführung zu folgen.

Hinter einem Waldzipfel wartet **Till Eulenspiegel** ① auf uns. Nach den abstrakten Formen der ersten Skulpturen überrascht er uns mit einer detaillierten Sägearbeit nach alter Schnitztradition. Till Eulenspiegel wird mit „ick bin ulen spegel" zitiert, was mit „Ich bin euer Spiegel" übersetzt wird. Wie er da mit seiner Eule und seinem Spiegel vor uns steht, hält er uns in der Tat den Spiegel vor.

Es geht hinab zu einer Feldscheune. Hier lässt sich der Weg nach links über Reckenthal um rund 3,5 Kilometer **abkürzen,** vorbei an den Kunstwerken 9 bis 13.

Reicht die Kraft für den langen Weg, wenn wir hier

*1510 erschien „Ein kurtzweilig lesen von **Dyl Ulenspiegel,** geboren vf dem land zu Brunßwick, wie er sein leben volbracht hat. XCVI seiner geschichten". Das Buch war schon nach wenigen Jahren ein Weltbestseller, bis heute in über 280 Sprachen zu lesen.*

*12 Kilometer sind zu lang für heute? **Zwei Rundwege** führen an allen Skulpturen vorbei: Der große Rundweg über Bladernheim ist etwa 9,5 Kilometer lang. Der kleine Rundweg über Reckenthal misst gut 6 Kilometer. Unsere ganze Tour ist eine erweiterte Version des großen Rundwegs.*

auf der Bank eine kleine Rast einlegen und uns die Skulptur 8 „Compressed? No." von Thorsten Schütt ansehen? Spüren wir nicht allzu oft eine große Last, die auf uns drückt? Aber wir lassen nicht zu, dass sie uns erdrückt. Unsere Gedanken, Wünsche und Träume sind stärker.

Wir wandern dieserart gestärkt geradeaus weiter bergauf Richtung **Ettersdorf** und freuen uns an der fröhlich-verspielten Form der Skulptur 14 „Anglismes". Auch ohne den Namen zu lesen, hätten wir beim Anblick von Pferdekopf, Rugby-Ei, Rose, Krone, Gitarre und Keltenkreuz an England gedacht.

Wir wandern neben Apfel- und Kirschbäumen auf der Höhe weiter und genießen nach rechts den Weitblick bis nach Montabaur. Die Skulpturen 15 „Communication" und 16 „Verwirklichung" haben wir bereits angesehen und hinter uns gelassen, wenn der Asphaltweg endet. Es geht auf einem Schotterweg durch eine breite Waldschneise. Eine gesunde Mischung aus Mitleid und Schadenfreude überkommt uns bei der Skulptur 17 „Gefahren der Gier".

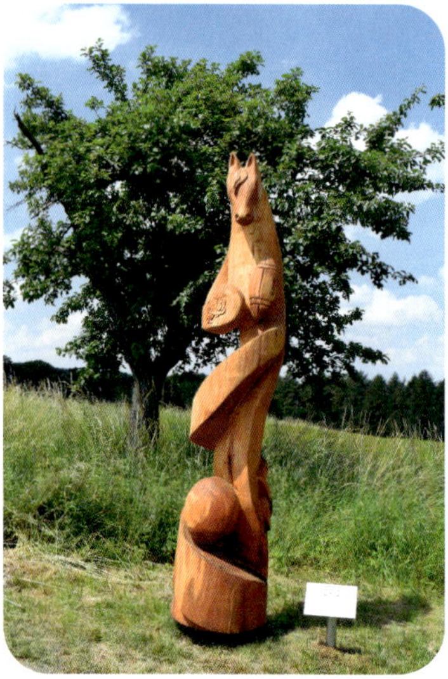

Auf dem Skulpturenweg …

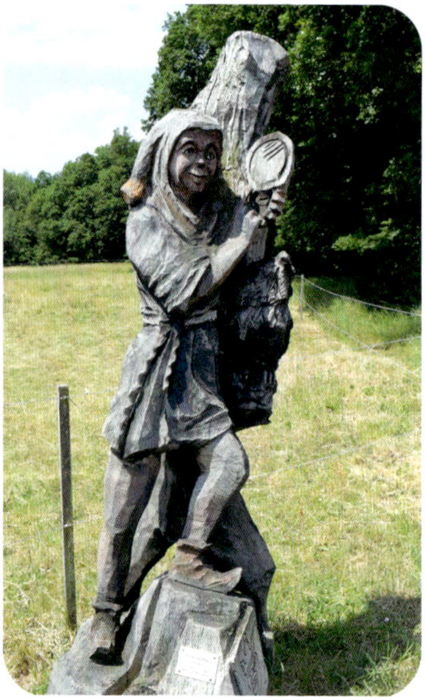

Für die Seele

Das Holz der Skulpturen gibt uns beim Betrachten und Betasten ein wohlig-warmes Gefühl.

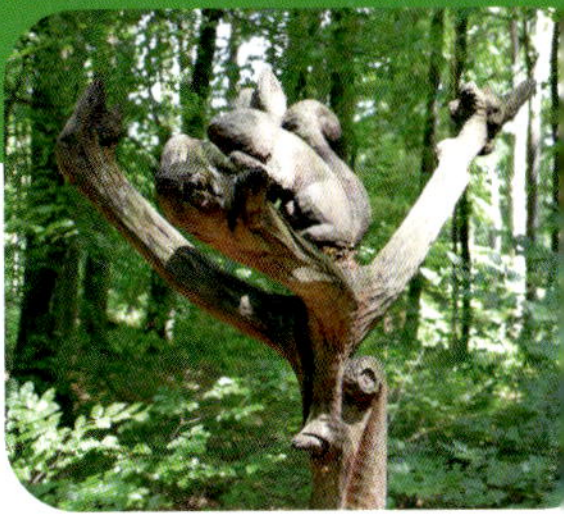

Querformatig und einladend ist die Skulptur 18 **„Sofa im Wald" ②**, leider aber nicht ganz so weich, wie wir es von einem Sofa erhoffen. Dahinter biegen wir links ab und gehen nach etwa 180 Metern an der Skulptur 19 „Improvisation" noch einmal nach links. Der Weg führt nun durch dichten Laubwald leicht bergab. An einer Gabelung folgen wir dem Weg nach rechts und erfreuen uns an den putzigen Details des „Eichhörnchenbaums".

Weiter bergab wird es wieder abstrakter mit der Nummer 21 „Appollinisch – Dionysisch", unser Weg führt aus dem Wald heraus zu einer T-Kreuzung mit

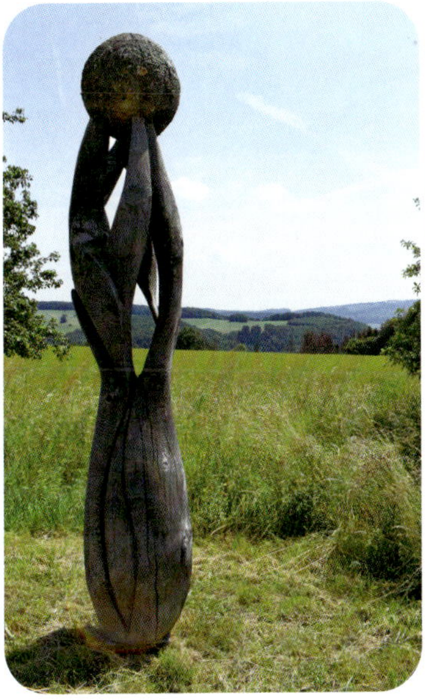

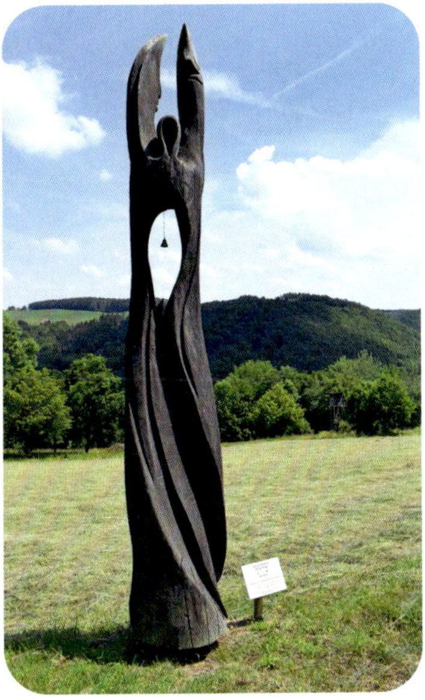

der Skulptur 22 „Familienglück". Dort wandern wir nach rechts an einer Weihnachtsbaumplantage entlang, vorbei an der Skulptur 23 „Weckruf". Was für ein treffender Titel für ein Kunstwerk, das nur wenige Hundert Meter hinter der riesigen Kahlschlagfläche einer Monokultur steht, die dem Borkenkäfer zum Opfer fiel.

Oberhalb des Dorfes prüfen wir, ob sich das Kunstwerk 24 „Bewegt" auch wirklich bewegt, wenn wir es berühren, und erreichen an der Skulptur 25 „Grenzüberschreitung" eine **Bank mit Aussicht auf Bladernheim ③**. Hier treffen wir auf einen Asphaltweg, dem wir geradeaus folgen. An einem Grillplatz gehen wir nach links zur Straße Unter dem Hahn, dieser folgen wir nach rechts bis zur **Mittelaustraße (L 313)**.

Hier biegen wir links ab und finden in der Skulptur 26 „Begrenzungen" neue Impulse zum Nachdenken, während wir auf dem Gehweg zum Ortsende laufen. Dort biegen wir hinter der **Antoniuskapelle ④**, aber noch vor einem Picknicktisch und der Skulptur 27 („First

*Am 29. März 1853 verließen alle Sespenrother ihr Dorf, um nach **Amerika** auszuwandern. Insgesamt 13 Familien, 48 Personen, suchten ihr Glück in der Ferne. Die fortschreitende Industrialisierung hatte ihnen den Broterwerb als Schnallenmacher genommen.*

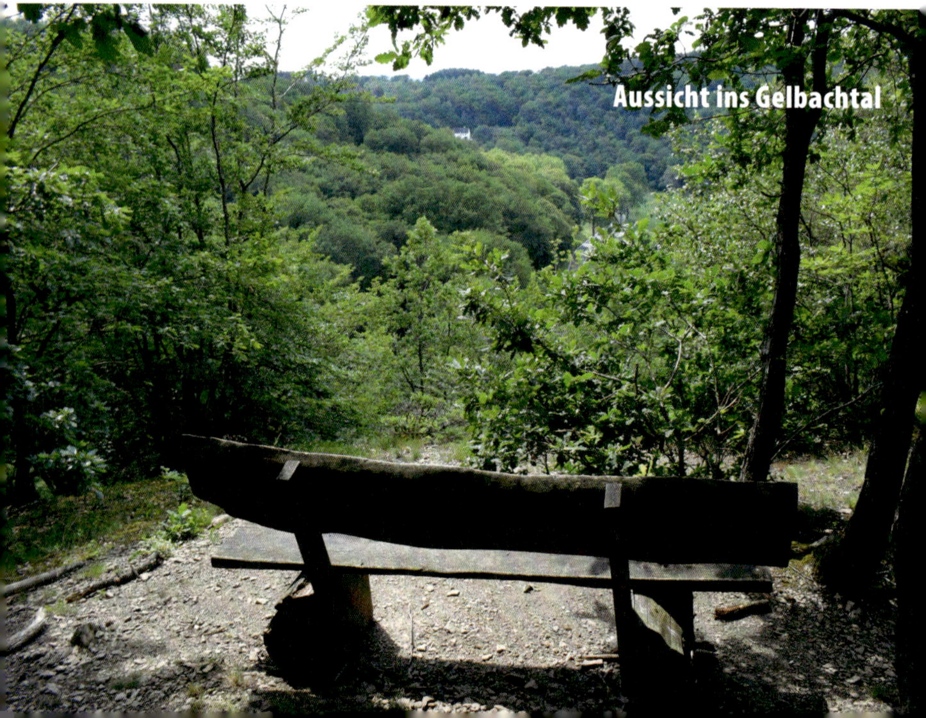

Aussicht ins Gelbachtal

Day – Deutschland") nach rechts ab. Auf einer Brücke überschreiten wir den Gelbach und kommen zum Rettungspunkt 5513-076. Dort biegen wir links ab, sobald wir die Skulptur 28 „Die Dornen der Rose" von allen Seiten bewundert haben.

Auf einem Schotterweg wandern wir am Waldrand entlang, später auf einem Waldweg durch den Wald. Der Gesang der Vögel und das Plätschern des Gelbachs begleiten uns zunächst bergauf, dann bergab zum Kunstwerk 29, einem kleinen Waldgeist. Kurz geht es bergauf, bevor wir aus dem Wald herauskommen und halb links zur Skulptur 30 „Windstoß" und zur **Wüstung Sespenroth** 5 gelangen. Ohne das Hinweisschild würden wir nicht einmal ahnen, dass hier einmal ein ganzes Dorf stand. Nicht ein Stein ist mehr von ihm zu sehen.

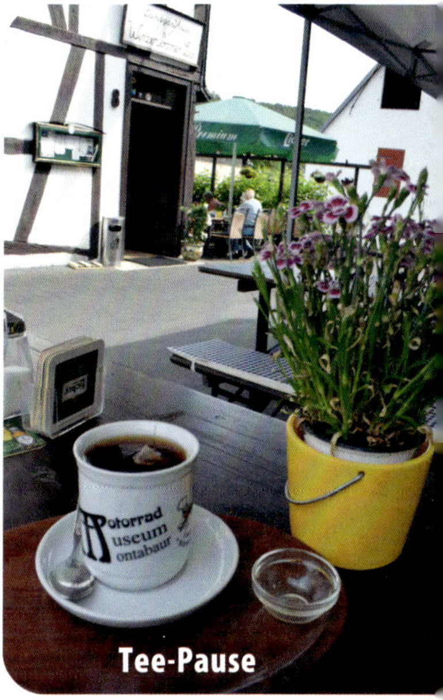
Tee-Pause

Wir wandern hinter der Wüstung bergab zu einer T-Kreuzung. Dort biegen wir links ab und passieren nach 20 Metern die Skulptur 31 „Vereint". Der Weg führt nach rechts und oberhalb des Bachs an weiteren Skulpturen (32 „Fischfamilie", 33 „Bindungen") vorbei, dann links zwischen zwei Teichen hindurch. Wir überqueren die K 161 an der Skulptur 34 „Dialog mit dem Schatten" und gehen etwas nach links versetzt (Rettungspunkt 5513-074) in gleicher Richtung weiter. Dabei folgen wir dem linken, also unteren Weg. In den Bachauen überqueren wir kurz hinter der riesigen Holzähre 35 „Gut – genährt" den Eisenbach und kommen im nächsten Waldstück zu einer kleinen Felswand.

Hier an der Skulptur 36 „Geben und Nehmen" trifft unser Weg auf die Wällertour Eisenbachtal (Rundwanderung, 9,4 Kilometer) und auf die Streckenwanderung Montabaurer Mären (22 Kilometer von Nentershausen nach Montabaur). An dieser Wegkreuzung wird uns auf einer **Schautafel** die Sage vom **Bergwerksmönch** 6 erzählt.

Wir biegen scharf links ab, halten uns an das stilisierte **WT** der **Wällertour** und kommen zu einer Gabelung. Hier verlassen wir den Skulpturenweg und gehen rechts bergauf durch Nadelwald (geradeaus könnten wir um gut 2 Kilometer **abkürzen,** wenn wir auf dem Skulpturenweg bleiben). Nach etwa 1 Kilometer unternehmen wir einen Abstecher nach links zu einem **Aussichtspunkt 7,** an dem wir einen schönen Blick ins Gelbachtal um Wirzenborn haben.

Nach weiteren 500 Metern erreichen wir das **Steinerne Kreuz 8.** Eine Tafel der Montabaurer Mären weiß davon zu berichten, dass sich an dieser Stelle zwei Förster mit tödlichem Ausgang um eine Frau duelliert haben. Der Sage nach ziehen in den grauen Novembernächten um Allerheiligen die ruhelosen armen Seelen durch den Wald, um ungesühnte Verbrechen zu bejammern. Dies dauerte eine fromme Frau, und so ist auf dem Stein zu lesen: „Hat aufgericht Ana Meudin von Girot zur Ehr Jesus Maria Josef fier die arme Seelen 1766.“

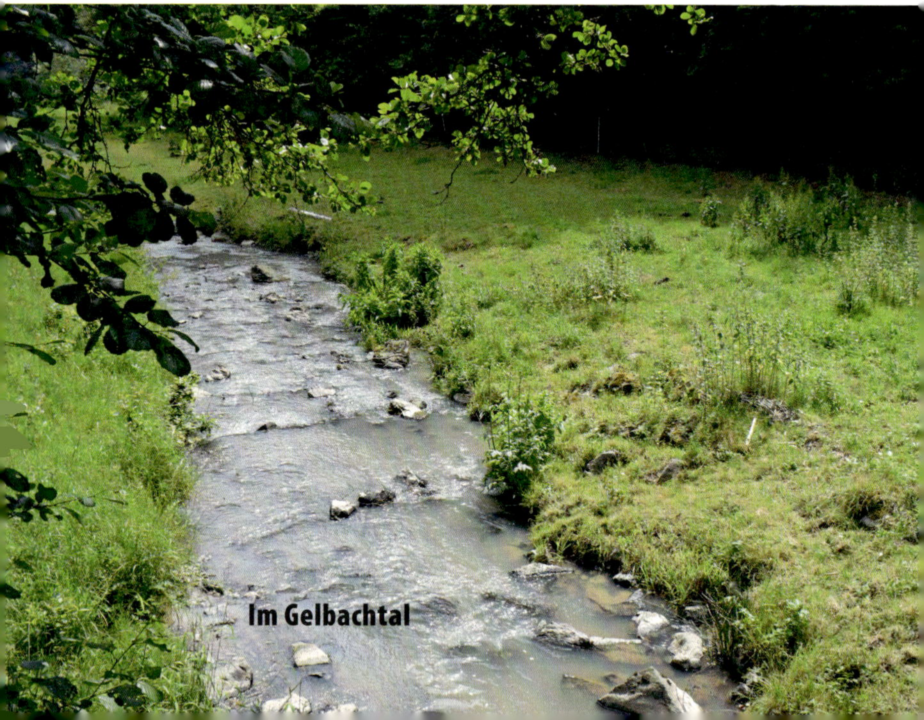

Im Gelbachtal

Direkt neben dem Kreuz, also noch vor der Sitzbank und der Dämonenskulptur, wandern wir scharf nach links auf einem wurzeligen Pfad zu einer T-Kreuzung oberhalb des Holbachs. Hier laufen wir nach rechts durch das Holbachtal, dann über den Bach zum Rettungspunkt 5513-042 am **Wasserhaus Lambachpumpe,** rechter Hand verläuft die ICE-Trasse.

Wir gehen nach links und den Weg auf der anderen Seite des Tales hinab zu einer weiteren Infotafel des Montabaurer Mären-Wegs. Die Geschichte des Postillons von Wirzenborn könnte sich fast so zugetragen haben: Am Ende seiner Fahrt kommt er auf die dumme Idee, die Heiligenfigur aus der Kapelle Bildches Eich zu stehlen. Dass der reuige Dieb seine Frau schickt, um das Diebesgut zurückzubringen, statt seine Tat selbst wiedergutzumachen, lässt die gesamte Sage glaubhaft und realistisch erscheinen.

Auch um die Entstehung der **Kapelle Bildches Eich** 9 rankt sich eine schöne Sage: Der Förster Christoph wurde eines Abends im Jahr 1830 von einem Knacken erschreckt, das er in der Dämmerung für ein galoppierendes Pferd mit einem Toten als Reiter hielt. Voller Panik rannte er zur Großholbacher Kirche, um sich in Sicherheit zu bringen, und brauchte drei volle Tage, um sich von seinem Schreck zu erholen. Danach höhlte er eine Eiche aus und stellte eine Muttergottesfigur in das Loch. In den Jahren 1921 bis 1938 wurde sie von Holzkonstruktionen geschützt, die heutige steinerne Waldkapelle datiert aus dem Jahr 1963.

*Seit 1380 ist **Wirzenborn** eine Marienwallfahrtsstätte. Damals soll eine Marienfigur im Gelbach angeschwemmt worden sein und blieb am Kapellenfelsen hängen. Grund genug, dort eine Kapelle zu bauen, die 1510 durch die jetzige Kirche ersetzt wurde.*

Wir folgen weiter dem Weg am Ufer des Holbachs, der ungehindert durch sein Tal mäandert. An der nächsten Gabelung nehmen wir den linken Pfad. Er führt auf einer Holzbrücke über den Ahrbach und hinter der Skulptur einer Harfe spielenden Meerjungfrau nach links.

Nach etwa 250 Metern trifft er wieder auf den **Skulpturenweg.** Dessen Nummer 40 „Schicksal“ zeigt einen unglücklichen Meister, der kurz vor Vollendung seines Werks sein Schnitzmesser verliert.

Auszeittour 4

Wir wandern auf dem Weg oberhalb des Ahrbachs. Nach dessen Einmündung in den Gelbach macht er einen Rechtsbogen und führt am Gelbachufer an einigen Felsen und der Skulptur 41 („Durchlässig“) vorbei zum Ortseingang von **Wirzenborn** mit der letzten Skulptur („Realitätsverlust“).

Dort halten wir links auf die Kirche zu und kommen am Ende der Heiligenrother Straße zum Gasthaus **Wirzenborner Liss** ⑩ mit seinem Biergarten und dem Motorradmuseum Montabaur.

Nach rechts ist noch ein kurzer Abstecher zur **Wallfahrtskirche Wirzenborn** ⑪ möglich, ansonsten gehen wir links die **Kapellenstraße** hinab zur Gelbachbrücke und zum Startpunkt.

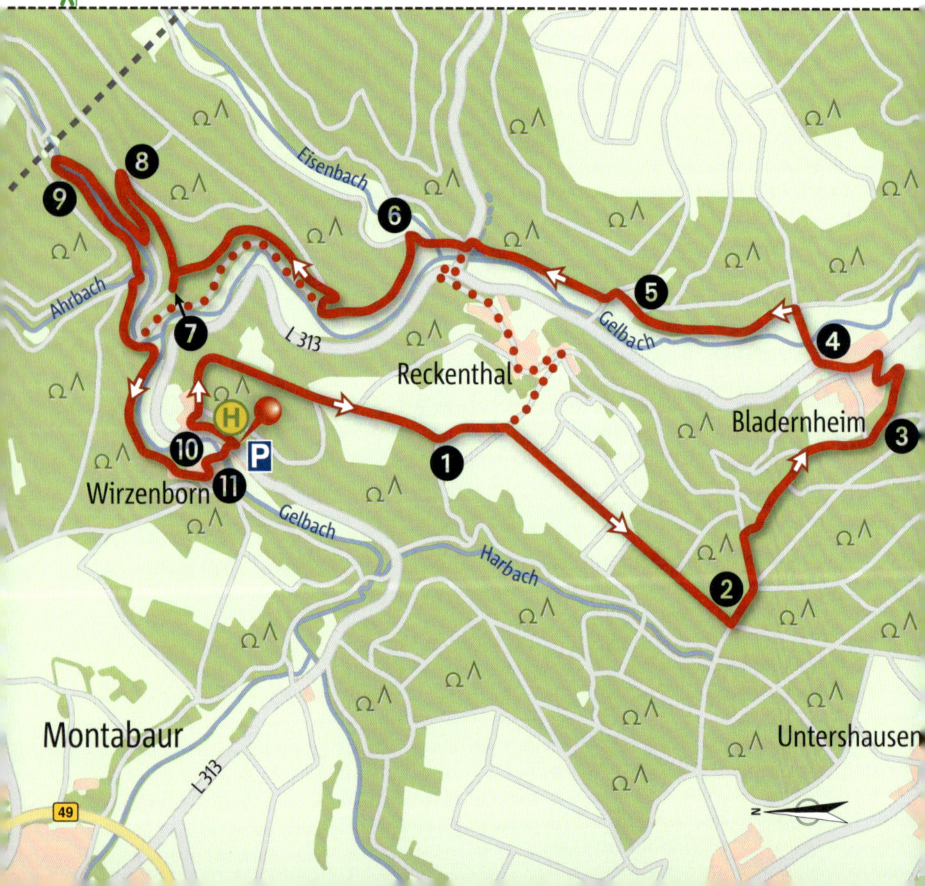

Entspannung ✱✱✱✱✱
Genuss ✱✱✱✱
Romantik ✱✱✱

WIE & WANN:
Naturpfade, Wiesenwege und Wirtschaftswege, in den Ortschaften Bürgersteige; ganzjährig lohnend

HIN & WEG:
Auto: Parkplatz an der Bushaltestelle Wirzenborn, Im Gelbachtal, 56410 Montabaur (GPS: 50.427659 7.863196)
ÖPNV: Ab Montabaur, Konrad-Adenauer-Platz Bus 453, ab Quartier Süd Bus 995 bis Wirzenborn (Mo.–Fr.); am Wochenende Anrufsammeltaxi 8442, Tel. (0 26 02) 9 47 07 68

ESSEN & ENTSPANNEN:
Landgasthaus Wirzenborner Liss mit **Motorradmuseum Montabaur ⑩**
Kapellenstraße 8, 56410 Montabaur, Tel. (0 26 02) 43 27,
www.wirzenborner-liss.de (Mo. ab 14, Di., Do., Fr. ab 11, Sa., So. ab 10 Uhr)

ENTDECKEN & ERLEBEN:
Till Eulenspiegel ①
„Sofa im Wald" ②
Bank mit Aussicht auf Bladernheim ③
Antoniuskapelle ④
Wüstung Sespenroth ⑤
Schautafel: Sage vom Bergwerksmönch ⑥
Aussichtspunkt ⑦
Steinernes Kreuz ⑧
Bildches Eich ⑨
Motorradmuseum Montabaur ⑩ Kapellenstraße 8, 56410 Montabaur, Tel. (0 26 02) 43 27, www.motorrad-museum-montabaur.de (Do.–Di. 14–18 Uhr)
Wallfahrtskirche Wirzenborn ⑪

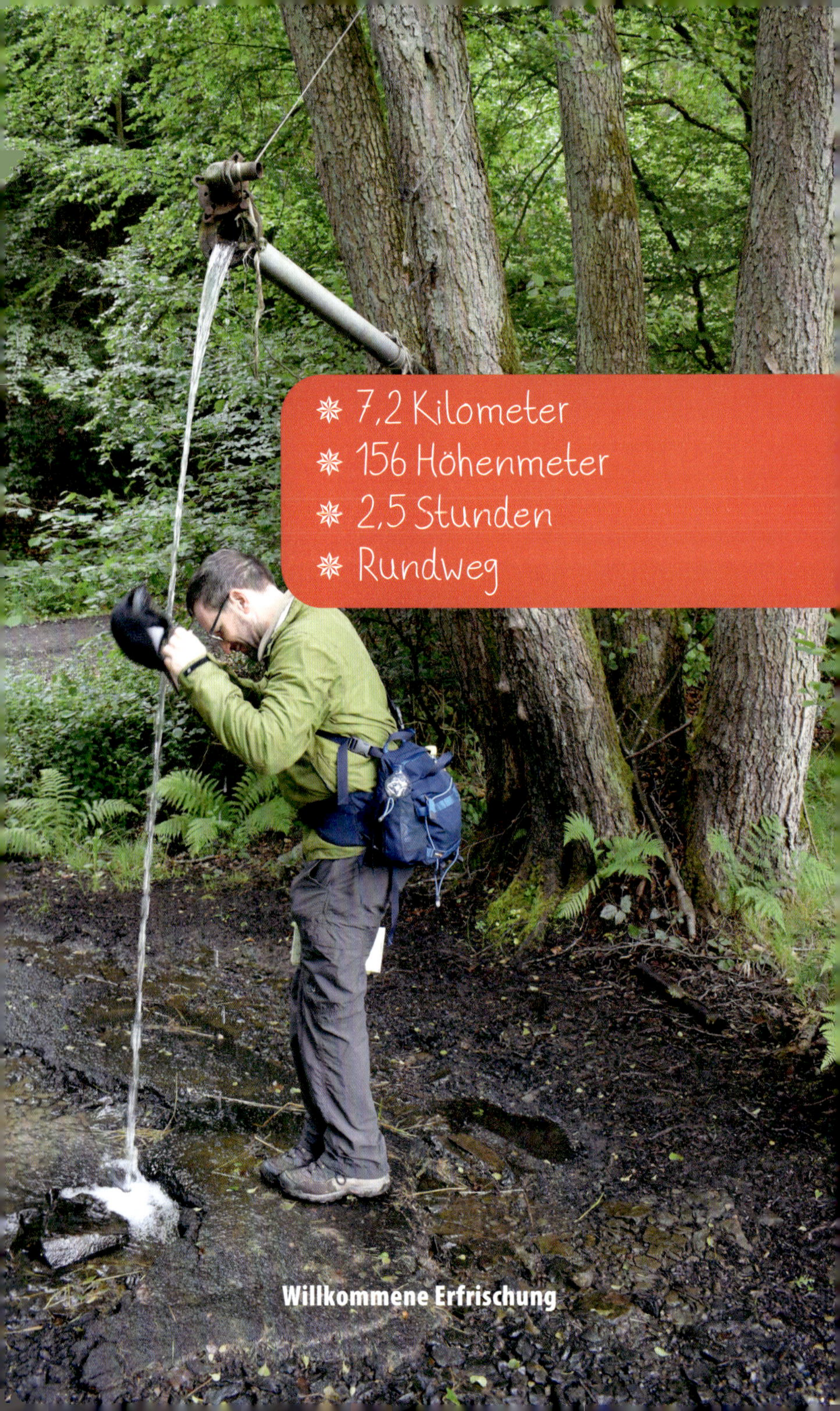

- 7,2 Kilometer
- 156 Höhenmeter
- 2,5 Stunden
- Rundweg

Willkommene Erfrischung

Wir verlassen den Wanderparkplatz bergan in Richtung Bebauung und schon an den beiden (!) Ortseingangsschildern staunen wir. Das Örtchen Beul ist Opfer eines kuriosen Verwaltungsakts und gehört zu zwei verschiedenen Kommunen: Der östliche Teil links der Straße ist ein Ortsteil von Busenhausen, der

Gute alte Zeit

Beulskopf

westliche Teil rechts der Straße gehört zu Heupelzen. Hinter dem **Gasthaus Hubertushöhe** ❶ wandern wir nach rechts bergauf zu einer **Schutzhütte** und erreichen kurz darauf den im Jahr 1990 in Holzfachwerkstil gebauten **Raiffeisenturm** ❷. Hier verlaufen auch der Kölner Weg und der Westerwaldsteig.

Wir steigen die 177 Stufen hinauf zur Aussichtsplattform. An klaren Tagen – am schönsten ist es kurz nach einem die Luft reinigenden Gewitter – können wir unfassbar weite Aussichten genießen. Das Rundumpanorama umfasst das Bergische Land im Norden, das Wildenburger Land und das Siegerland im Osten, den Köppelturm auf der Montabaurer Höhe im Süden und das Siebengebirge am Rhein in westlicher Richtung.

*Benannt ist der **Raiffeisenturm** nach Friedrich Wilhelm Raiffeisen (1818–1888). Der Sozialreformer aus Hamm (Sieg) entwickelte eine so gute Genossenschaftsidee, dass die UNESCO sie 2016 zum immateriellen Kulturerbe erklärte. „Was einer alleine nicht schafft, das schaffen viele."*

Am Rettungspunkt 5211-609 vorbei und geradeaus bergab laufen wir zu einer Gabelung, an der wir rechts abbiegen und dabei auf dem **Westerwaldsteig** bleiben. In einer Linkskurve biegen wir nach rechts ab und nehmen nach 10 Metern einen Pfad nach links.

Hier stehen wir auf der **Alten Kohlstraße** ❸, der alten Höhenstraße zwischen dem Siegerland und dem

Rheintal. Eine Infotafel lädt uns zum Barfußgehen ein – an einem warmen Sommertag für uns alle eine Erfrischung, ansonsten eher für mitwandernde Hunde ein Genuss.

Wir wandern leicht bergab zur K 54, überqueren sie und laufen geradeaus am Waldrand entlang. Neben dem Pfad wächst eine bezaubernde Mischung aus Farnen, Brombeeren, Ilex, Blaubeeren und verschiedenen Melissenarten. Der Pfad mündet wieder in die Mulde der Alten Kohlstraße, hier gehen wir am Infoschild links in den Fichtenhochwald.

Am anderen Ende des Waldes, noch vor einem breiten Forstweg, gehen wir an einem roten Grenzstein scharf nach rechts wieder zurück in den Wald. Nun ist es ein Mischwald, hinter einer Lichtung gehen wir durch Niederwald, der später in Laubhochwald übergeht. Wir halten uns an den Weg **0**, der immer geradeaus zum Waldrand führt.

Am Waldrand laufen wir links bis zu einem Wirtschaftsweg, dem wir nach rechts folgen. In der nächsten Kurve werfen wir nach links einen Blick über die Schulter zurück bis zur Eifel und geradeaus bis ins Bergische Land. Wir gehen scharf rechts auf einem

*Die **Alte Kohlstraße** erhielt ihren Namen von den Holzkohletransporten aus dem Westerwald zu den Eisenhütten im Siegerland. Die unzähligen, schwer beladenen Fuhrwerke haben den Boden so stark verdichtet, dass heute noch das Regenwasser kaum abfließt.*

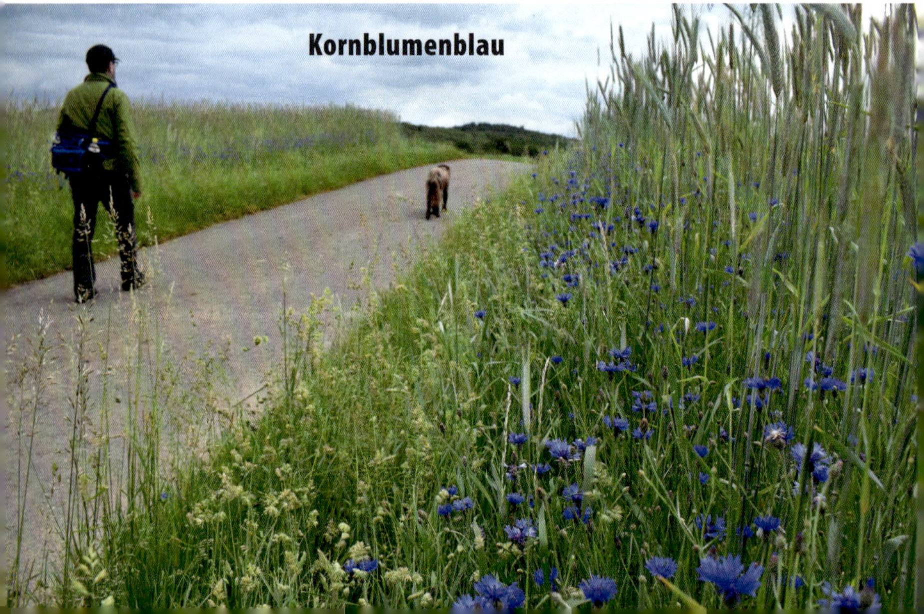

Kornblumenblau

Asphaltweg bergauf zum **Bickenberg 4**. Hier genießen wir die weiten Blicke ins Siegtal. Auch der Raiffeisenturm kommt wieder in Sicht.

Hinter der Sitzbank nehmen wir den nach links abzweigenden Grasweg. Dieser schwenkt nach etwa 150 Metern rechts zum Waldrand, wo wir links der Markierung S des **Sieghöhenwegs** folgen. Dabei kommen wir zur **K 54**, der wir für etwa 80 Meter nach links folgen. Wir überqueren sie nach rechts und biegen knapp 30 Meter weiter erneut rechts ab. Hier im Mischwald treffen wir an einer T-Kreuzung wieder auf die **Alte Kohlstraße**, der wir nach links folgen.

Für die Seele

Hier dürfen auch die Augen wandern, wenn wir nach 177 Stufen den Rundblick von der Aussichtsplattform auf dem Beulskopf genießen.

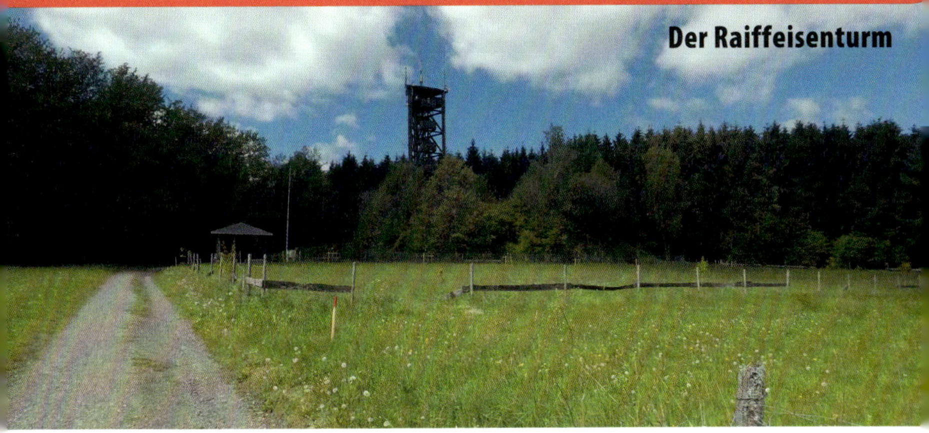

Der Raiffeisenturm

Nach knapp 80 Metern verlassen wir den Sieghöhenweg im Springer Loch und gehen links einen Waldweg hinauf zu einer Kreuzung. Die Tour lässt sich an dieser Stelle um 1,9 Kilometer **abkürzen**, nach rechts geht es auf direktem Weg zurück zum Startpunkt.

Ganz in der Nähe der Hauptquelle des Springerbachs befanden sich zwei Verhüttungsplätze mit ***Rennfeuern****, in denen das Eisen aus dem Gestein geschmolzen wurde. Damit sparte man Fahrten mit dem schweren Eisenerz zur Weiterverarbeitung ein.*

Ansonsten folgen wir links den Markierungen der **Köhlerroute** und kommen zum alten Grenzgraben zwischen Sayn-Hachenburg und Sayn-Altenkirchen. An der nächsten Gabelung gehen wir geradeaus hinab ins Tal des Springerbachs.

An einem Abzweig bleiben wir auf dem Weg, der geradeaus auf der rechten Bachseite weiterführt. Es geht nun bergauf. In einer Linkskurve erkennen wir einen Kohlenmeilerplatz an der kreisrunden, ebenen Fläche neben einer uralten Buche.

Am Waldrand folgen wir dem Weg nach rechts und biegen oberhalb von Birkenbeul an einer Rastbank crneut rechts ab **(K).** Linker Hand stehen die traurigen Reste der **Wunderbuche 5.**

In einer Rechtskurve begegnen wir dem Köhler-Jörg und seiner Schlawwerstien. Die Dame dort auf der Bank trug also wahrscheinlich einen auf Stine/Stiene/Stien abkürzbaren Namen, wie Christine oder Ernestine, und redete gerne, denn ein Schlawwermul ist ein redseliger, geschwätziger Mensch.

Neben Schlawwerstiens Bank folgen wir einem kleinen Pfad nach links zu einem Picknicktisch am

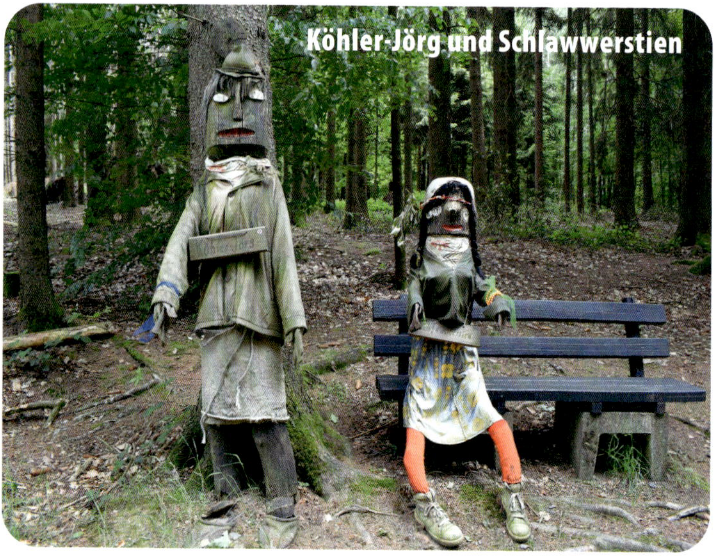
Köhler-Jörg und Schlawwerstien

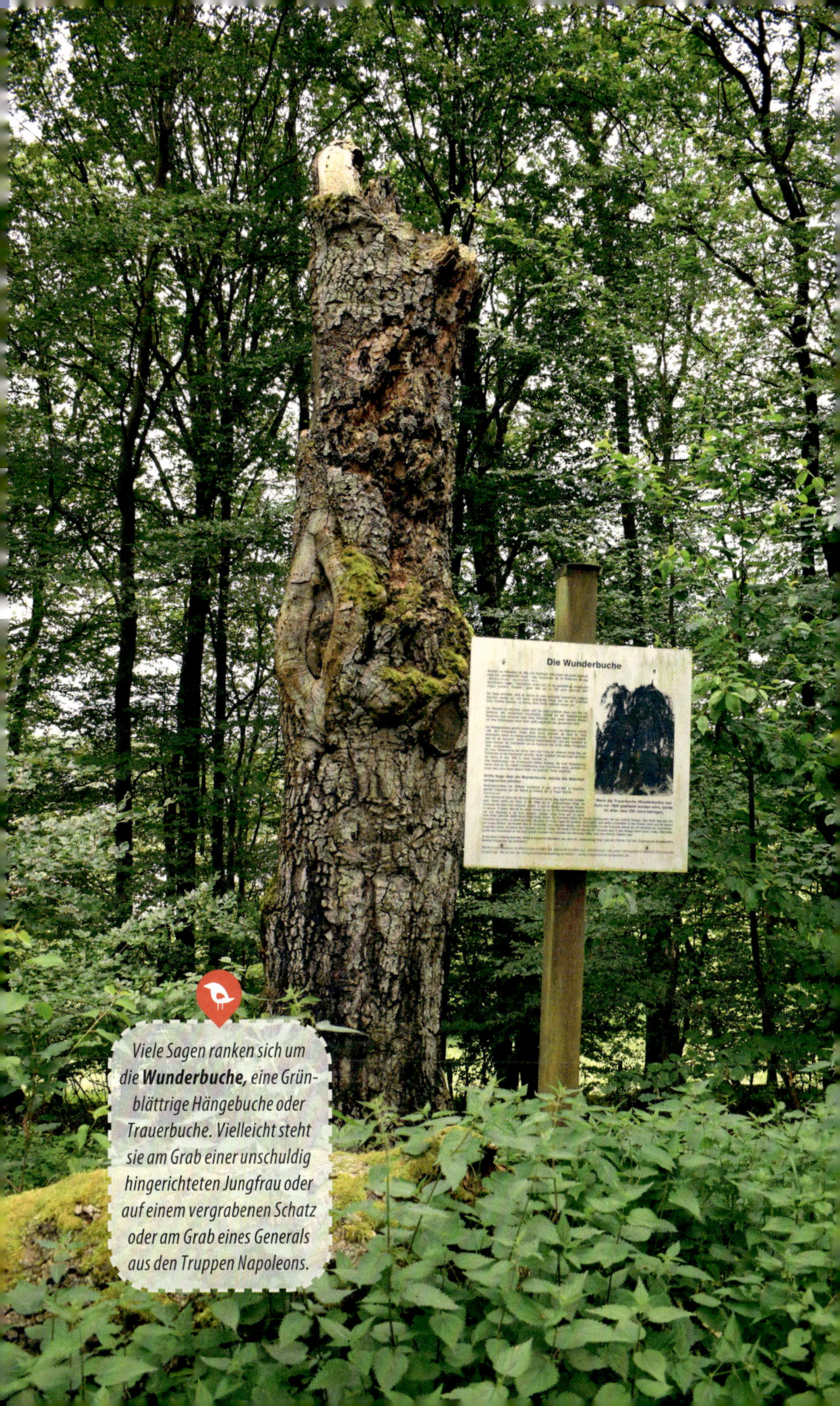

Viele Sagen ranken sich um die ***Wunderbuche,*** *eine Grünblättrige Hängebuche oder Trauerbuche. Vielleicht steht sie am Grab einer unschuldig hingerichteten Jungfrau oder auf einem vergrabenen Schatz oder am Grab eines Generals aus den Truppen Napoleons.*

Stallplatz ❻. Dort erwartet uns eine weitere lebensgroße Puppe, die wohl an den Förster Deihl erinnern soll.

Dahinter führt der Pfad nach rechts zurück zu dem breiteren Weg. Diesem folgen wir nach links und kommen wieder an die Kreuzung, an der wir vorher ins Springerbachtal gegangen sind. Nun biegen wir links ab und laufen auf der **Köhlerroute** bergauf. An einem Abzweig gehen wir geradeaus an den Pferde-Paddocks vorbei. Was in manch einer Wanderkarte noch als Sportplatz eingezeichnet ist, wird inzwischen von Reitern als Trainingsplatz genutzt. Wir genießen noch einmal die schönen Ausblicke Richtung Fuchskaute und Rothaargebirge, während wir – immer geradeaus – zurück zum Parkplatz gehen.

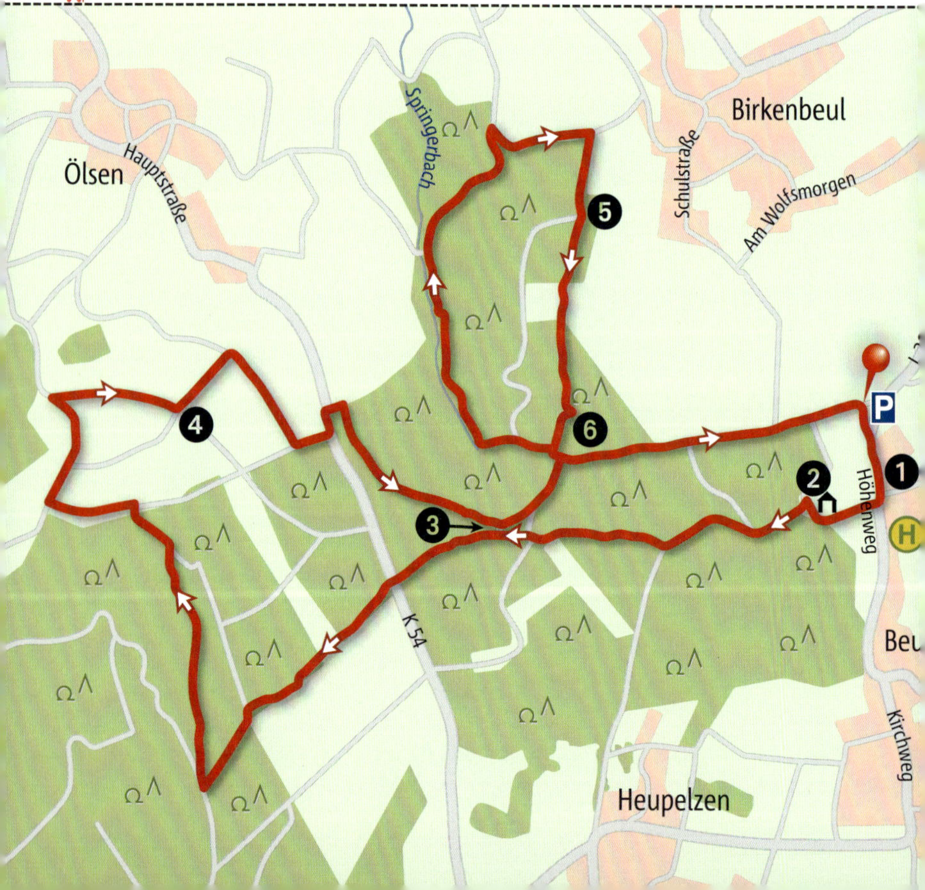

Alles auf einen Blick

WIE & WANN:
Naturpfade, Wiesenwege und Wirtschaftswege, innerorts Bürgersteige; ganzjährig lohnend

HIN & WEG:
Auto: Wanderparkplatz Heupelzen-Beul, Höhenweg/L267,
57612 Heupelzen-Beul (GPS: 50.733355, 7.627084)
ÖPNV: Ab Altenkirchen oder Au (Sieg) Bf. Bus 285 bis Beul Turm (Mo.–Fr.)

Entspannung ✷✷✷✷✷
Genuss ✷✷✷
Romantik ✷✷✷✷

ESSEN & ENTSPANNEN:
Gasthaus Hubertushöhe ❶ Höhenweg 24, 577612 Busenhausen-Beul,
Tel. (0 26 81) 45 38 (Mo., Di., Fr. ab 18, So. ab 14 Uhr)

ENTDECKEN & ERLEBEN:
Raiffeisenturm ❷
Alte Kohlstraße ❸
Aussichtspunkt Bickenberg ❹
Wunderbuche ❺
Stallplatz ❻

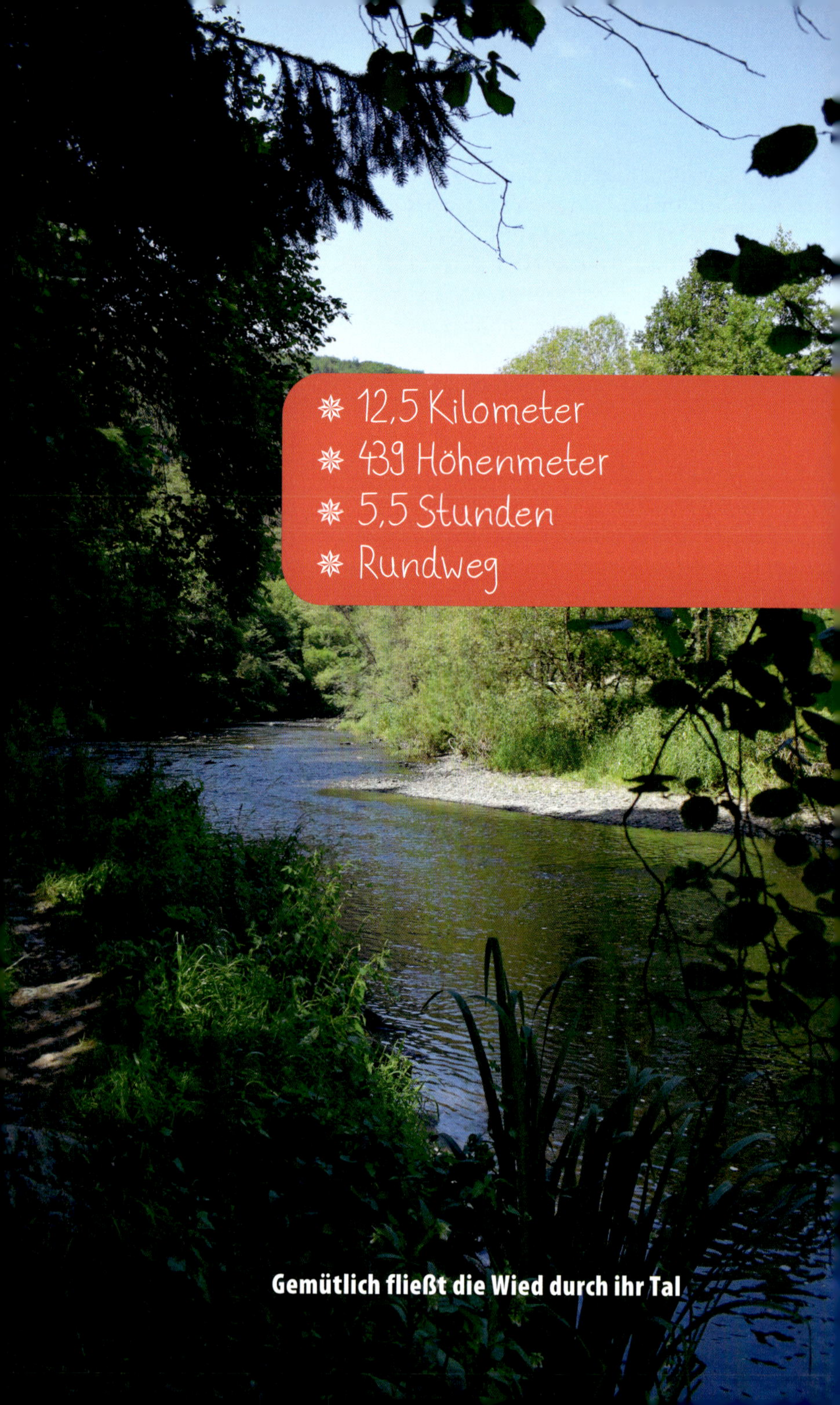

Gemütlich fließt die Wied durch ihr Tal

Wir starten zu dieser Wanderung, indem wir der Wied den Rücken kehren und der Straße **Auf dem Posten** bis zu **Wiedtalstraße** folgen. Dort biegen wir links ab.

Nach etwa 200 Metern gehen wir rechts und wandern an der **Kirche St. Michael** entlang bergauf. Die **Breitscheider Straße** macht einen Linksbogen, durch den wir

Auf dem Vulkan

Roßbacher Häubchen und Wiedtal

ihr noch folgen, in der folgenden Rechtskurve nehmen wir dann geradeaus das Sträßchen **Am Berg.**

An den nächsten beiden Kreuzungen gehen wir ebenfalls geradeaus und aus dem Ort hinaus. Wir kommen zu einer Aussichtsbank, an der wir links abbiegen. Unser Pfad trifft auf einen Wirtschaftsweg, dort wandern wir nach links zu einer **Kreuzung am Fuß des Roßbacher Häubchens.** Hier kommen wir später noch einmal vorbei, daher ist nach links eine **Abkürzung** möglich. Wir würden dadurch 2,4 Kilometer einsparen, aber auch die Basaltformationen am Roßbacher Häubchen und einige bezaubernde Fernblicke verpassen.

Deshalb biegen wir an dieser Kreuzung scharf rechts in einen Forstweg ein und folgen den Schildern Richtung **Roßbacher Häubchen**. Nach etwa 450 Metern wandern wir links einen kleinen Pfad hinauf, nach weiteren etwa 300 Metern wenden wir uns erneut nach links. Nun geht es steiler bergauf und wir kommen zu einer Rechtskurve.

Hierhin kommen wir später wieder zurück, aber zunächst bleiben wir auf dem breiteren Weg Richtung **Aussichtskanzel.** Nach etwa 70 Metern folgen wir einem

Pfad nach links **(B 2)** hinauf zur **Aussichtskanzel** auf dem **Roßbacher Häubchen ①.** Steil geht es über bemooste Basaltbrocken, aber Seile geben uns Sicherheit. Oben haben wir einen prächtigen Rundumblick ins Umland und hinab zu dem Plateau, auf dem wir in wenigen Minuten rasten wollen.

Vorsichtig steigen wir wieder hinab zu unserem Weg und gehen nach rechts zurück zu der Kurve. Nun biegen wir rechts ab und folgen einem Pfad mit der Beschilderung des **Westerwaldsteigs** durch den Wald zu einem weiteren **Aussichtspunkt ②.** Im Juni und Juli leuchtet der Berghang hell von der Blüte der Weißen Fetthenne.

*Das **Roßbacher Häubchen** ist vulkanischen Ursprungs. Sein hochwertiger Basalt wurde lange Zeit als Baustoff abgebaut. Der Vulkankegel mit dem bezaubernden Namen hat es nur engagierten Naturschützern zu verdanken, dass er nicht komplett abgetragen wurde.*

Wir erreichen eine Freifläche mit einem Picknickplatz, einer Sonnenliege und einem Schutzdach. Über uns erhebt sich die Basaltwand unterhalb der Aussichtskanzel, auf der wir vor einigen Minuten noch den traumhaften Ausblick genossen haben. Schmetterlinge tanzen über die wilde Wiese. Gut können wir die mächtigen Basaltsäulen im ehemaligen Basalttagebau erkennen.

Hinter dem Picknicktisch folgen wir einem Grasweg, der als schmaler Pfad in eine Schlucht führt. Der

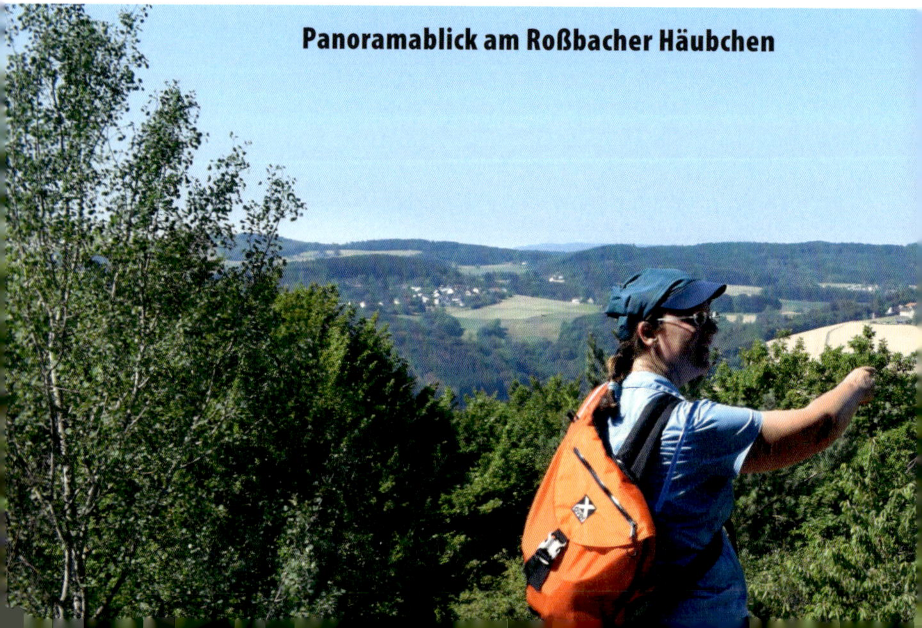

Panoramablick am Roßbacher Häubchen

Kontrast zwischen dem hellen, offenen Plateau und dieser verwunschenen Sagenlandschaft könnte kaum größer sein. Wir würden uns nicht wundern, wenn auf einem Basaltblock ein Troll säße.

Am Ende der Schlucht kommen wir an eine T-Kreuzung. Wir biegen rechts ab und gehen hinab zu einer Kreuzung mit einer **Lore ③**. Hier folgen wir dem

Für die Seele

Wenn wir die herrlich symmetrischen Basaltsäulen am Roßbacher Häubchen in all ihren Details betrachten, ist das wie Yoga für den Geist.

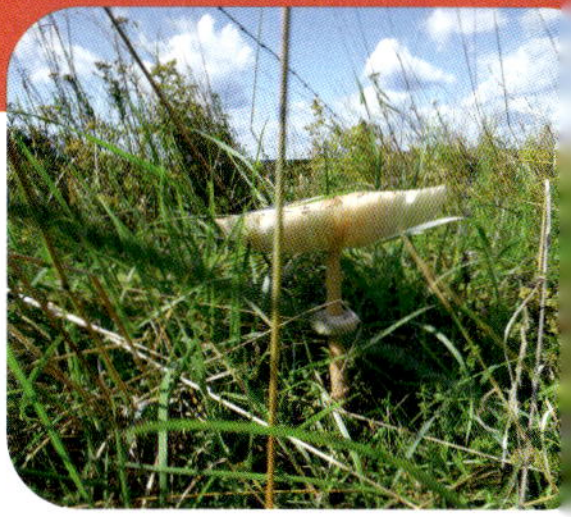

linken Weg und wandern sanft abwärts zurück zur **Kreuzung am Fuß des Roßbacher Häubchens,** an der wir nun scharf rechts abbiegen.

Wir kommen an eine Lichtung. Nun gehen wir scharf links auf dem **Wiedweg (W)** zum Masbach und dort geradeaus auf einem Asphaltweg weiter. Kurz vor

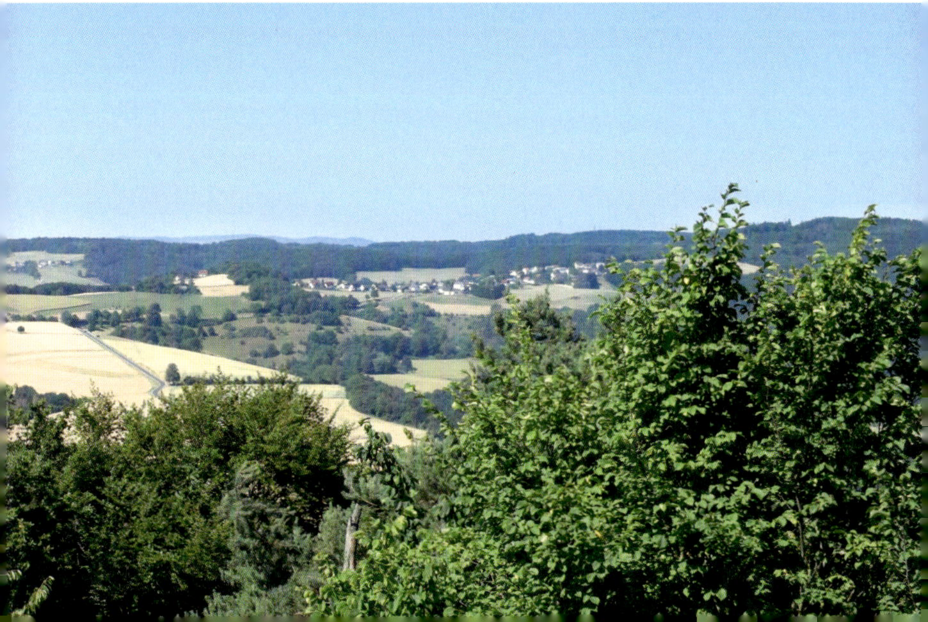

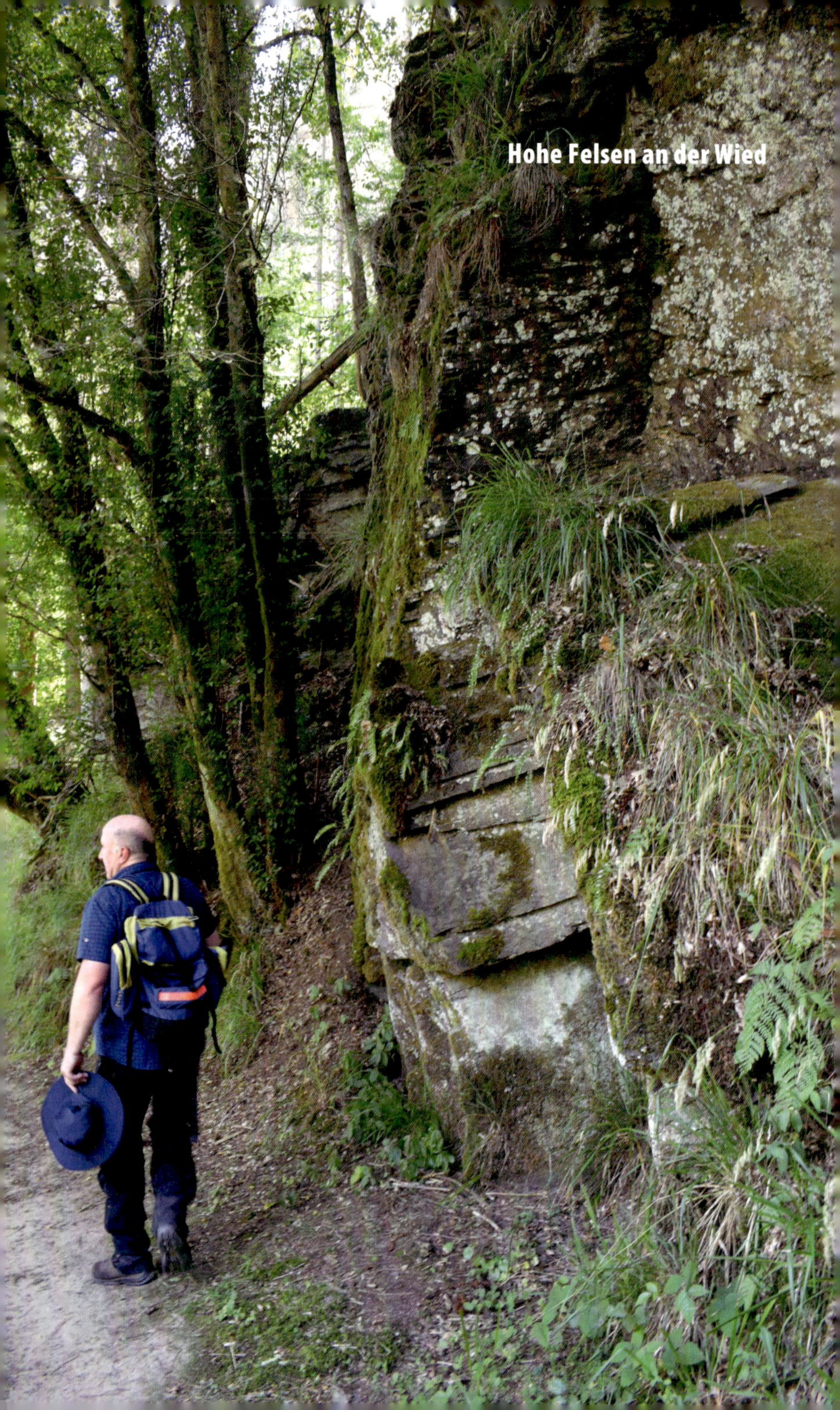

Hohe Felsen an der Wied

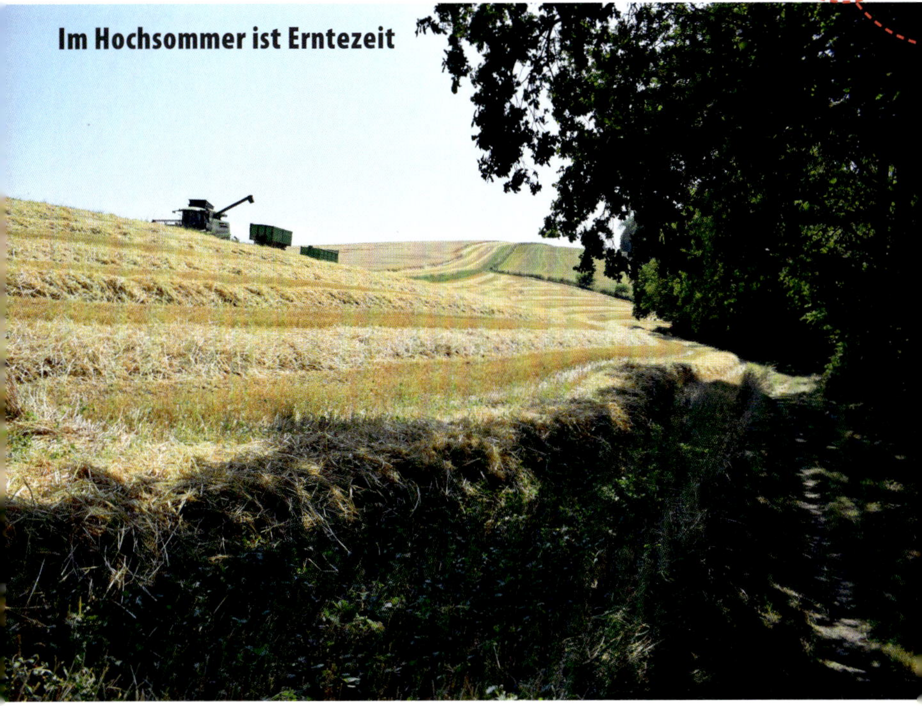

einer lauschig gelegenen **Schutzhütte** wandern wir nach rechts **(R 2)** hinauf zu einem weiteren Weg, dem wir nach links folgen. Er beschreibt eine Haarnadelkurve und einen Linksbogen, später einen Rechtsknick. An einer Wegkreuzung halten wir uns geradeaus Richtung **Weißenfelser Ley,** an der nächsten Wegkreuzung bleiben wir ebenfalls auf dem geradeaus führenden Weg **(R 1).**

Wir bewegen uns auf diese Weise für etwa 2 Kilometer ungefähr auf halber Höhe im Hang, bis wir nach einer kleinen Lichtung scharf links abbiegen **(W, R 1).** Etwa 80 Meter weiter nehmen wir an einer Gabelung den rechten Weg und biegen nach nochmals gut 50 Metern wiederum rechts ab. Wir wandern am Feldrand entlang, der Weg macht eine Rechtsbiegung hinab zur Wied. Dort gehen wir über die Wiedbrücke zum **Hotel Wiedfriede 4.**

Die Wege entlang der Wied machen Lust auf eine ***Gehmeditation.*** *Wir werden langsamer und spüren, wie unser Gewicht auf dem hinteren Fuß liegt und beim Abrollen auf den vorderen wechselt. Wie fühlen sich Waldboden, Wurzeln und Gras unter der Sohle an?*

Panoramatour 6

Nach links marschieren wir mitten durch den Biergarten, der uns zu einer gemütlichen Rast verführt. Unser Pfad mit der **W**-Markierung bringt uns bergauf zu einem hangparallelen Weg, dem wir geradeaus für knapp 3 Kilometer folgen.

Wir überqueren im Wiedtal drei kleine Seifen – Bachbette, die im Sommer oft ausgetrocknet sind. An der Metallbrücke grüßt aus der Ferne das Roßbacher Häubchen herüber. Am **Campingplatz Wiedschleife** lockt ein Abstecher zum **Strand-Café 5**, das in gut 300 Meter Entfernung am anderen Ufer der Wied liegt.

Hinter dem Campingplatz folgen wir der Straße über die Wiedbrücke und laufen dahinter rechts auf dem Dammweg zum Startpunkt.

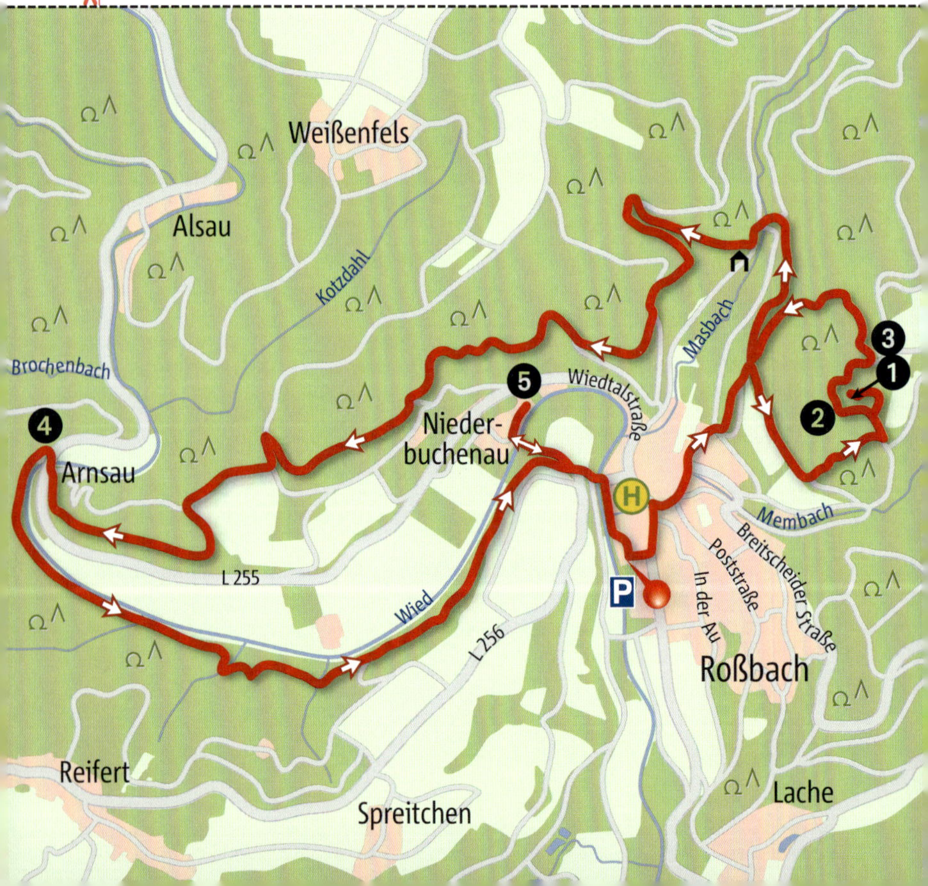

Alles auf einen Blick

WIE & WANN:
Naturpfade, Wiesen-, Wald- und Wirtschaftswege, innerorts Bürgersteige; ganzjährig lohnend

HIN & WEG:
Auto: Parkplatz Wiedhalle, Auf dem Posten, 53547 Roßbach (GPS: 50.573358, 7.414570)
ÖPNV: Von Neustadt/Wied und Neuwied Bus 131 bis Roßbach (Wied) Ortsmitte

Entspannung ★★★☆☆
Genuss ★★★☆☆
Romantik ★★★★☆

ESSEN & ENTSPANNEN:
Hotel Wiedfriede ❹ Arnsau, 53547 Dattenberg, Tel. (0 26 38) 93 36-0, www.hotel-wiedfriede.de (im Sommerhalbjahr tägl.)
Hotel **Strand-Café** ❺ Neustadter Straße 9, 53547 Roßbach/Wied, Tel. (0 26 38) 93 39-0, www.strand-cafe.de (Di.–So. 12–20 Uhr, jeden 1. Sa. 9–14 Uhr Frühstücksbrunch)

ENTDECKEN & ERLEBEN:
Roßbacher Häubchen mit **Aussichtskanzel** ❶
Aussichtspunkt ❷
Lore im Wald ❸

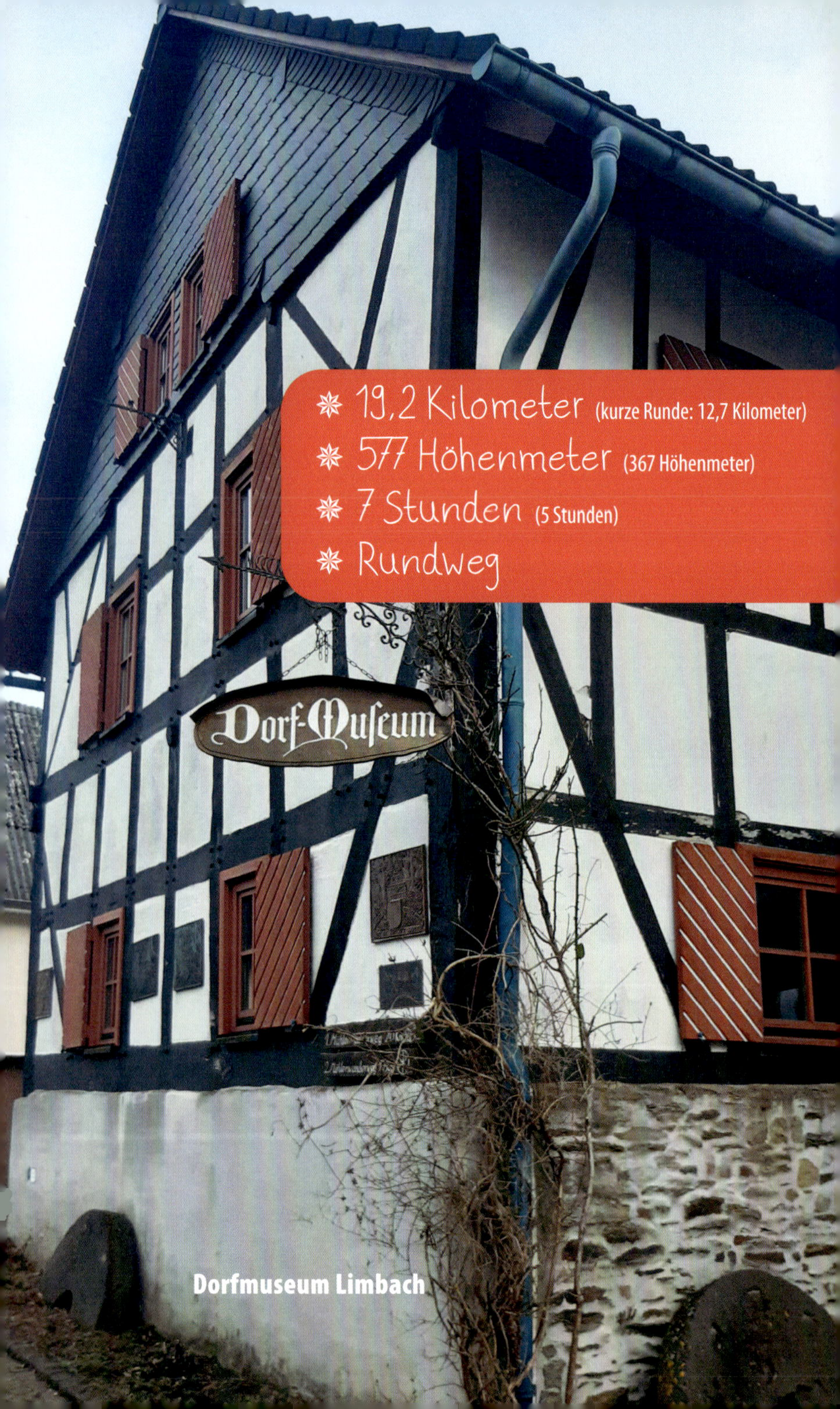

- 19,2 Kilometer (kurze Runde: 12,7 Kilometer)
- 577 Höhenmeter (367 Höhenmeter)
- 7 Stunden (5 Stunden)
- Rundweg

Dorfmuseum Limbach

Wo sich Westerwaldsteig, Druidensteig und Kleine Nister kreuzen, starten wir zu unserer kleinen Zeitreise in die Bergbaugeschichte des Westerwalds. Direkt am Parkplatz, neben der Wandertafel, überqueren wir die Kleine Nister und gehen dahinter an der Gabelung links auch über den Lehmbach. Nach etwa 50 Metern

Auf Zeitreise

Bergwerkshistorie um Marienstatt

sehen wir das Zeichen des **Druidensteigs,** auf das wir uns auf dem nächsten Streckenabschnitt verlassen können. Wir folgen ihm nach rechts einen Grasweg hinauf. Er führt oberhalb des Bachs durch einen Wald.

An einer T-Kreuzung gehen wir nach rechts, überqueren den Lehmbach und biegen keine 50 Meter später scharf links ab. Unser Weg führt uns durch die Lehmbachauen und über eine Holzbrücke. Dahinter halten wir uns links. An einem Teich laufen wir rechts bergauf und verlassen an der nächsten Gabelung den Druidensteig. Wir steigen auf dem linken Weg bergauf zu einer Wegkreuzung am Waldrand.

Auch dort halten wir uns weiter an den geradeaus führenden Weg, der uns nach **Malberg-Hommelsberg** bringt.

In Hommelsberg gehen wir auf der **Hauptstraße** nach links und hinter der modernen Kirche mit ihrer außergewöhnlichen Architektur rechts in die **Kirchstraße.** Vor der Hausnummer 9 laufen wir links einen Schotterweg hinauf. Er wird zum Grasweg und führt zur **L 281.** Hier bitte kurz umdrehen, um die Aussicht zurück zu genießen!

Der L 281 folgen wir für etwa 80 Meter nach rechts, dann geht es links zum **Barbaraturm 1**. Sein Name erinnert an die Schutzpatronin der Bergleute, die heilige Barbara. Der 22 Meter hohe Förderturm ist aus dem Harz „zugereist" – er stand ursprünglich in einem Erzbergwerk in Bad Grund. Nach seinem Abbau wurde er in den Westerwald gebracht, restauriert und 2014 auf der Steineberger Höhe aufgestellt. Hier veranschaulicht er seither die Bergbaugeschichte der Region.

Neben der ansprechenden kleinen Geschichtsstunde bietet der Barbaraturm auch Witterungsschutz und Picknicktische für eine erste Rast. Dass wir die 96 Stufen zu seiner Aussichtsplattform hinaufschnaufen, wird belohnt: In 18 Meter Höhe verzaubert uns ein herrliches Panorama der buckligen Welt des Westerwalds – und sogar noch darüber hinaus.

Solcherart erholt, durchgepustet und informiert überqueren wir die K 122 und folgen einem Pfad, der geradeaus in ein Waldstück führt. Dieser schwenkt nach links und endet an einem Forstweg, dem wir nach rechts folgen. Danach nehmen wir den ersten

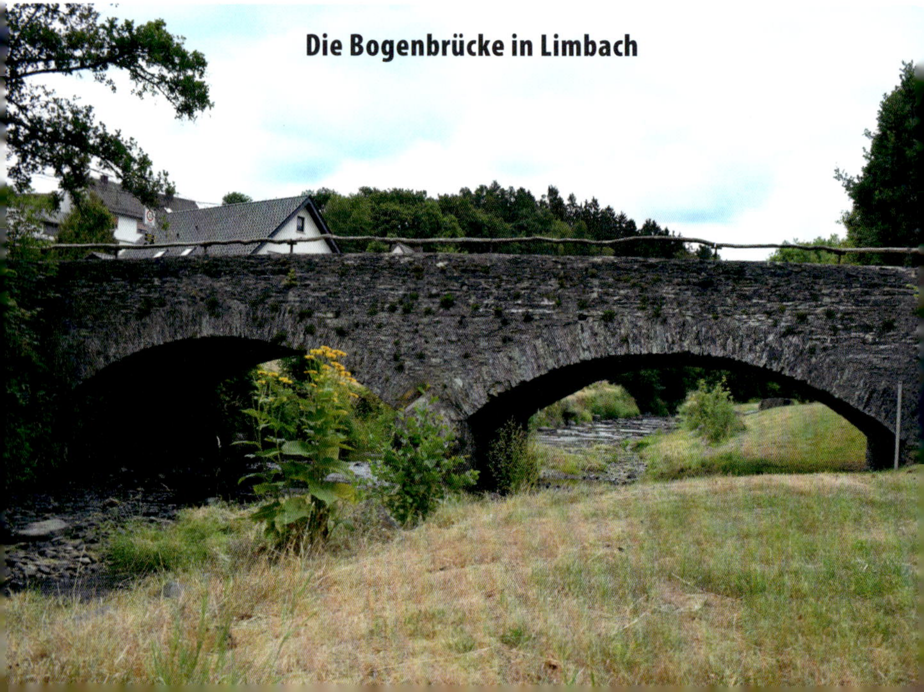

Die Bogenbrücke in Limbach

Weg nach links bergab zur **K 121.** Wir folgen ihr zunächst kurz nach links und schwenken dann nach etwa 15 Metern rechts auf einen Pfad bergab. An dessen Ende folgen wir einem Waldweg nach rechts zu einer Bahnlinie. Hier wartet schon der nächste Panoramablick auf uns: Von den **Bänken 2** schauen wir bis weit hinein ins Siegerland.

Für die Seele

Kühlen Kopf bewahren können wir bei einer spontanen Meditation in der ehemaligen Dachschiefergrube Assberg.

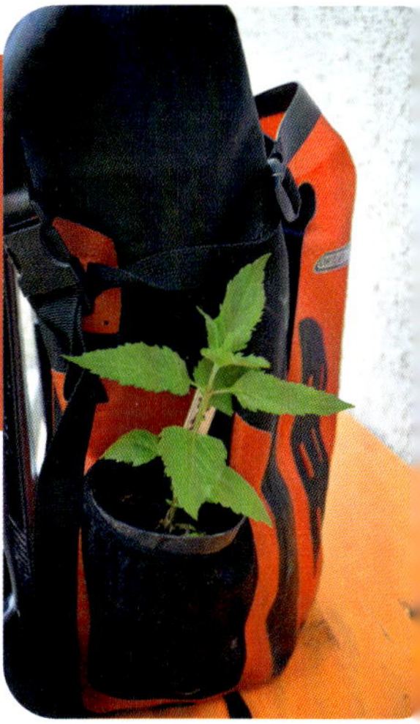

Wir folgen dem Grasweg neben den Gleisen nach rechts bis zu einer T-Kreuzung, die wir später noch ein zweites Mal erreichen werden. Nun biegen wir erst einmal nach links ab, überqueren die Gleise und gehen geradeaus zur **Grillhütte Steinebach.** Dort bringt uns ein **Naturlehrpfad** nach rechts hinab zum Besucherbergwerk **Grube Bindweide 3.** Hier können **diejenigen, die mit dem Bus anreisen, in die Tour einsteigen.**

Wir sind am Tiefen Bindweider Stollen, über den einst die Bergleute aus Steinebach in das Bergwerk einfuhren. Über 200 Jahre, bis 1931, wurde in der Grube Bindweide Eisenerz gefördert. Heute gehört sie zu den wenigen Schaubergwerken in Deutschland, die noch befahren werden können. Ebenerdig zeigt eine interaktive Ausstellung viel Wissenswertes rund um den Eisenerzbergbau. Im Untergeschoss des Besucherzentrums steigen wir am Grubenbahnhof in die originale Grubenbahn und erleben das harte Arbeitsumfeld der Bergleute.

Auf demselben Weg gehen wir wieder zurück zur T-Kreuzung an der Bahnlinie. Dort wandern wir nun geradeaus, queren die K 121 und laufen stetig bergauf

Reine Luft mit einer gleichmäßigen Temperatur von etwa 10 Grad Celsius, pollenfrei und staubarm: Das ist eine gute Basis für die Behandlung zahlreicher Krankheiten. Im ***Heilstollen*** *des Eisenerzbergwerks sind Liegekuren, Atemschule und andere Kurse möglich.*

bis zum **Wasserhochbehälter** auf der Steineberger Höhe. Dort gehen wir auf einem Naturpfad an der Umzäunung entlang. Der Pfad schwenkt etwas nach rechts ab. Oben auf der Höhe folgen wir geradeaus einem kaum begangenen Waldweg bis zu einem Schotterweg, dem wir nach rechts folgen. An der nächsten Einmündung gehen wir geradeaus auf einem Forstweg hinab nach **Malberg.**

Wir kommen auf der **Poststraße** zur **Hachenburger Straße (L 281),** der wir nach links folgen. An einer Straßengabelung bleiben wir rechts an der L 281 bis zum Ortsausgangsschild, dort laufen wir geradeaus auf einem Wirtschaftsweg bergab. Zwei Picknickplätze mit Aussicht links des Weges bieten sich für die nächste Rast an.

Während wir weiter bergab wandern, fällt uns das große gelbe Gebäude „auf 1 Uhr" auf. Es handelt sich um Schloss Hachenburg. An einer T-Kreuzung gehen wir links bergab zur Rückseite des **Ehrenmals** am oberen Ortsrand von **Luckenbach.** Hier müssen wir genau aufpassen, um die Richtung nicht zu verfehlen: Links vom Denkmal folgen wir dem Weg scharf rechts, der in Serpentinen bergab führt. Am Treppenfuß geht es nochmals scharf rechts weiter.

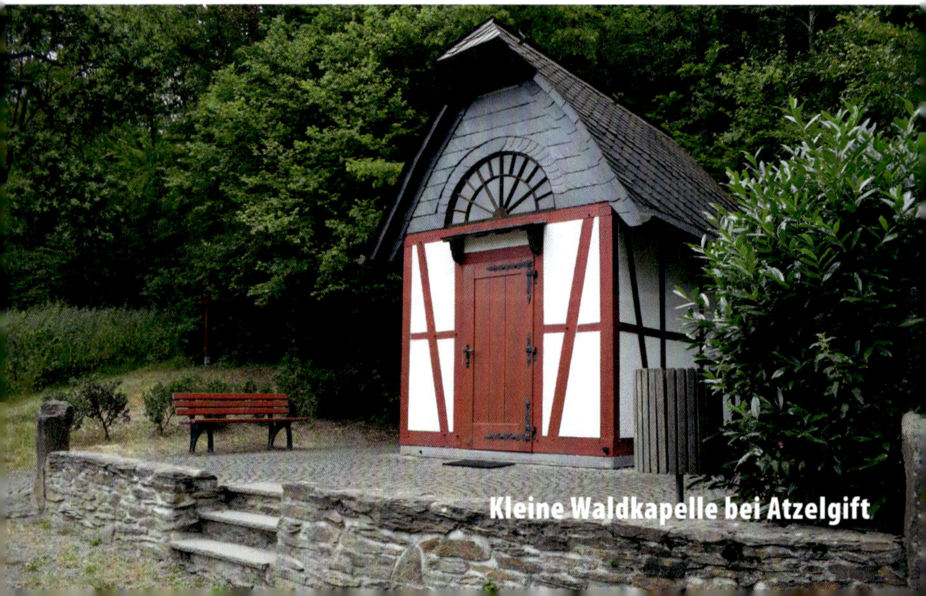

Kleine Waldkapelle bei Atzelgift

Hinter den Gärten des Dorfs laufen wir am Roßbach entlang und passieren die **ehemalige Erzgrube Edelstein ❹.** Sie ist seit 1991 ein geschütztes Fledermaus-Winterquartier.

Am Ende einer Wiese überqueren wir den Roßbach auf einer Fußgängerbrücke, wandern hinter weiteren Gärten entlang, lassen eine Brücke rechts liegen und folgen einem Asphaltweg nach links. Hinter einem Haus geht es rechts auf einem Fußweg weiter, nach etwa 80 Metern rechts hinab zur nächsten Fußgängerbrücke. Auf der anderen Bachseite wandern wir nach links durch die Roßbachauen und entdecken eine Infotafel, die über die ehemalige **Bannmühle Luckenbach** erzählt.

Am Rettungspunkt 5212-820 gehen wir geradeaus weiter am Roßbach entlang und kommen zum **Ehrenhain** von **Atzelgift ❺.**

Wir laufen nun neben der Kleinen Nister und kommen zur 1996 gebauten **Waldkapelle ❻.** An einer Gabelung halten wir uns links und gehen nach etwa 400 Metern am Rettungspunkt 5312-214 geradeaus an der **Kempfsmühle ❼** entlang. Sie wird auch Streithäuser Mühle genannt. Hinter einem Geländer, das uns vor einem unfreiwilligen Bad in der Kleinen Nister schützen soll, treffen wir auf den **Westerwaldsteig.**

Hier haben wir die **Wahl zwischen einer kürzeren und längeren Variante der Tour:** Wer sich nicht überfordern möchte, folgt dem Westerwaldsteig geradeaus und erreicht schon nach 1 Kilometer den Startpunkt.

Wer noch Kraft hat, richtet sich nach seiner Wegweisung in die andere Richtung und geht links.

Unser Weg führt auf dieser größeren Runde bergab und über eine Metallbrücke, dann bergauf zu einem Schotterweg, dem wir nach links folgen. An der rechten Seite eines Rotbuchenhains geht es nach **Streithausen.** Dort überqueren wir die erste Straße, gehen an einer Rastbank und einer weiteren Rotbuche vorbei und folgen, nur 5 Meter hinter der ersten Straße, einer zweiten Straße nach rechts. Nach etwa 20 Metern zeigt

*Der **Ehrenhain** von Atzelgift mit Namenssteinen für 22 Gefallene hebt sich von anderen Ehrenmalen im Westerwald ab. Vier Figurengruppen des Bildhauers Hellmut Otto Hoffmann-Schlöndorff – etwa die trauernde Frau mit Kind – rühren das Herz an. Ein beredtes Plädoyer für den Frieden!*

das grüne **W** des **Westerwaldsteigs** nach links bergauf. Wir richten uns nach ihm und wandern auf einem Asphaltweg aus dem Ort hinaus. Rechts wird er von Obstbäumen gesäumt, linker Hand können wir einer fröhlichen Hühnerschar in einem Freigehege beim Picken und Scharren zuschauen.

Auf der Höhe gehen wir an einer Kreuzung geradeaus weiter bis zum Waldrand, dort links und an der nächsten Möglichkeit wieder rechts bergab zur Großen Nister. Dazu halten wir uns an allen Abzweigungen geradeaus, bis wir das Nisterufer erreichen.

Am Fluss biegen wir links ab und laufen an der **Wasserkraftanlage** der Abtei Marienstatt entlang. Dazu gehört auch der Bruchsteinbau, unter dessen Dach müde Wanderer zwei Sitzbänke finden. Noch schöner lässt es sich einige Schritte weiter rasten, dort entdecken wir einen Picknickplatz mit einem Dendrophon. Jede Holzart hat ihren eigenen Klang, ist das nicht faszinierend?

Nachdem wir schon über die Klostermauer hinweg immer wieder einen kurzen Blick auf die Kirche werfen konnten, betreten wir nun links das Gelände der **Zisterzienserabtei Marienstatt 8**.

Die Stiftungsurkunde für die Zisterzienserabtei wurde bereits im Jahr 1212 ausgestellt. Die Basilika zählt zu den ältesten Zeugnissen der Frühgotik in Deutschland und gilt als erste gotische Kirche im Rechtsrheinischen. Sie beherbergt den um 1350 entstandenen Ursulaschrein, einen sehenswerten Altaraufsatz. Ihre Rieger-Orgel gilt als die größte Orgel im Westerwald.

Das Klostergebäude wurde 1747 als dreiflügelige Anlage umgestaltet. Gebäude und Klosterkirche sind also in Bauweise und Ausstattung dem Barock zuzurechnen.

Wir laufen am Mönchsfriedhof entlang zum Eingang der Basilika, dort auf der alten Eschenallee rechts. Ein kurzer Blick auf die Uhr verrät uns, ob wir noch Zeit für einen Spaziergang durch den bezau-

Viermal am Tag erklingt in der Abteikirche das in Latein gesungene ***Chorgebet*** *der Mönche: zu den Laudes am Morgen, zur Mittags-Hore, zur Vesper am späten Nachmittag und schließlich abends bei Matutin und Komplet. Alle Gebetszeiten sind öffentlich.*

bernden Barockgarten und den liebevoll angelegten Heilkräutergarten haben oder lieber sofort durch das Torhaus zum Klosterparkplatz weitergehen.

Jetzt freuen wir uns auf ein frisch gebrautes und noch frischer gezapftes Bier im **Marienstatter Brauhaus 9.** Auch der Rest der Getränke- und Speisekarte lässt kaum einen Wunsch offen.

Auf diese Weise gestärkt, wandern wir geradeaus über die historische Nisterbrücke zu einem weiteren Klosterparkplatz am Rettungspunkt 5312-220. Wir gehen weiter geradeaus. Wenn der Asphaltweg einen Linksbogen macht, folgen wir einem Schotterweg nach rechts **(Wanderweg 4)**. Wir kommen an einen Wegestern, an dem sich fünf Wege treffen. Dort entscheiden wir uns für den nach links führenden Weg rechts von dem urigen **Picknickplatz.** Wir passieren einige Felsen und mehrere Holzschnitzkunstwerke.

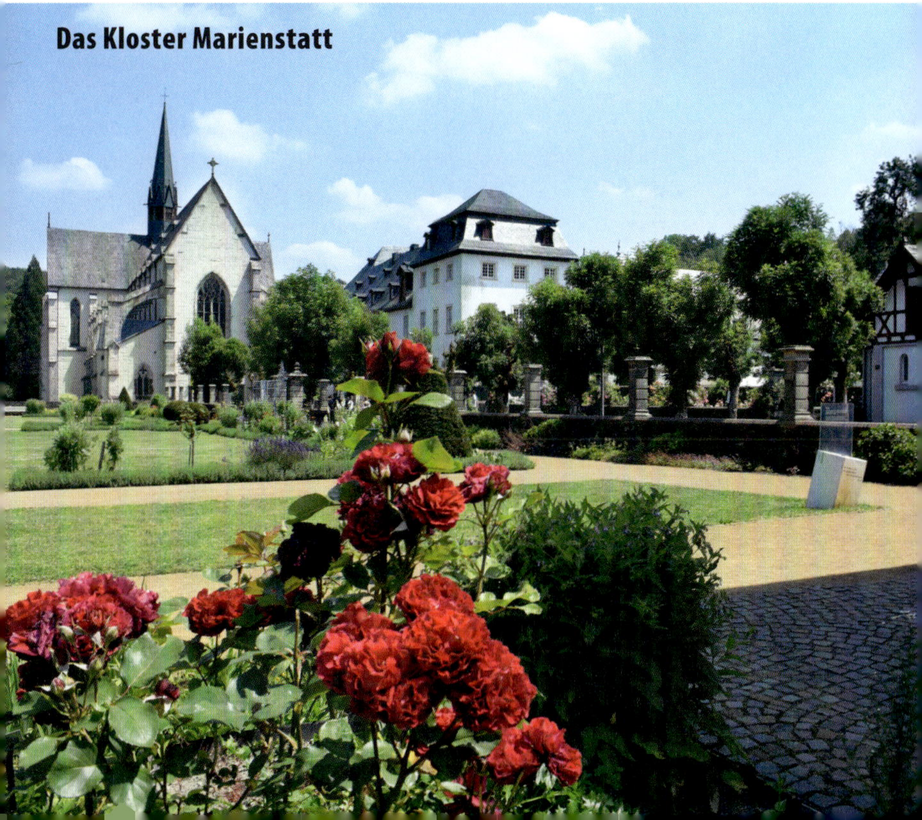
Das Kloster Marienstatt

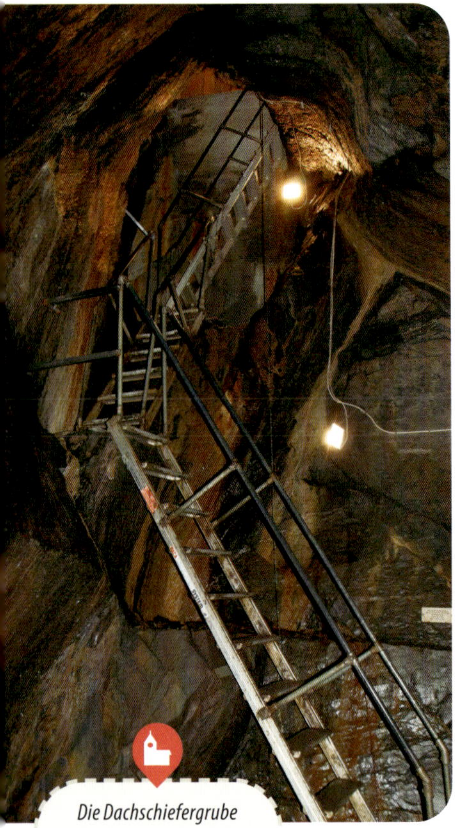

Die Dachschiefergrube Assberg gehörte dem Kloster Marienstatt. Erstmals erwähnt wurde sie 1548 in einem Pachtvertrag mit einem Leyendecker (Dachdecker) aus Astert. Als 1803 unter Napoleon das Kloster aufgehoben wurde, endete der Schieferabbau auf dem Assberg.

Nach einer Linkskurve folgen wir der schwarz-weißen Markierung des **Druidensteigs** hinab zur Brücke über die Große Nister. Nach einigen Stufen geht es auf einem Schotterweg nach rechts. Schon 60 Meter weiter beginnt für uns die härteste Bergetappe des Tages: Wir müssen links den steilen **Treppenpfad** hinaufsteigen. An dem vielen Schiefer unter unseren Füßen erkennen wir, dass es nicht mehr weit ist bis zu unserem nächsten Zwischenziel, der **historischen Dachschiefergrube Assberg ⑩**, von den Einheimischen liebevoll „Schiwwakoul", Schieferkuhle, genannt.

Erste Informationen erhalten wir in der Holzhütte oberhalb der eigentlichen Schiefergrube, dann geht es über drei Treppen hinab in das Untertagebergwerk. Es liegt 20 Meter tief unter der Erdoberfläche. Historiker gehen davon aus, dass es bewusst in Form einer Kapelle angelegt und zum Teil von Mönchen als stiller Rückzugsort zum Gebet genutzt wurde.

Eine besondere Erfahrung ist die vor Ort empfohlene Licht-Dunkel-Meditation unten in der Grube: Wir stellen oder setzen uns ganz ruhig in die Schiefergrube. Nach wenigen Minuten kennen wir jedes Detail der Felsstrukturen. Anfangs rauscht die Stille in den Ohren. Wenn sich unser Atem und Puls beruhigt haben, hören wir hin und wieder einen fallenden Wassertropfen oder die Geräusche des Waldes. Nach sieben Minuten schaltet sich das Licht ab. Es ist so dunkel, dass uns die anderen Sinne deutlicher bewusst werden. Wie fühlt sich die feuchte Kühle auf der Haut an? Dank Bewegungsmelder lässt ein kleines Achselzucken die Lichter wieder hell aufleuchten und wir steigen erfrischt hinauf in den Wald.

Rechts neben der Dachschiefergrube führt der Weg an eine T-Kreuzung, dort laufen wir nach links und kommen oberhalb der Grube an eine Gabelung. Hier folgen wir den Markierungen des **Westerwaldsteigs** und des **Marienwanderwegs** nach links. Unser Augenmerk liegt ganz auf dem Pfad, der von vielen Wurzeln durchzogen ist. Halb rechts geht es weiter bergauf, an einer Gabelung dann links. Nach einem kurzen Bergab-Stück kommen wir zur **Hohen Ley 11,** einem Felsen mit Blick ins Nistertal bei Astert.

Unser Pfad trifft auf einen Waldweg, dem wir halb links folgen. An der K 20 nehmen wir auf der anderen Straßenseite den kleinen Pfad am linken Ende der Leitplanke. Er führt auf einen Waldweg, dem wir nach rechts bergab folgen. Im Winterhalbjahr und in regenreichen Sommern kann es auf dem folgenden Wegabschnitt etwas matschig werden, dann hilft eine ganze Reihe an Trittsteinen.

Hinter einem kleinen Steg kreuzen wir einen Waldweg und laufen geradeaus auf einem Wiesenpfad zum Eichensteg, der über die Kleine Nister führt. Dahinter biegen wir am Wetterhäuschen rechts ab und laufen auf einem anfangs ziemlich wurzeligen und steinigen Pfad parallel zu dem Flüsschen. An ei-

Hohe Ley

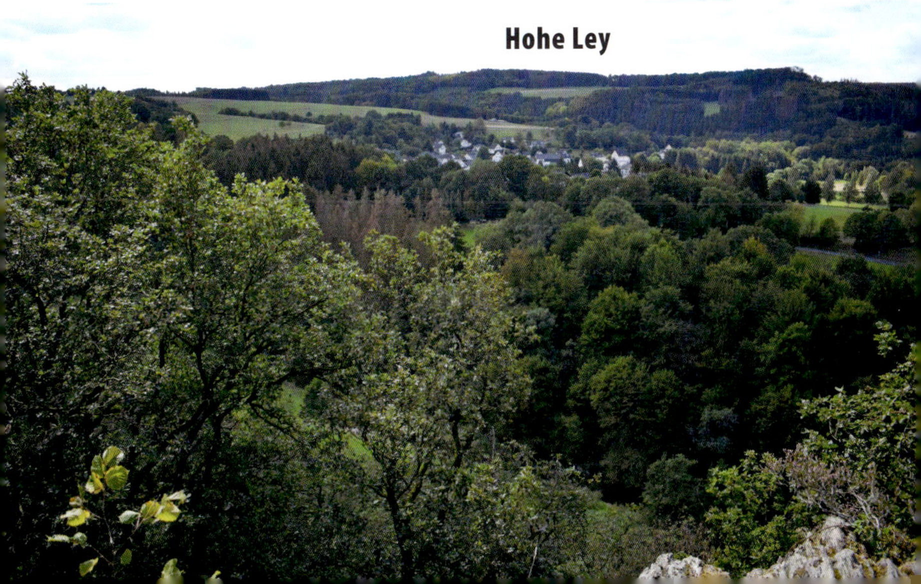

ner engen Stelle nahe dem Ufer können wir uns an einem Stahlseil festhalten. Hinter einem Steg gehen wir weiter durch die Felsenlandschaft und bergauf zu einem Forstweg. Diesem folgen wir halb rechts. Hinter einer Rastbank wandern wir rechts bergab und über die letzte Brücke vor dem Ziel. Dahinter führt uns der Weg geradeaus nach **Limbach** hinein. An der ersten Kreuzung gehen wir geradeaus, an der nächsten Kreuzung rechts und an der folgenden Gabelung links.

Wir kommen zu einer Kreuzung. Bevor wir links abbiegen, bestaunen wir rechts das sanierte Fachwerkhaus, in dem sich das **Dorfmuseum Limbach** ⑫ befindet.

Von der Kreuzung führen uns die letzten Schritte am Straßenrand entlang zurück zum Startpunkt an der Nisterbrücke.

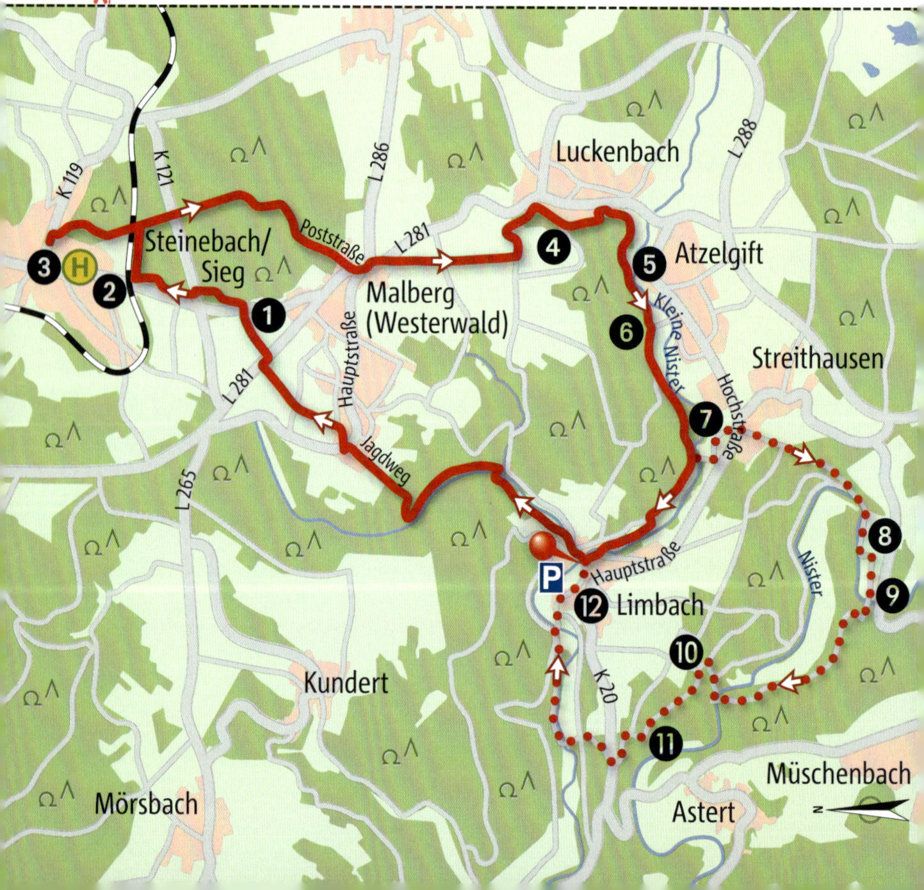

Alles auf einen Blick

WIE & WANN:
Naturpfade, ein Treppenpfad, Wiesenwege und Wirtschaftswege, in den Ortschaften Bürgersteige; für einige Steilstücke sind Trittsicherheit und Schwindelfreiheit nötig. Für die Besichtigung der Grube Bindweide eine Jacke in den Rucksack stecken.
Beste Wanderzeit: ganzjährig bei trockenem Wetter

Entspannung ★★★★☆
Genuss ★★★★☆
Romantik ★★★★☆

HIN & WEG:
Auto: Wanderparkplatz Limbach, Nisterstraße/Bornstube (GPS: 50.701792, 7.801599)
ÖPNV: Ab Betzdorf Busbf. Bus 271 bis Steinebach Schwedengrabenstraße; 200 Meter Fußweg über Schulstraße und Bindweider Straße, Einstieg in die Tour am Besucherbergwerk Grube Bindweide

ESSEN & ENTSPANNEN:
Marienstatter Brauhaus ❾ Abtei Marienstatt, 57629 Marienstatt, Tel. (0 26 62) 95 35-3 00, www.abtei-marienstatt.de/brauhaus (Mai–Okt. Di.–Sa. 11–22, So. ab 10.30; Nov.–Apr. Mi.–Sa. 11–21, So. ab 10.30 Uhr)

ENTDECKEN & ERLEBEN:
Barbaraturm ❶ **Bänke mit Blick ins Siegerland** ❷
Besucherbergwerk Grube Bindweide ❸ Bindweider Straße 2, 57520 Steinebach an der Sieg, Tel. (0 27 47) 78 45 und 29 11 18, www.bindweide.de (Ende Mai–Ende Okt. Mi., Sa., So. 14–17 Uhr)
Ehemalige Erzgrube Edelstein ❹
Ehrenhain Atzelgift ❺ **Waldkapelle** ❻ **Kempfsmühle** ❼
Zisterzienserabtei Marienstatt ❽ 57629 Marienstatt, Tel. (0 26 62) 95 35-0, www.abtei-marienstatt.de
Historische Dachschiefergrube Assberg ❿ **Hohe Ley** ⓫
Dorfmuseum Limbach ⓬ Bornstube 10, 57629 Limbach, Tel. (01 51) 22 07 43 23, www.limbach-ww.de

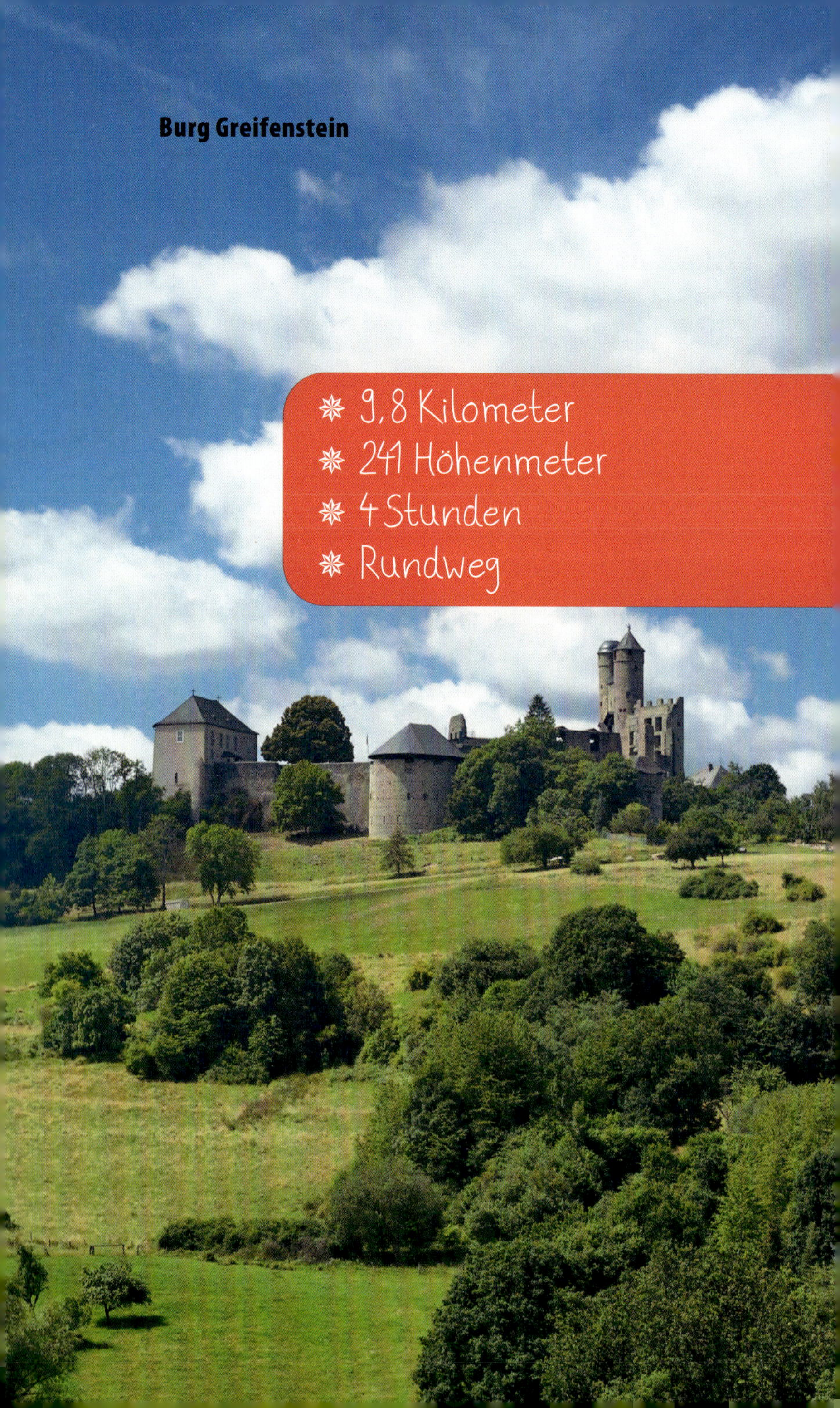

Burg Greifenstein

- 9,8 Kilometer
- 241 Höhenmeter
- 4 Stunden
- Rundweg

Wir folgen in Verlängerung der Untergasse der **Talstraße** und betreten durch die äußere Talpforte die **Burg Greifenstein 1.**

Die Höhenburg wurde 1160 erstmals urkundlich erwähnt. Im 13. Jahrhundert bauten die Herren von Beilstein sie zum Schutz der Hohen Straße aus, sie

Wald im Westen

Im Greifensteiner Ländchen

wurde aber kurz vor Ende des Jahrhunderts von den Grafen Nassau und Solms zerstört. 1382 wiederaufgebaut, verfiel sie in den folgenden Jahrhunderten. Seit 1969 hat der Greifenstein-Verein einiges gerettet und restauriert, was die Burg zu einem Denkmal von nationaler Bedeutung macht. Auffällig ist der doppeltürmige Bergfried.

Als Erstes erreichen wir eine Infotafel zum Geopunkt **Glockenwelt.**

Schon allein die imposante Zahl von über 100 Glocken lockt uns in die Glockenausstellung. Dort erfahren wir viel über Glockenarten und deren Funktionen, ein Klangwellenbild illuminiert eine Kuppel im Gebäude, wir können Glockenschläge aus aller Welt erkunden, dürfen einige Glocken selbst läuten, Klangmemory spielen und vieles mehr.

Beim Rundgang durch die Burganlage entdecken wir ein Gefängnis, einen Weinkeller, geheimnisvolle Kasematten und die unterirdische Burgkirche, eine Doppelkirche: Die prunkvolle Barockkirche wurde 1687 bis 1702 über der gotischen Wehrkirche von 1462 erbaut.

*Auf der **Burg Greifenstein** können wir bei einem Blick nach Westen die Namensgebung „Westerwald" verstehen, die erstmals in einer kurtrierischen Urkunde auftauchte und den Wald westlich des 8 Kilometer entfernten Königshofs Herborn bezeichnete.*

Im Jahr 1686 hatte Graf Wilhelm-Moritz zu Solms-Greifenstein französische Flüchtlinge im Wald gefunden und in den benachbarten Orten Greifenthal und Daubhausen angesiedelt. In diesen ***Hugenottensiedlungen*** *wurde bis 1825 Französisch gesprochen.*

Außerdem befindet sich in der Burg ein kleines **Heimatmuseum** (im Burgtor).

Nach ausgiebiger Besichtigung gehen wir zurück zu dem Platz mit der Infotafel zum Geopunkt Glockenwelt. Dort folgen wir scharf rechts dem Wanderweg **H 1** und den Wegweisern mit dem **blauen Punkt** um die Burg herum. Nach etwa 300 Metern nehmen wir an einer Gabelung den linken Weg. Er führt um den Alten Wallgraben herum und endet an der **Borngasse.**

Dieser folgen wir nach links bergab **(H 1, D)**, hier verläuft auch der **Hugenottenweg.** Die Straße führt hinter der Hausnummer 25 in den Wald, wir bleiben für etwa 1,5 Kilometer auf dem (vor langer Zeit einmal) geteerten Weg und erreichen den Weiler **Elgershausen.**

Hier befand sich bis 2020 die Pneumologische Klinik Waldhof Elgershausen. Wir wandern weiter durch das ehemalige Klinikgelände. Hinter dem Gebäude mit der Marienkapelle (das wir an dem bunten Fensterglas erkennen) geht es links auf der ehemaligen Klinikzufahrt weiter zu einem Parkplatz, an dem der Rettungspunkt LDK 254 und eine Schulbushaltestelle liegen.

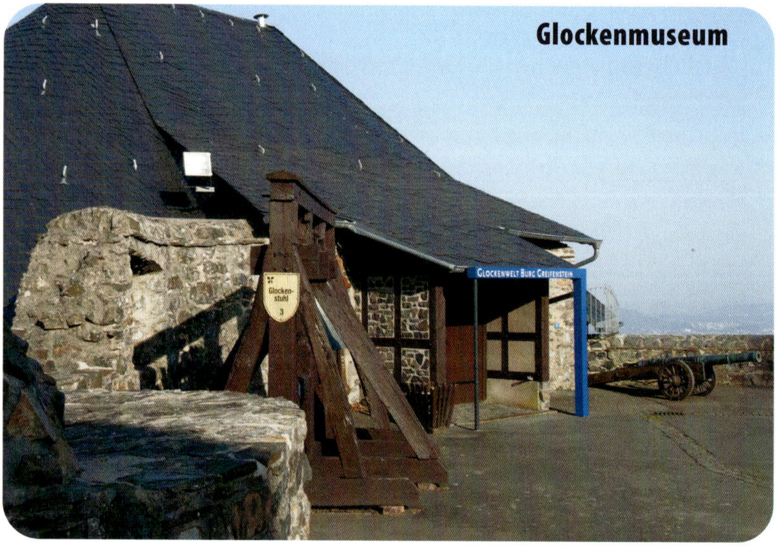

Glockenmuseum

Geradeaus überqueren wir die K 386 und wandern mit schönen Talblicken bergab. Wenn Holzhausen in Sicht kommt, biegen wir am Waldrand an einer Wegkreuzung mit Rastbank nach rechts ab. Etwa nach 300 Metern kommen wir zu einem Rastplatz. Hier folgen wir dem geradeaus führenden Weg in den Wald und weiter bergauf.

Für die Seele

Unser Herz hüpft vor Freude, wenn wir in der Glockenwelt die verschiedenen Glocken erklingen lassen. Ausprobieren ist ausdrücklich erwünscht.

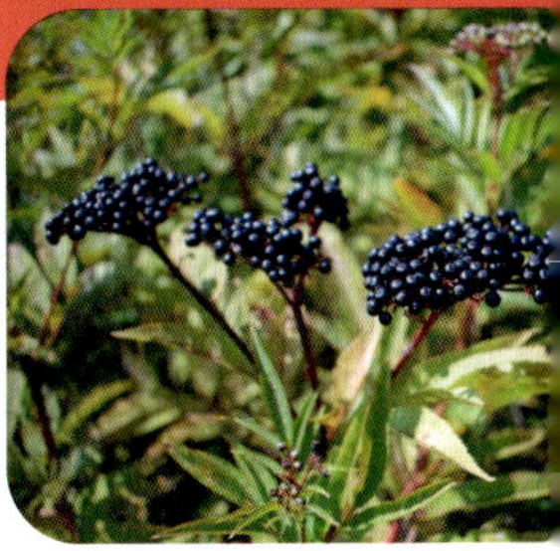

Kurz vor einer Kreuzung liegt linker Hand die **keltische Fliehburg Oberwald,** eine kleine Siedlung, die vor etwa 2000 Jahren angelegt wurde. Sie ist nur bei genauem Hinschauen an dem fast kreisrunden Erdwall um eine kleine Lichtung zu erkennen.

Oben an der Kreuzung laufen wir nach links bergab. Von rechts stößt die Wällertour „Greifensteinschleife" hinzu und wir kommen zu einer Hütte namens **Kleine Wiege 2.** Hier können wir mit Blick ins Ulmbachtal ein wenig entspannen. Im Sommer hören wir die Stimmen der Menschen, die im Stausee der Ulmtalsperre schwimmen, paddeln oder sich einfach vergnügen. Ferienstimmung kommt auf.

Wir bleiben auf der Höhe und gehen zurück zu dem letzten Abzweig, wo wir links dem **WT**-Zeichen der **Wällertour** folgen. Ein schmaler Pfad lässt den Buchenhallenwald noch höher erscheinen. An der nächsten Gabelung müssen wir uns nicht links auf dem steilen Pfad bergab stürzen, das ist nur ein Trampel(!)pfad. Wir gehen geradeaus auf einem Pfad mit weniger Gefälle und Geländer außen herum.

Auf einem Metallsteg überqueren wir einen Sei-

*Von der ehemals prächtigen **Turmburg Lichtenstein** aus dem Jahr 1225 sind nur noch spärliche Mauerreste vorhanden, die einen Abstieg über den sogenannten Fuchsweg kaum rechtfertigen. Die Zerstörung erfolgte bereits im 13. Jahrhundert.*

fen, einen kleinen Bach, und wandern dahinter nach links weiter bergab. Nach etwa 150 Metern geht es rechts und wieder leicht bergauf. Der wurzelige Waldweg erfordert unsere Aufmerksamkeit. Er endet an einer Lichtung oberhalb der Burgruine Lichtenstein mit einem weiten **Blick ins Ulmbachtal** ③.

Zwischen der Aussichtsbank und dem Fels folgen wir halb rechts einem Forstweg. Nach einer Linkskurve gehen wir halb rechts **(WT)** und nehmen 10 Meter weiter die Stufen nach rechts. Hier ist **Burg Greifenstein** schon ausgeschildert. Ein handgeschriebenes Schild erinnert an die **Hohe Straße,** die von Frankfurt nach Köln führte.

Unser Pfad trifft an einer T-Kreuzung auf einen Forstweg. Hier geht es nach rechts zu einer Streuobstwiese, dort folgen wir einem Pfad nach links. Er führt in einigen Bögen durch den Wald. Wenn rechter Hand ein marodes Geländer den Abhang zum **Steinbruchweiher** markiert, orientieren wir uns links und überqueren die K 88. Wir gehen weiter geradeaus, die Weide auf der rechten Seite gibt den Blick zu den Doppeltürmen der Burg Greifenstein frei.

Nun schwenkt der Weg nach rechts und mündet in einen Grasweg, hier gehen wir geradeaus weiter und genießen erneut eine wundervolle **Aussicht** ④ hinüber zur Burg und ins Dilltal. An der nächsten Weg-

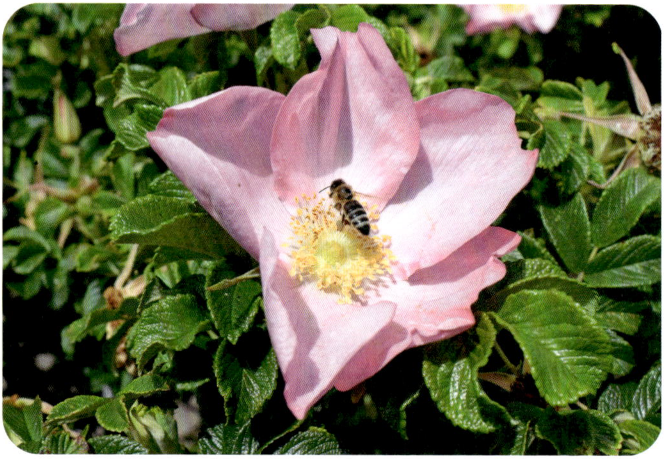

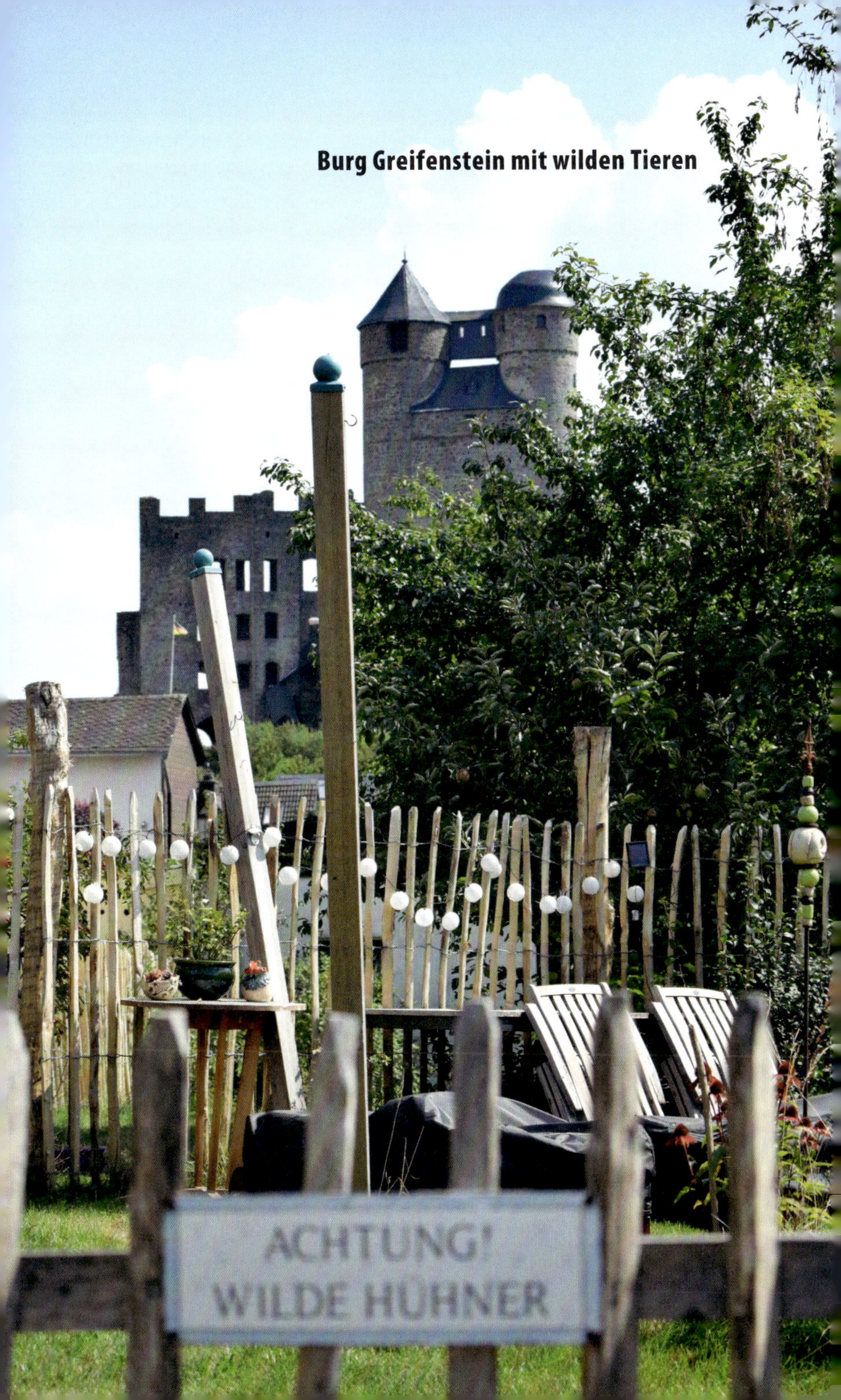

Burg Greifenstein mit wilden Tieren

kreuzung wandern wir geradeaus an einem Gestüt vorbei und kommen an eine T-Kreuzung. Hier biegen wir rechts ab zu einem großen Wanderparkplatz.

Dort folgen wir geradeaus dem **Fußweg zur Burg (WT)** und biegen an einer T-Kreuzung nach links ab. Ein fantastischer Blick zur Burg zieht uns förmlich über die nächste Kreuzung. An einer T-Kreuzung biegen wir links in die **Borngasse.** Am **Backhaus** laufen wir rechts zum **Dorfgemeinschaftshaus.** Dort können wir uns entscheiden: Geradeaus geht es zur Burg, links zum Startpunkt und zu zwei guten Einkehrmöglichkeiten mit fantastischen Ausblicken ins Dilltal: **Zur schönen Aussicht** 5 ist ein gemütliches Restaurant mit regionaler Küche, **Gittis Berghütte** 6 bietet urige österreichische Gastlichkeit.

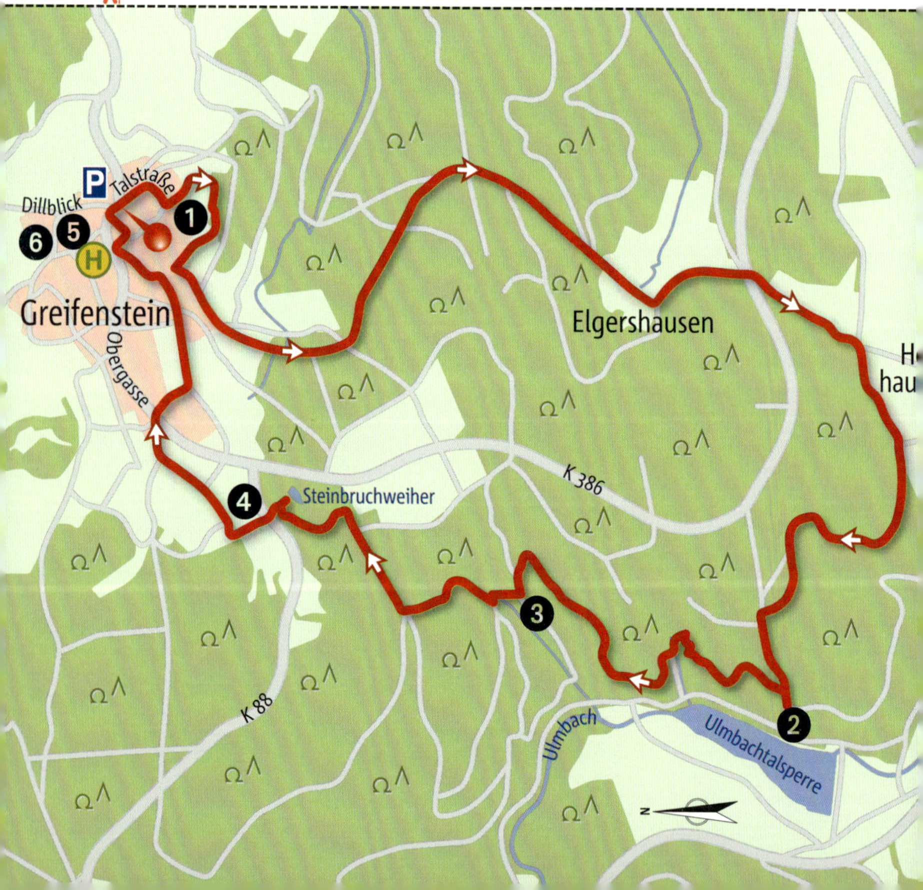

Alles auf einen Blick

WIE & WANN:
Naturpfade, Wiesenwege und Wirtschaftswege, in den Ortschaften Bürgersteige; beste Wanderzeit: Mai bis Oktober

HIN & WEG:
Auto: Wanderparkplätze in Greifenstein, z. B. Talstraße/Untergasse, 35753 Greifenstein (GPS: 50.622745, 8.294536)

Entspannung ★★★☆☆
Genuss ★★★☆☆
Romantik ★★★★☆

ÖPNV: Keine direkte Anbindung an die Strecke

ESSEN & ENTSPANNEN:
Restaurant Zur schönen Aussicht ❺ Dillblick 5, 35753 Greifenstein, Tel. (0 64 49) 4 28, www.restaurant-zur-schoenen-aussicht.de (Mo. ab 18, Do.–So. 12–14, 18–21.30 Uhr)
Gittis Berghütte ❻ Dillblick 34, 35753 Greifenstein, Tel. (0 64 49) 71 93 57, www.gittis-berghuette.de (Di., Fr. 12–14 u. 16–20, Mi. 16–20, Sa., So. 11.30–22 Uhr)

ENTDECKEN & ERLEBEN:
Burg Greifenstein mit Glockenwelt und Heimatmuseum ❶
Talstraße 19, 35753 Greifenstein, Tel. (0 64 49) 64 60, www.burg-greifenstein.net
Schutzhütte Kleine Wiege ❷
Blick ins Ulmbachtal ❸
Aussicht auf Greifenstein und ins Dilltal ❹

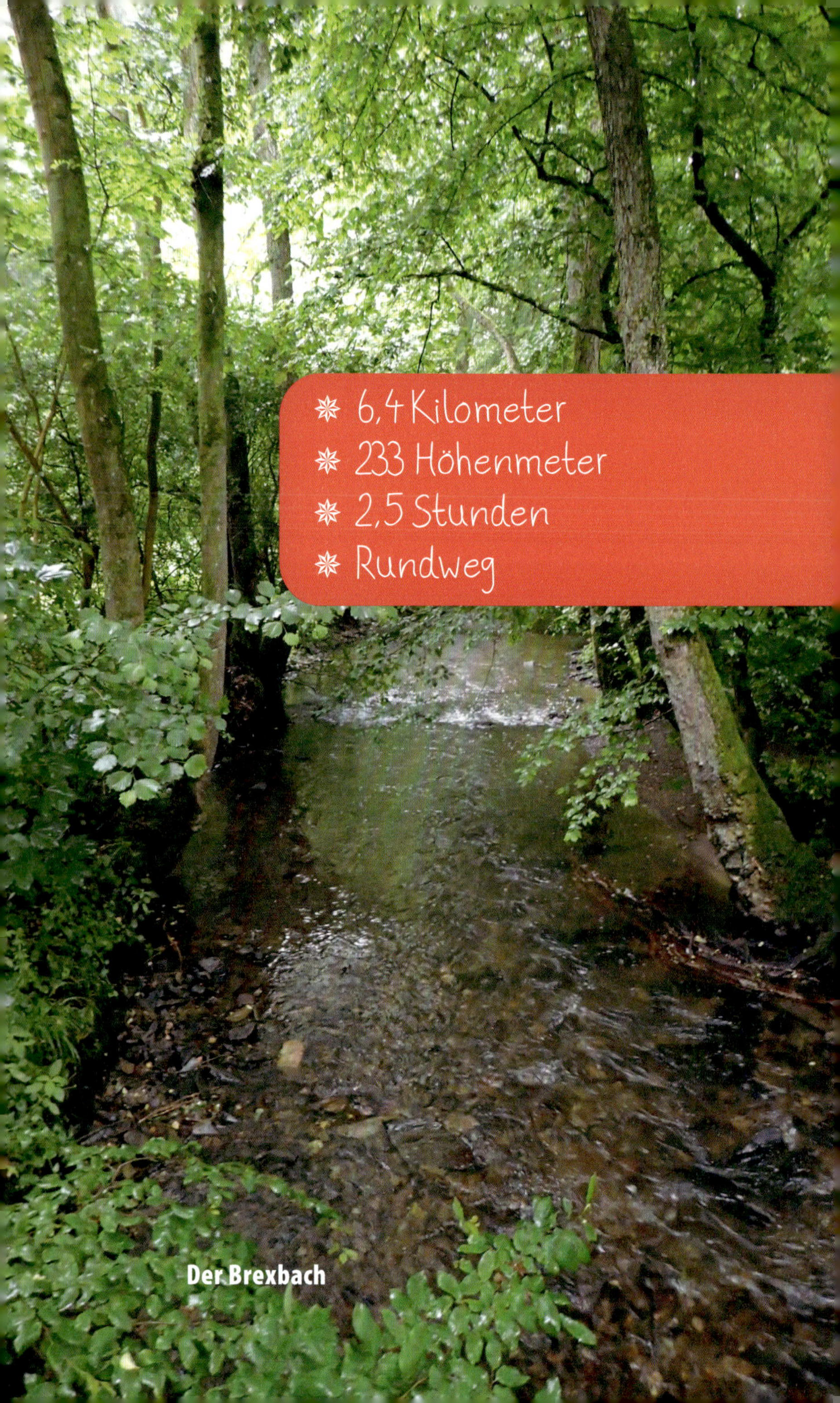

- 6,4 Kilometer
- 233 Höhenmeter
- 2,5 Stunden
- Rundweg

Der Brexbach

Wir starten am **Garten der Schmetterlinge** und gehen nach links zu der Wegkreuzung vor der Brücke über den Saynbach. Dort nehmen wir den Weg des **Traumpfädchens „Sayner Aussichten"** auf und folgen dessen Wegweisern nach rechts. Wir wandern parallel zum Saynbach dahin und schwenken nach rechts zu

Oskar und Emma

Auf den Höhen des Brexbachs

einem Parkplatz am Fuß der Burgruine. Dort überqueren wir die Schlossstraße und steigen einige Stufen aufwärts. Durch ein offenes Metalltor wandern wir auf einem Pfad weiter bergauf. Von rechts kommen der **Traumpfad Saynsteig** und der **Rheinsteig** hinzu. Wir erreichen eine erste Ruine auf dem Areal der weitläufigen Burganlage, in den Karten ist hierzu **„Burg Stein Kaff"** vermerkt. Gemeint ist das Burghaus der Herren von Stein aus Nassau, auch Kaff genannt. Es wurde vom 14. bis ins späte 18. Jahrhundert bewohnt.

*Auf dem Bergsporn des **Kehrbergs** erbauten schon im 12. Jahrhundert die Grafen von Sayn eine Burg und einige Burghäuser für die Burgmannen. Die im Dreißigjährigen Krieg entstandenen Schäden wurden seit den 1980er-Jahren teilweise behoben.*

Dieser Teil der Ruine ist nicht zugänglich, wir halten uns halb rechts und steigen bergauf zur Ruine eines Burgturms. Dort gehen wir links auf einem Schotterweg weiter. An der Leitplanke gehen wir rechts und nach etwa 20 Metern links auf einem Pfad zur Ruine des **Bergfrieds.** Der Wohnturm ist 28 Meter hoch und hat bis zu 2,40 Meter dicke Mauern.

Endlich haben wir den Burghof der **Saynburg** 1 erreicht. Sie ist inzwischen eine Event-Location und uns Wanderern deshalb weder für eine Besichtigung noch für eine Einkehr zugänglich.

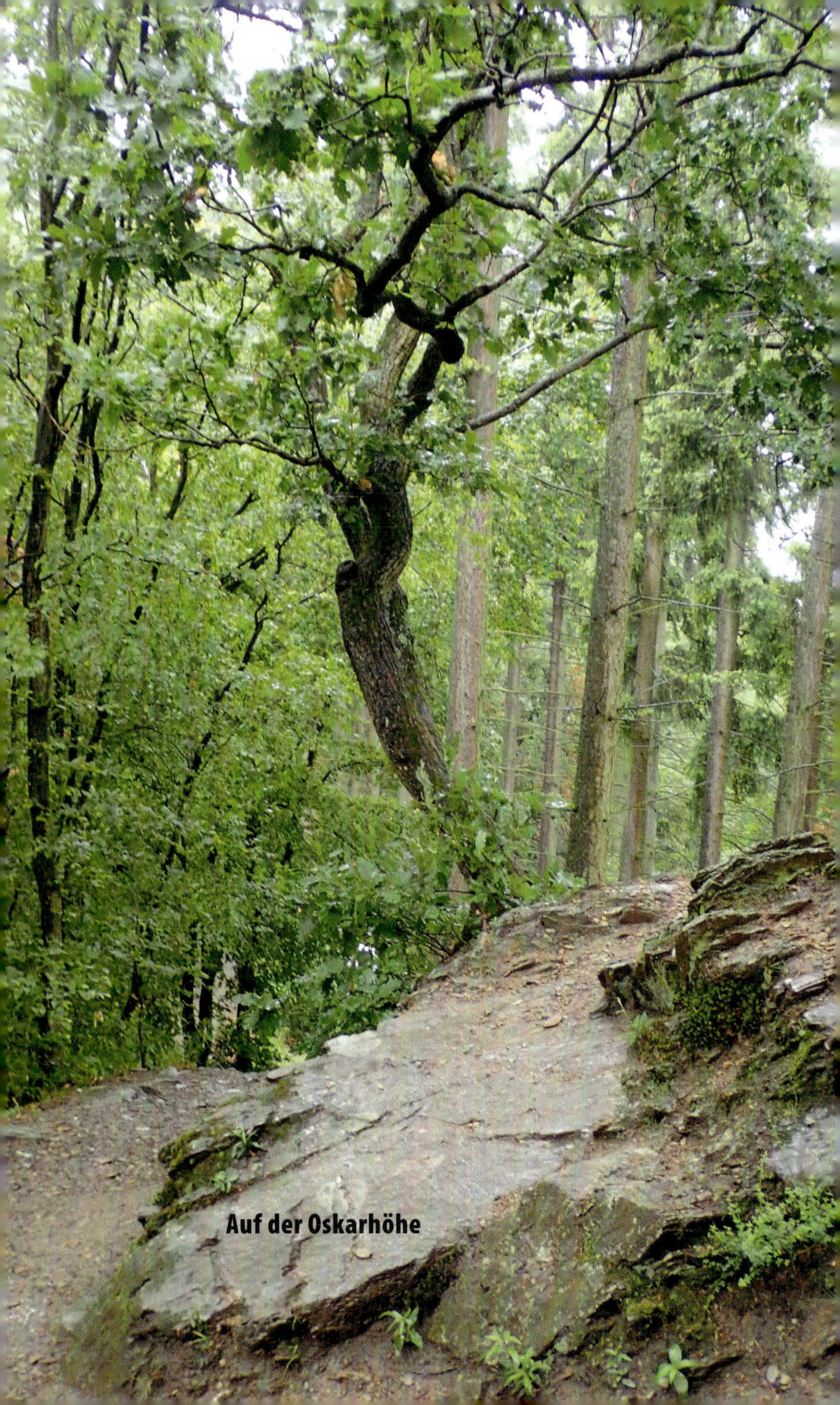

Auf der Oskarhöhe

Wir gehen hinüber zum linken Ende des Burghofs und biegen vor der romanischen **Doppelkapelle** links ab. Zweimal müssen wir hinschauen, um das ungewöhnliche Detail zu verstehen: Das Brett liegt dort aus gutem Grund, der Turm ist exklusiv für Schafe begehbar!

Wir wandern an der Burgmauer entlang zu einer Kreuzung und dort geradeaus über ein Viehgitter.

Für die Seele

Traumhafte Aussichten, federleichte Schmetterlinge, verschlungene Pfade – dazu Burg, Abtei und Schloss. Kurz und knackig mit viel Natur und Kultur.

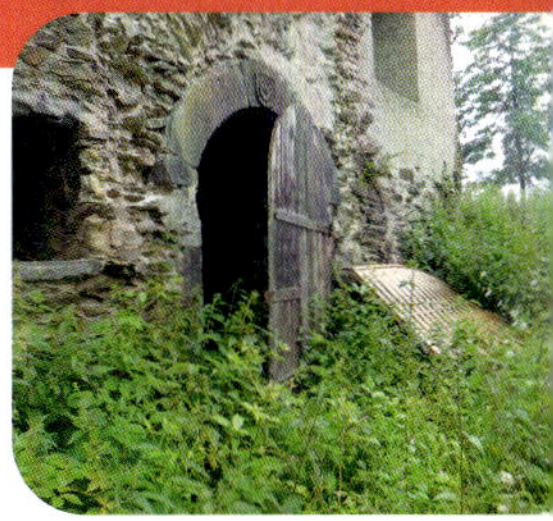

Unmittelbar dahinter folgen wir einem Pfad scharf nach rechts Richtung **Oskarhöhe.** Er wird unterhalb einer Straße geführt, von der wir nur die Leitplanke sehen. Nach einer Bergaufstrecke kommen wir zu einer Gabelung. Hier schwenkt der Rheinsteig nach links weg, wir hingegen gehen rechts bergab. Ein Strick kann als Geländer genutzt werden, etwas später – hier befindet sich ein Metallgeländer – biegen wir scharf nach links ab.

An einer Einmündung gehen wir geradeaus weiter und kommen zu einer Gabelung mit einer Sitzbank. Hier laufen wir nach links zu einer Wegkreuzung. Wir machen kurz einen kleinen Abstecher nach rechts hinauf zum Aussichtspunkt **Oskarhöhe 2.** Dieses schöne Fleckchen Erde kommt wie gerufen, um ein wenig durchzuatmen. Unsere Augen folgen den Windungen des Tals, das der Brexbach tief in die waldigen Höhen geschnitten hat.

Zurück an der Kreuzung gehen wir scharf rechts (in alter Laufrichtung halb rechts) die Serpentinen hinab zum **Pfadfinderzeltplatz im Brexbachtal.** Dort folgen wir einem Asphaltweg nach rechts zum Rettungs-

*Die **Oskarhöhe** ist nach Oskar Kroeber (1832–1909) benannt. Er war Direktor der Sayner Hütte. Am 2. März 1896 war er Mitbegründer des Verschönerungsvereins Sayn und übernahm auch dessen Vorsitz.*

punkt 5511-691 mit einer Rastbank und einem Metallkreuz. Hinter dem Viadukt biegen wir links ab und überqueren den Brexbach auf einem Brückchen.

Dahinter bringen uns Serpentinen bergauf zu einem breiteren Weg, dem wir nach rechts folgen. Vor einer Sitzbank folgen wir einem Pfad links bergauf zum Rettungspunkt 5511-692. Dort ist geradeaus ein Abstecher von etwa 300 Metern zum Pulverberg möglich, wo die Rekonstruktionen eines Wachturms und eines Palisadenzauns die Geschichte der römischen Grenzbefestigung, des Limes, lebendig werden lassen. Unser Rundweg führt hier aber nach rechts weiter, wie auch das **Traumpfädchen** und der **Limesweg.**

*Die **Emma-Höhe** ist nach einer Tochter von Bertha Krupp benannt. Der Bau des Krupp'schen „Erholungsheims für Beamte" gilt als Geburtsstunde des Tourismus in Sayn. Krupp ließ Wanderwege und Aussichtspunkte rund um Sayn anlegen, einer davon war die Emma-Höhe.*

Nach etwa 250 Metern kommen wir zur Hütte auf der **Emma-Höhe** ③. Wieder ein Ort, an dem uns die Augen übergehen. Der Blick schweift talauswärts und über die Rheinebene bis zu den Höhen der Osteifel.

Nach gut einem Kilometer beginnt das Gelände des **Kletterwaldes Sayn** ④. Ein Blick auf die Uhr: Haben wir Zeit für einen Abstecher hinauf zu den Baumwipfeln? Auf 16 verschiedenen Parcours können wir unser Klettergeschick in allen Kletterhöhen und Schwierigkeitsgraden erproben.

Wir nehmen an der folgenden Gabelung den rechten Weg und gehen noch vor dem Kassenhaus des Kletterwaldes auf einem breiten Weg nach rechts weiter bergab.

Wir überqueren die Bahngleise und erhaschen dahinter einen Blick hinüber zur Burgruine. Gleichzeitig achten wir darauf, den zugewachsenen Pfad links hinab zur **ehemaligen Abtei Sayn** ⑤ nicht zu übersehen.

Das Prämonstratenserkloster wurde 1200 gestiftet. Mit der Aufhebung des Konvents 1803 funktionierte man die Abteikirche zur katholischen Pfarrkirche um. Sehenswert ist außer der Kirche mit ihrer Stumm-Orgel der Kreuzgang mit dem Brunnenhaus.

Wir gehen über eine Steinbrücke und halten uns im Park links an den Weg parallel zum Brexbach, bis wir das Ende eines Parkplatzes erreichen. Dort laufen wir links über die Brücke und neben dem Mühlenbach

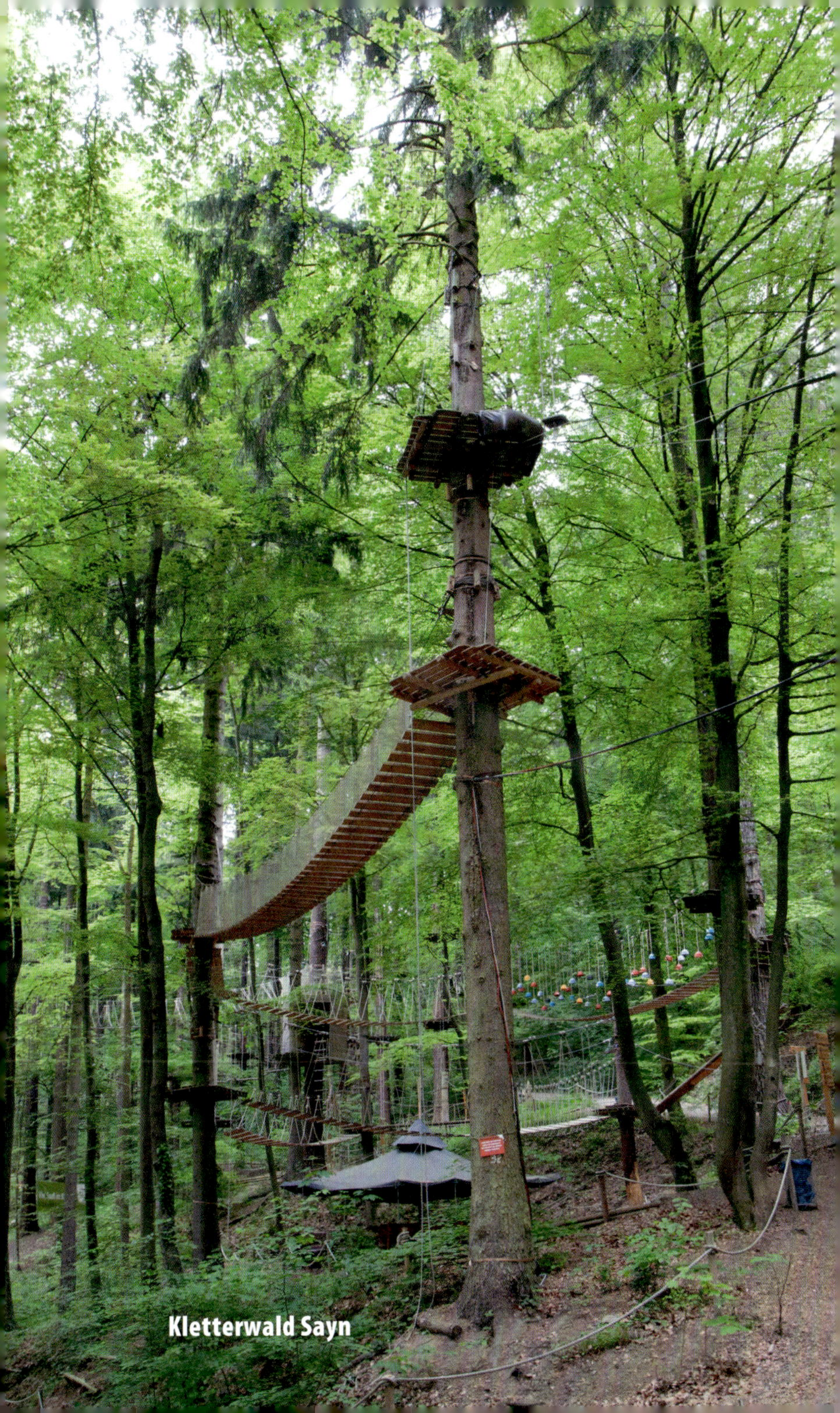

Kletterwald Sayn

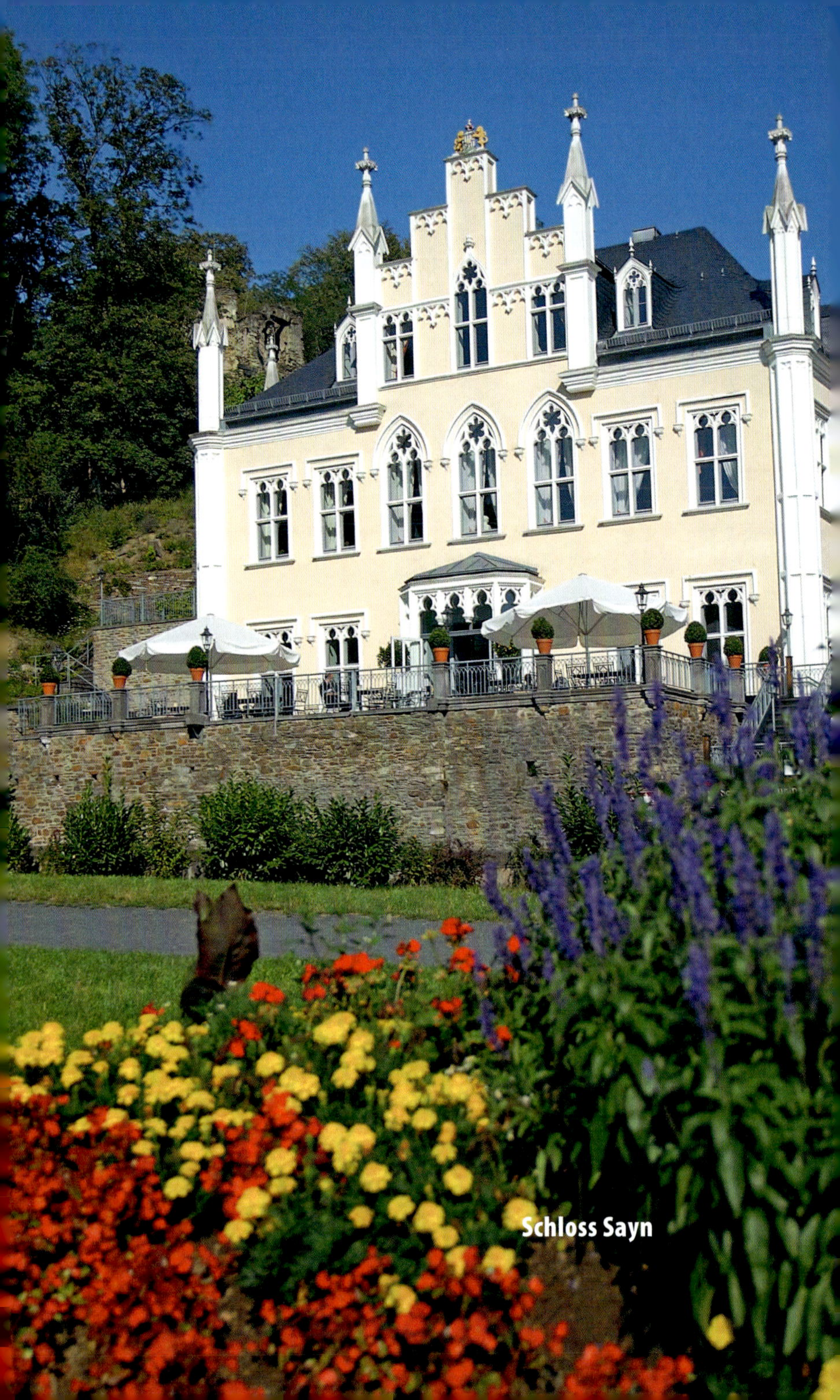

Schloss Sayn

an einem Spielplatz entlang. Am Ende des sich anschließenden Sportplatzes gehen wir nach rechts über den Mühlenbach und vor der Brexbachbrücke nach links zu **Heins Mühle 6.**

Von der anderen Seite des Brexbachs lockt hier das **Burgcafé Kleudgen 7** zu einer Einkehr.

Die Wanderrunde führt an Heins Mühle geradeaus weiter auf dem **Hellenpfad.** Hinter der zweiten Brücke folgen wir dem nach rechts führenden Pfad. Er wird zur Anliegerstraße und heißt nun **Im Schlossgarten.** Wir biegen zweimal rechts ab und kommen zum **Schloss Sayn 8.**

Wo im 14. Jahrhundert das Burgmannenhaus von Wentz stand, gestalteten die späteren Eigentümer im 18./19. Jahrhundert ein barockes Herrenhaus und ein prächtiges neugotisches Schloss. Bei einer Schlossführung ist der fürstliche Salon mit der Gemäldegalerie ein Höhepunkt.

Wir überqueren den Zebrastreifen nach links und kommen um einige Meter nach rechts versetzt in den **Fürstlichen Schlosspark Sayn.** Dort halten wir uns links

Heins Mühle, *eine Wassermühle, wurde in der zweiten Hälfte des 16. Jahrhunderts als Ölmühle erbaut, später als Tabakmühle genutzt und 1816 zur Kornmühle umgebaut. 1898 war ihr Namensgeber Paul Hein Besitzer und Müller. Heute ist die voll funktionsfähige Anlage ein Museum.*

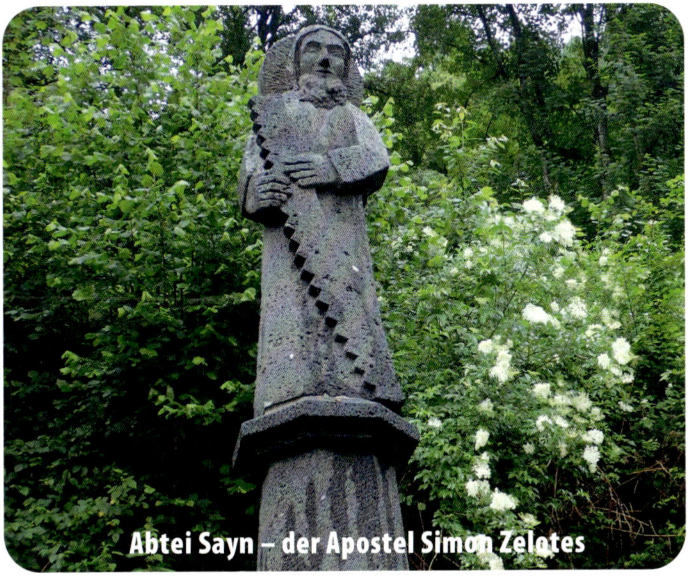
Abtei Sayn – der Apostel Simon Zelotes

und gehen nach etwa 100 Metern rechts zum **Schlossteich 9**. Wir wandern am Ufer entlang zu einer T-Kreuzung, dort nach rechts und kommen an die Wegkreuzung nördlich des Startpunkts.

Hier haben wir die Wahl, ob wir uns links orientieren und in der **Sayner Scheune 10** einkehren – oder lieber nach rechts zurück zum **Garten der Schmetterlinge 11** gehen. Dort gibt es auch ein Café, in dem wir uns stärken können, bevor oder nachdem wir den fröhlich-bunten Schmetterlingen bei ihrem luftig-leichten Tanz durch den Garten zusehen. Auch andere Tiere entdecken wir: gemütliche Schildkröten und hektische Zwergwachteln, neugierige Frösche und geschwätzige Finken, faszinierende Gespenstschrecken und aufmerksame Leguane.

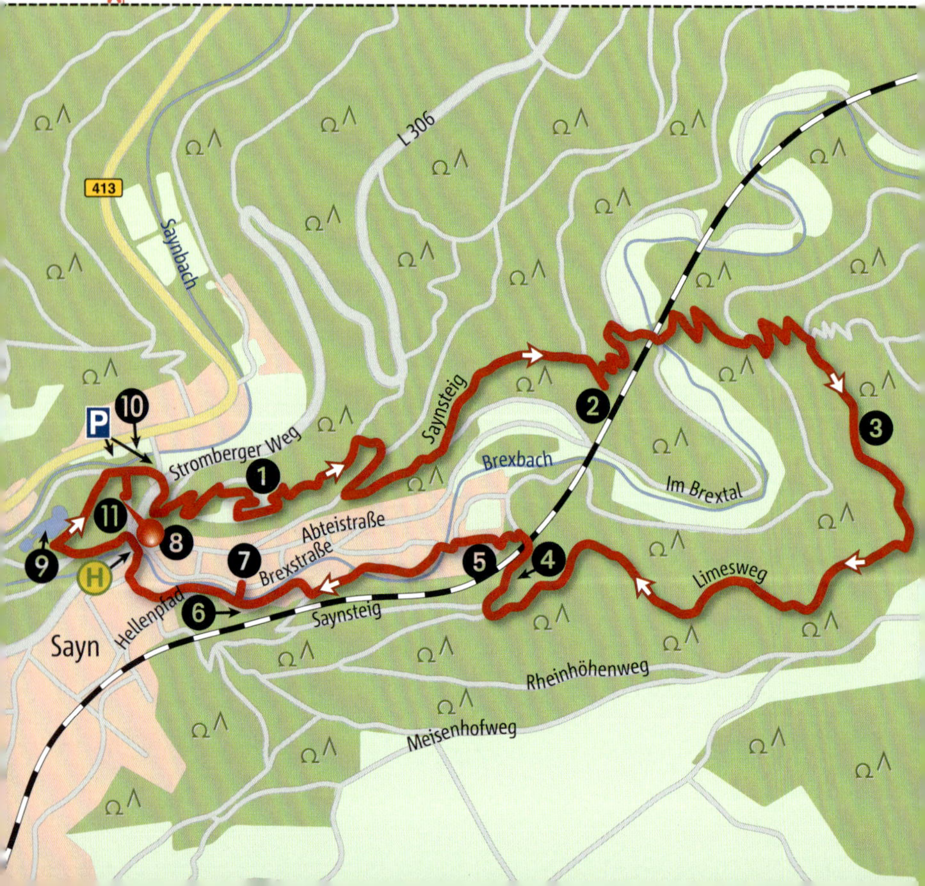

Alles auf einen Blick

WIE & WANN:
Naturpfade, Wald- und Parkwege, im Ort Bürgersteige;
beste Wanderzeit: ganzjährig bei trockenem Wetter

HIN & WEG:
Auto: Parkplätze Am Schlosspark, 56170 Bendorf-Sayn (GPS: 50.439219, 7.576213)
ÖPNV: Ab Koblenz Hbf. oder Vallendar Bf. Bus 8 bis Sayn Schloss

Entspannung ✱✱✱✱✱
Genuss ✱✱✱✱✱
Romantik ✱✱✱✱✱

ESSEN & ENTSPANNEN:
Burgcafé Kleudgen ❼ Brexstraße 33, 56170 Bendorf-Sayn,
Tel. (0 26 22) 23 15 (Di.–Fr. 10–18, Sa. 7–17, So. 11–18 Uhr)
Sayner Scheune ❿ Koblenz-Olper-Straße 164, 56170 Bendorf-Sayn,
Tel. (0 26 22) 9 06 20 18, www.sayner-scheune.de (Di.–So. ab 11.30 Uhr)

ENTDECKEN & ERLEBEN:
Saynburg ❶ Am Burgberg, 56170 Bendorf-Sayn,
Tel. (0 26 22) 72 66, www.diesaynburg.de
Oskarhöhe ❷
Emma-Höhe ❸
Kletterwald Sayn ❹ Im Brexbachtal, 56170 Bendorf-Sayn,
Tel. (0 26 22) 9 86 92 60, www.freiraum-erlebnis.de
Ehemalige Abtei Sayn ❺
Mühlen-Museum Heins Mühle ❻ Hellenpfad 132, 56170 Bendorf-Sayn,
Tel. (0 26 22) 90 29 13 (Tourist-Information Schloss Sayn),
www.heins-muehle.de (Ostern bis Allerheiligen So. 14–17 Uhr)
Schloss Sayn ❽ Tel. (0 26 22) 9 02 40, www.sayn.de
Schlossteich ❾
Garten der Schmetterlinge Schloss Sayn ⓫ Im Kurfürstlichen Schlosspark,
56170 Bendorf-Sayn, Tel. (0 26 22) 1 54 78, www.sayn.de
(März–Sept. tägl. 10–18, Okt. 10–17, Nov. 10–16 Uhr)

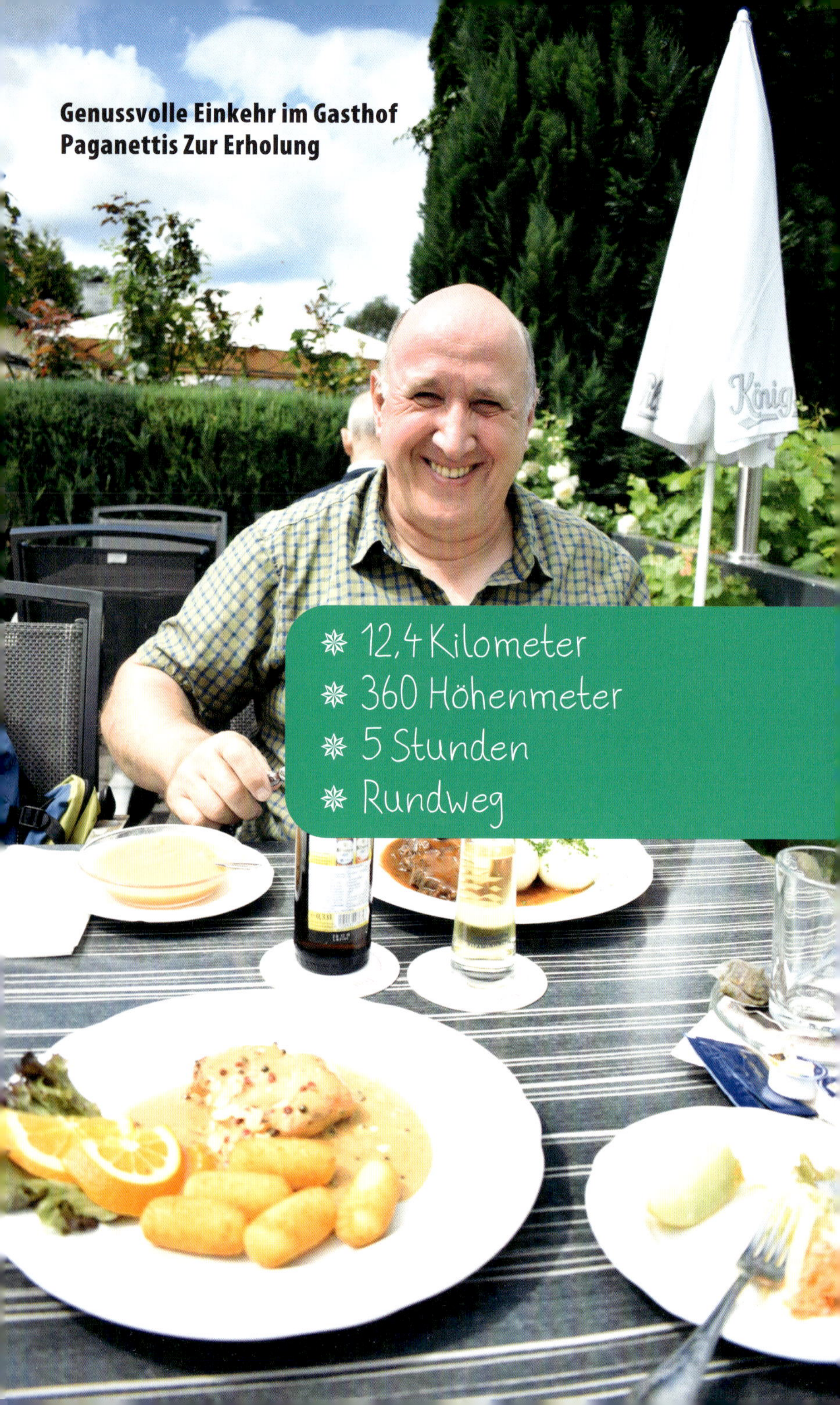

Genussvolle Einkehr im Gasthof Paganettis Zur Erholung

- 12,4 Kilometer
- 360 Höhenmeter
- 5 Stunden
- Rundweg

Wir genießen den beeindruckenden Ausblick am Startpunkt, wenden uns um und wandern zwischen den Gebäuden des **Klosters Marienhaus** bergauf Richtung **Luhkapellchen.** Dafür gehen wir links am Tagungszentrum und an der Klostermauer entlang. An deren Ende biegen wir rechts ab und stoßen auf die **Klosterstraße,** der wir links bergauf folgen. Hier sind auch die **Wällertouren Bärenkopp** und **Klosterweg** ausgeschildert.

Nach knapp 200 Metern biegen wir scharf rechts in die Straße **Auf'm Bötzchen.** Sie wird im weiteren Verlauf zu einem Wirtschaftsweg und führt in den Wald hinein. An einer T-Kreuzung trennen sich die beiden Wällertouren, wir gehen mit dem **Bärenkopp** nach links. Hier sind es nach Auskunft des Wegweisers nur

Schlemmerrunde

Um und in Waldbreitbach

noch 700 Meter bis zum Luhkapellchen, diese Strecke führt aber vorwiegend bergauf. Zunächst gehen wir am Waldrand entlang, dann zwischen Feldern und Magerwiesen. Hinter einer Feldscheune biegen wir rechts ab.

Eine Markierung im Boden weist uns den Weg nach links zu einer Baumgruppe. Unmittelbar davor laufen wir nach rechts zum **Luhkapellchen ①,** das der heiligen Apollonia geweiht ist. Bis heute wird die Heilige von Zahnkranken aufgesucht und um Linderung ihrer Pein angefleht.

Wir folgen dem Asphaltweg für etwa 500 Meter bis zu einer Bank an einer Eiche und wandern dort nach rechts den Hügel hinauf. Auch hier gibt es wieder

Wiedtal mit Marienhaus

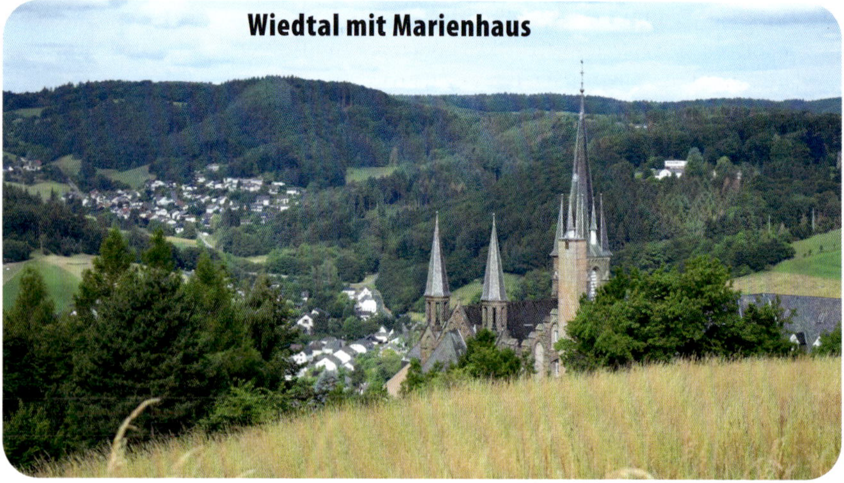

einen Bodenwegweiser, dem wir nach links folgen. Am Ende des Feldes laufen wir rechts zum Wald und dort nach links.

Es geht nun zwischen Magerwiesen bergauf. An dem Wäldchen links voraus sehen wir **Schäfers Kreuz,** bevor wir links abbiegen und zur **K90** laufen. Dort nehmen wir den nach rechts führenden Grasweg parallel zur Straße und gehen zu einem **Picknickplatz** 2 mit einer Ruheliege, auf der wir die **Aussicht ins Wiedtal** genießen können.

Auf dem Weg neben der Straße laufen wir bis zum Ortseingang von **Verscheid,** wo wir später unseren Weg fortsetzen werden. Zunächst einmal wollen wir aber der **Waldbreitbacher Straße** geradeaus folgen, um uns die **Wallfahrtskapelle Zu den Sieben Schmerzen Mariä** 3 anzusehen und in **Paganettis Gasthof Zur Erholung** 4 vorzüglich zu essen.

Wieder zurück am Ortseingangsschild, gehen wir rechts in die Straße **Auf'm Thümels.** Der Weg macht einen Linksbogen in den Wald. Nach etwa 200 Metern gehen wir an einem Metallschuppen nach rechts zu einem weißen Kreuz und erkennen jetzt erst, dass es das Gipfelkreuz auf dem **Bärenkopf** 5 ist. Ein Gefühl von Gipfelglück will sich nicht so recht einstellen, weil

*Die Verscheider Kapelle **Zu den Sieben Schmerzen Mariä** ist ein beliebtes Ziel für Gläubige, die der Muttergottes ihre Anliegen vortragen. Eine erste Kapelle aus dem 13. Jahrhundert wurde vermutlich 1615 zu dem jetzigen Saalbau erweitert, die Pietà wird auf das Jahr 1400 datiert.*

die Anstrengung des Anstiegs fehlte. Aber die Begeisterung über die weiten Talblicke von der Rastbank vor dem Gipfelkreuz ist auch so genauso groß.

Wir folgen dem Pfad durch den Wald bergab, zum Teil über Stufen. Er endet an einem breiteren Weg, dem wir nach rechts folgen, bis er sich teilt. Hier haben die Macher der **Wällertour** geradeaus eine leichtere Ausweichroute markiert, aber wir biegen mutig scharf nach links ab. Dabei folgen wir der Normalroute der Wällertour durch das Kerbtal des Verscheider Seifens und können auf unserem Weg hinab zum Hochscheider Seifen außer einigen etwas steileren Streckenabschnitten nichts entdecken, was einen Umweg rechtfertigen würde. Stattdessen genießen wir den urwüchsigen Charme des Bachlaufs.

Für die Seele

Zu jeder Jahreszeit ist das Wandern rund um Waldbreitbach ein erholsamer Genuss.

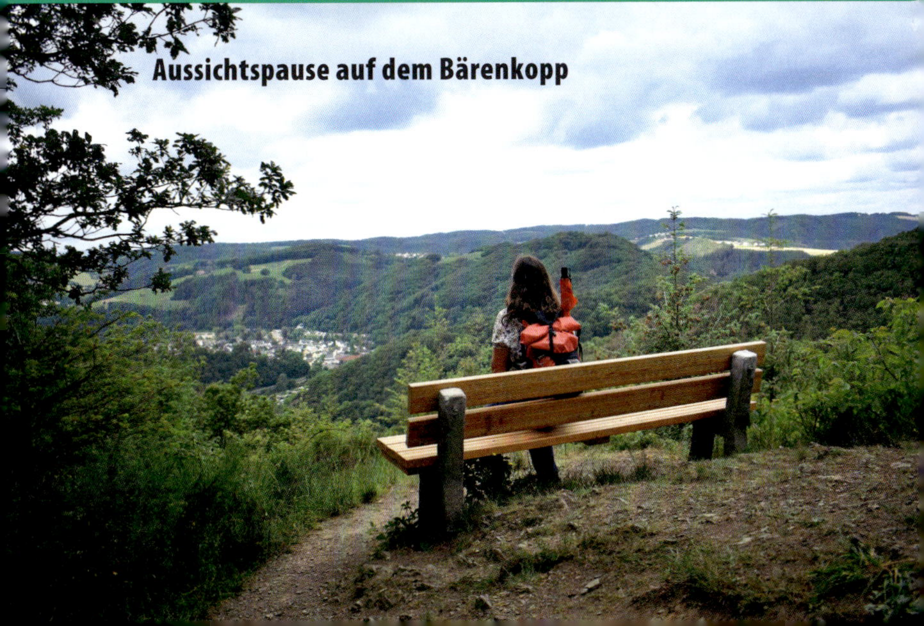

Aussichtspause auf dem Bärenkopp

*Vom Ersten Advent bis Ende Januar erstrahlt das **Krippendorf Waldbreitbach** im Weihnachtsglanz. In dieser Zeit folgen wir dem Krippenweg durch den Ort und steigen auf dem romantisch beleuchteten Weg „Stern von Bethlehem" hinauf zum Klosterberg.*

Auf der anderen Talseite folgen wir einem Forstweg nach links. Nach etwa 600 Metern kommen wir zu einer Holzbrücke. Über diese wechseln wir abermals die Talseite und folgen einem Pfad bergauf. Er gewinnt schnell an Höhe. Gegenüber erspähen wir das Weiße Kreuz auf einem Felssporn hoch über dem Wiedtal.

Wir laufen an dem Berggrat rechts und vor einem Aussichtspunkt scharf links hinab ins Tal des Wüscheider Seifens. An einer Gabelung jenseits des Bachs nehmen wir den rechten Weg. Wir passieren den **jüdischen Friedhof** (6) und erreichen die **L255.** Ihr folgen wir etwa 80 Meter nach rechts bis zu einer Fußgängerbrücke, der wir über die Wied zu einem **Campingplatz** folgen.

Ein Pfad führt uns an der linken Seite einer Felswand entlang. Er verläuft bergauf durch den Wald um den Campingplatz herum und zu einer **Schutzhütte** mit Aussicht.

An einer Gabelung gehen wir nach links bergab zu einem geschotterten Forstweg und folgen ihm nach links. Er mündet in die **K 5,** die uns links zur Wied bringt. An der nächsten Kreuzung lässt sich ein Abstecher nach rechts zu Gustels **Krippen- und Bibelwelt** (7)

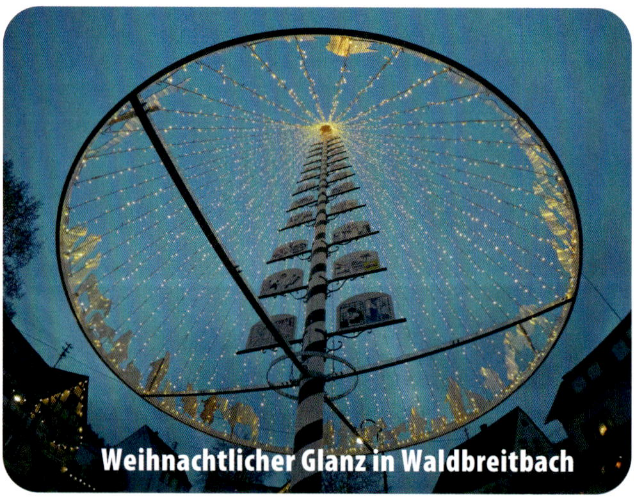

Weihnachtlicher Glanz in Waldbreitbach

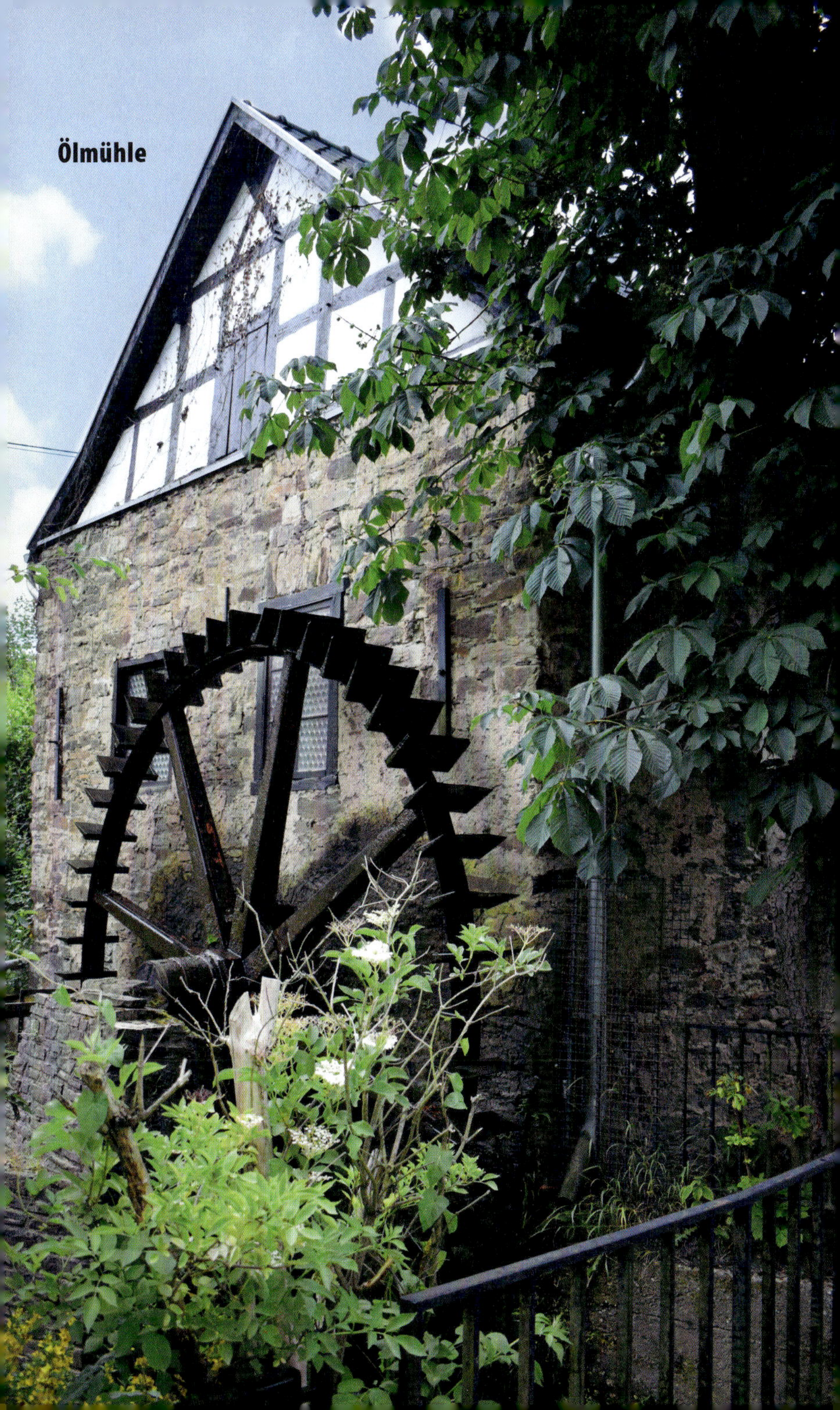
Ölmühle

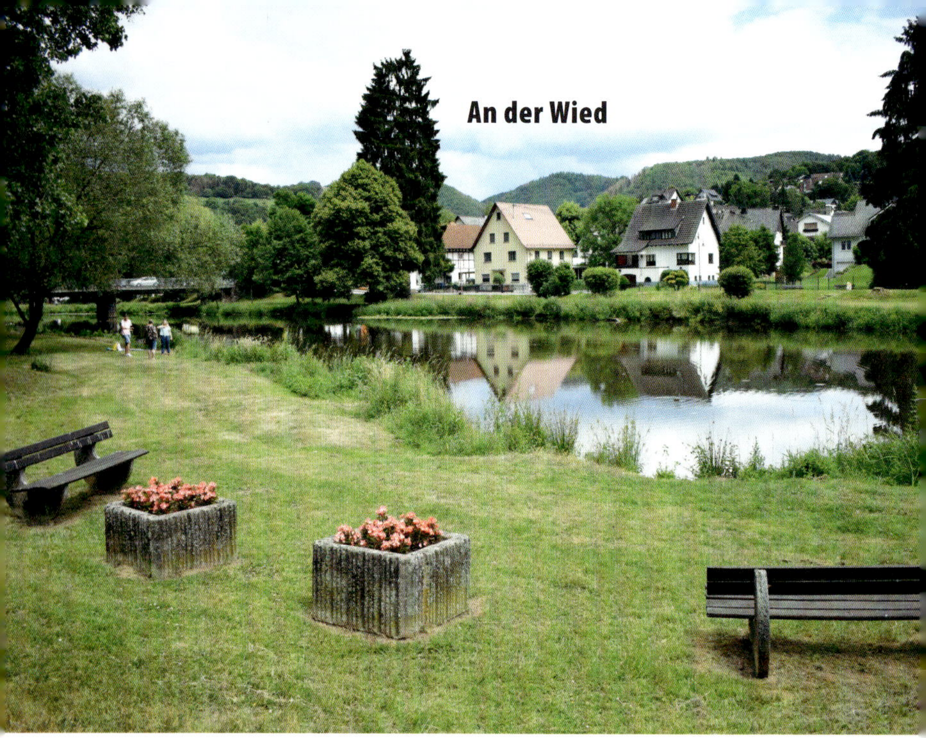

An der Wied

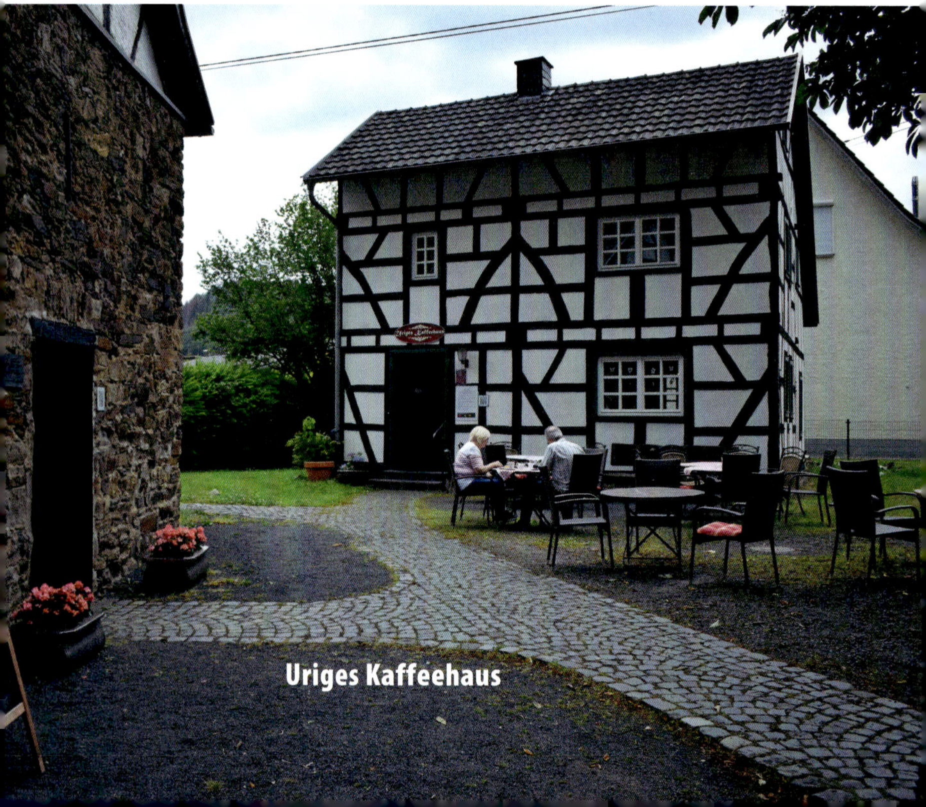

Uriges Kaffeehaus

einbauen. Der Krippenbauer Gustel Hertling hat in den vergangenen 20 Jahren über 2500 Krippen aus mehr als 100 Ländern zusammengetragen. Sie sind aus Holz, Ton, Keramik, Porzellan, Glas, Gips, Metall oder Papier hergestellt.

Wir erreichen das Wiedufer und gehen nach links, überqueren die Wied auf der Brücke und laufen nach links am Wiedufer bis zur alten **Ölmühle** ⑧. Sie gilt als die älteste Mühle dieser Art im Rheinland, denn die erste Konzession datiert von 1676. Bis 1948 wurden hier Öle aus Raps, Sonnenblumenkernen, Mohn, Leinsamen und Bucheckern hergestellt.

Genau daneben beherbergt ein hübscher Fachwerkbau etwas Besonderes: **Uriges Kaffeehaus** ⑨ heißt dieses Café nicht nur, sondern es ist wirklich so urig und urgemütlich, wie sein Name es vermuten lässt. Die hausgemachten Kuchen und Torten sind ein Gedicht.

Im Obergeschoss befindet sich ein kleines Handwerksmuseum mit Schneider- und Schusterwerkstatt.

Wir gehen ein paar Meter zurück bis zum **Mühlenpfad**, dem wir hinauf zur **Neuwieder Straße** folgen. Dort biegen wir rechts ab. Wir schlendern an der Alten Dorfschmiede, dem Hotel Zur Post und dem **Eiscafé Riviera** ⑩ entlang durch diesen freundlichen Ort.

Nach links zweigt die Straße mit dem Namen **An der Kirchtreppe** ab und der ist Programm: Wir steigen die Treppe hinauf und gehen an der **Kirche Maria Himmelfahrt** ⑪ vorbei. Im Advent wird darin eine liebevoll gestaltete Krippe aus über 1000 Naturwurzeln, frischem Moos und lebenden Pflanzen aufgebaut.

Nun folgen wir den Wegweisern des **Klosterwegs**, laufen also von der Straße **An der Commende** links von den Garagen die Treppe hoch. Oben biegen wir nach links ab **(Mutter-Rosa-Straße)** und kommen zum ersten der **Drei Weiher** ⑫.

Dort halten wir uns an einen Grasweg rechts und biegen hinter dem letzten Teich scharf rechts ab. Wir steigen einige Stufen hinauf und biegen danach ebenso scharf links ab. Unser Pfad trifft auf einen breiteren

*„**Bewahrung der Schöpfung**“ nennen die Waldbreitbacher Franziskanerinnen ihr kleines Paradies aus Streuobstwiesen und Gärten, in denen Hummeln und Schmetterlinge durch die bezaubernde Vielfalt an Blumen, Wildgemüse, Wild- und Küchenkräutern tanzen.*

*Zu Beginn des 13. Jahrhunderts legte der Deutschherren-Orden die **Drei Weiher** an. Die darin gezüchteten Fische brachten in der Fastenzeit eine Abwechslung in den Speiseplan der Ordensgemeinschaft in der nahe gelegenen Komturei.*

Verwöhntour 10

Weg, dem wir nach links folgen. Ab hier bringen uns der **Klosterweg** und der **Wiedweg** bis zum Ziel. Dazu biegen wir scharf rechts in einen Pfad ein. An einer Pfadkreuzung wandern wir geradeaus, nehmen an der nächsten Gabelung den linken Weg und kommen an einer Schutzhütte vorbei. Es geht stetig bergauf und der zweite nach links führende Pfad leitet uns über ein paar Stufen zur **Mutterhauskirche ⑬.** Dort können wir uns – ein letztes Mal an diesem Tag – stärken, nämlich in den **Klosterbergterrassen ⑭.**

Bleibt noch Zeit für eine Besichtigung? Das Mutterhaus der Waldbreitbacher Franziskanerinnen wurde 1863 von Margaretha Flesch gegründet. Die neogotischen Türme geben der Klosterkirche ein unverwechselbares Aussehen.

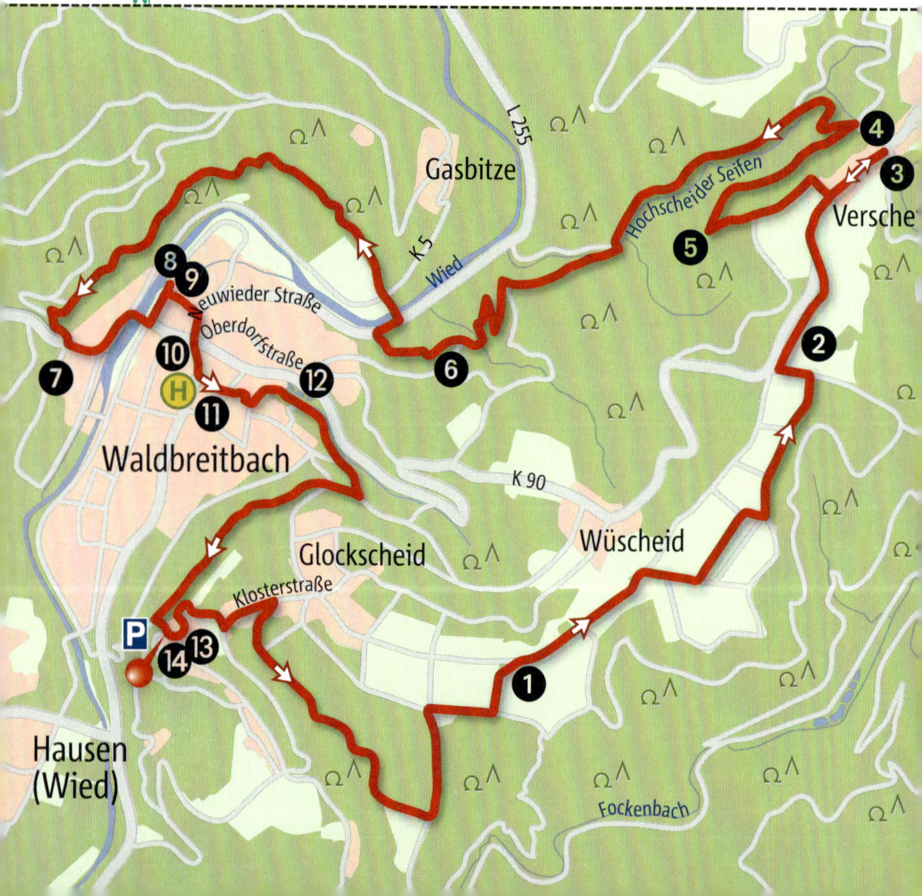

Alles auf einen Blick

WIE & WANN:
Wald-, Wiesen- und Wirtschaftswege; beste Wanderzeit: April bis Oktober und im Advent

HIN & WEG:
Auto: Rosa Flesch-Tagungszentrum, Margaretha-Flesch-Straße 8, 56588 Waldbreitbach (GPS: 50.544274, 7.416429)
ÖPNV: Ab Neuwied Bf. Bus 131 bis Waldbreitbach Mitte, Einstieg in die Tour am Eiscafé Riviera

ESSEN & ENTSPANNEN:
Paganettis Gasthof Zur Erholung ❹ Waldbreitbacher Straße 15, 53547 Breitscheid-Verscheid, Tel. (0 26 38) 41 39, www.paganettis.de (Mo. 10–15, Mi.–So. 10–24 Uhr)
Uriges Kaffeehaus ❾ Am Wiedufer 6, 56588 Waldbreitbach, Tel. (0 26 38) 9 33 00 (Sa., So. 13–18 Uhr)

Entspannung ★★★★☆
Genuss ★★★★★
Romantik ★★★★★

Eiscafé Riviera ❿ Neuwieder Straße 77, 56588 Waldbreitbach, Tel. (0 26 38) 94 78 70 (tägl. 10–22.30 Uhr)
Klosterbergterrassen ⓮ im Rosa Flesch-Tagungszentrum, Margaretha-Flesch-Straße 8, 56588 Waldbreitbach, Tel. (0 26 38) 81-30 50 (Sa., So. 14–17 Uhr)

ENTDECKEN & ERLEBEN:
Luhkapellchen ❶ **Picknickplatz mit Aussicht ins Wiedtal** ❷
Wallfahrtskapelle Zu den Sieben Schmerzen Mariä ❸
Bärenkopf ❺ **Jüdischer Friedhof** ❻
Internationale Krippenausstellung – Gustels Krippen- und Bibelwelt ❼
Am Mühlenberg 3, 56588 Waldbreitbach, Tel. (0 26 38) 2 05, www.krippenbauer-hertling.de (Sa., So. 14–17, 1. Advent bis 2. Feb. tägl. 14–17 Uhr, außer 24. Dez.)
Ölmühle ❽ **Kirche Maria Himmelfahrt** ⓫
Drei Weiher ⓬ **Mutterhauskirche der Waldbreitbacher Franziskanerinnen** ⓭

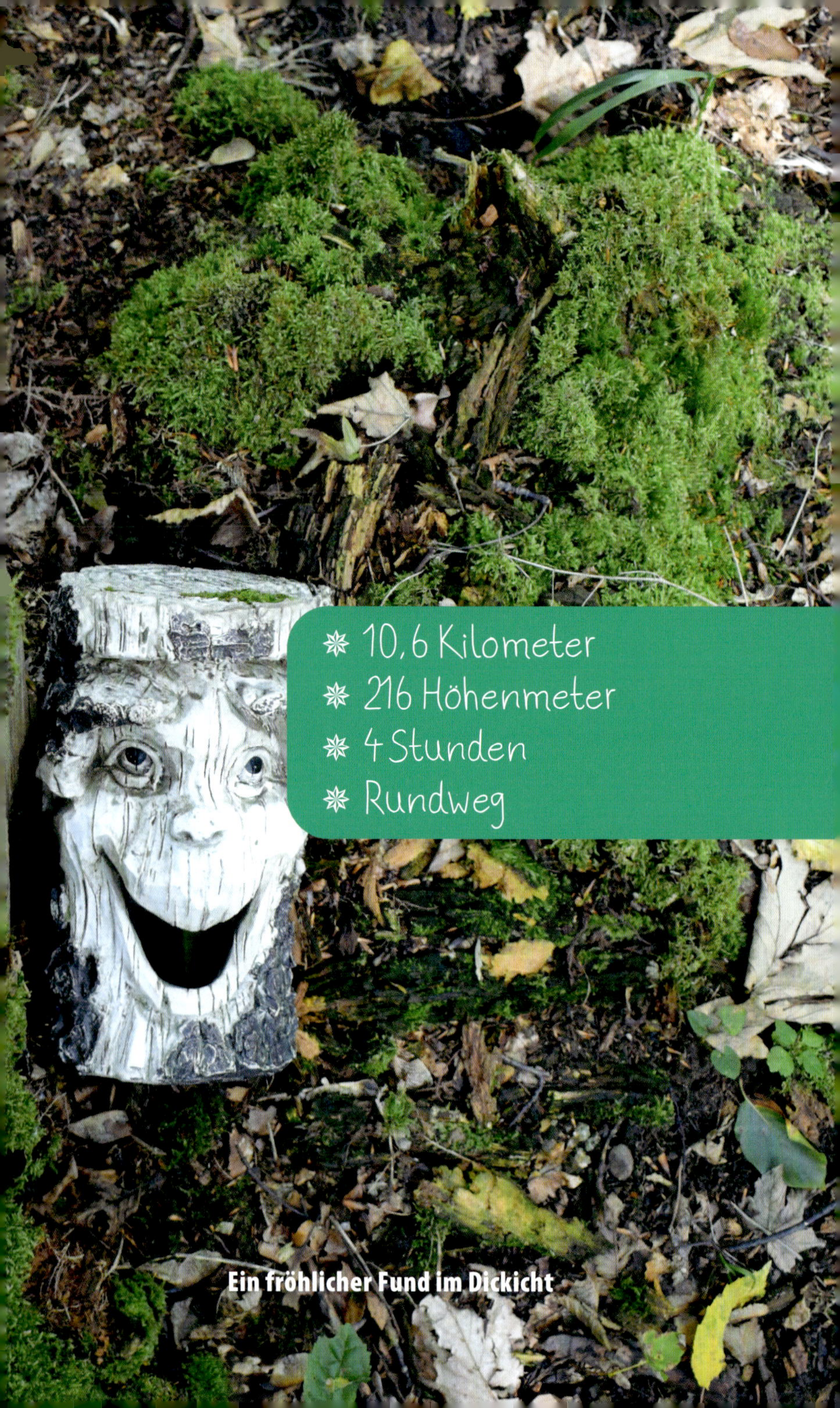

- 10,6 Kilometer
- 216 Höhenmeter
- 4 Stunden
- Rundweg

Ein fröhlicher Fund im Dickicht

Wir starten am Friedhof von Seck und laufen Richtung **Irmtrauter Straße.** Auf der linken Seite informiert uns eine Tafel über die **Wällertour Hohe Hahnscheid.** Sie trägt die passende Überschrift „Wandern für die Seele" und wir orientieren uns an ihren Wegweisern und Markierungen **(WT),** wann immer wir über den Wegverlauf unsicher sind.

Zunächst wandern wir auf einem Grasweg auf der rechten Seite des Friedhofs bergauf und biegen an dessen Ende links ab. Dabei können wir einen schönen Blick hinüber zur Kirche von Seck genießen, während wir an einer Streuobstwiese entlanglaufen. Im Spätsommer bezaubern uns die üppig wachsenden Zwetschgen, Hagebutten, Brombeeren und Pilze.

Im Zauberwald

Hessenblick und Holzbachtal

Scharf rechts geht es nun einen Asphaltweg hinauf und an der nächsten Gabelung ebenfalls rechts. Keine 500 Meter vom Startpunkt entfernt entdecken wir eine erste idyllische Rastmöglichkeit im Schatten der beiden Linden, die rechts und links des Bildstocks am Beilstein stehen.

Welch faszinierende Bäume Linden doch sind: Ihre Blüten haben Heilkraft und schicken im Frühjahr einen duftenden Windhauch zu uns herab. Ihre Blätter haben denselben Umriss wie der gesamte Baum, das haben wir in der Schule gelernt. Wäre es nicht viel schöner gewesen, wenn uns die Lehrer auch darauf aufmerksam gemacht hätten, dass jedes einzelne Blatt wie ein Herz geformt ist?

Ihren Namen hat die **St.-Michael-und-Josefs-Kapelle** von Pfarrer Michael Müller, der 1897 in dem örtlichen Josefsverein den Bau einer Kapelle anregte. 1903 begann der Bau und schon im Juli 1904 fand die feierliche Weihe in Gegenwart von 22 Geistlichen statt.

Der Weg führt im Bogen in den Wald, dick mit Moos bewachsene Felsen liegen zwischen den Bäumen. Wir folgen links dem Weg mit den Stufen hinauf zur **St.-Michael-und-Josefs-Kapelle** 1.

Dort oben auf dem **Beilstein** erklärt uns ein Panoramabild alle Details dieser hervorragenden Aussicht: Bei klarer Sicht können wir bis zum Turm auf dem Köppel bei Montabaur in 27 Kilometer und bis zur Fuchskaute (siehe Tour 3, S. 27) in 15 Kilometer Entfernung sehen.

Wir gehen auf die Eingangsseite der Kapelle und dort zum rechten Ende einer Lindenallee, wo ein Grasweg uns leicht bergab bringt. Auf der linken Seite lässt ein Abhang erkennen, dass der Beilstein eine für den Westerwald typische Basaltkuppe ist.

An einer T-Kreuzung gehen wir nach links und danach in einem Rechtsbogen um eine Wiese bzw. ein Feld (je nach aktueller Bewirtschaftung) herum.

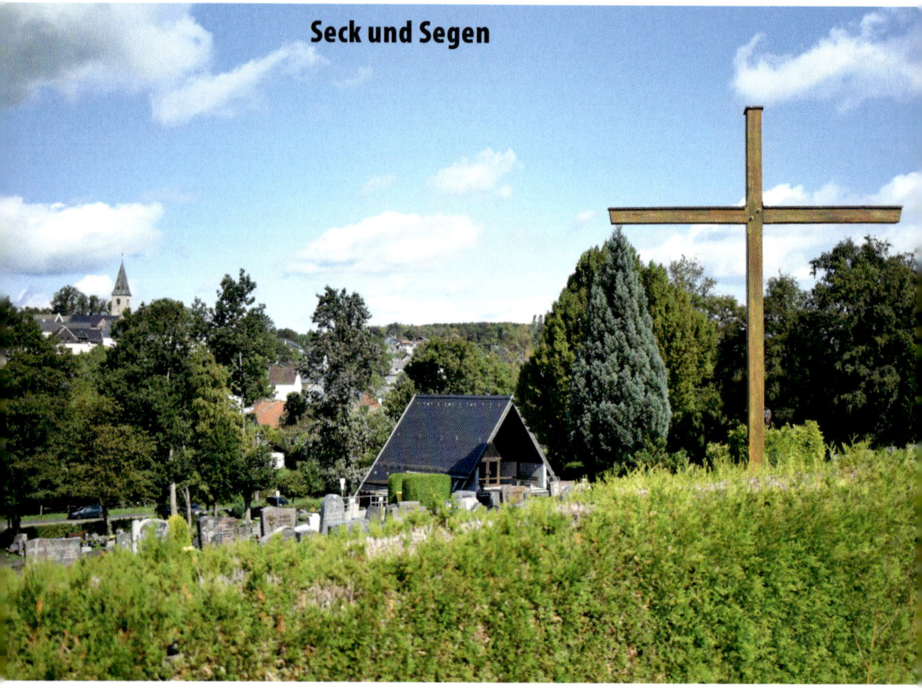

Seck und Segen

Wenn die Hecke nach links zurückgeht, halten wir halb rechts auf einen Wirtschaftsweg zu und folgen ihm nach rechts. Er schwenkt nach links und führt auf Gras weiter bergab ins Wiesental. Hinter dem Mausbach, noch vor der Straße, biegen wir links ab.

Wir laufen parallel zum Mausbach auf einen knorrigen alten Holunderbusch zu und gehen dort geradeaus zum Waldrand hinauf. Auch an der Bank gehen wir weiter geradeaus. An heißen Sommertagen ertönt von allen Seiten das laute Zirpen der Grashüpfer.

An der nächsten T-Kreuzung folgen wir dem Grasweg rechts zur Straße. Wir wandern auf der Wiese neben der Straße nach links zum **Irmtrauter Kreuz** 2.

Nun folgen wir dem Feldweg nach links und können noch einmal großartige Blicke zurück nach Seck

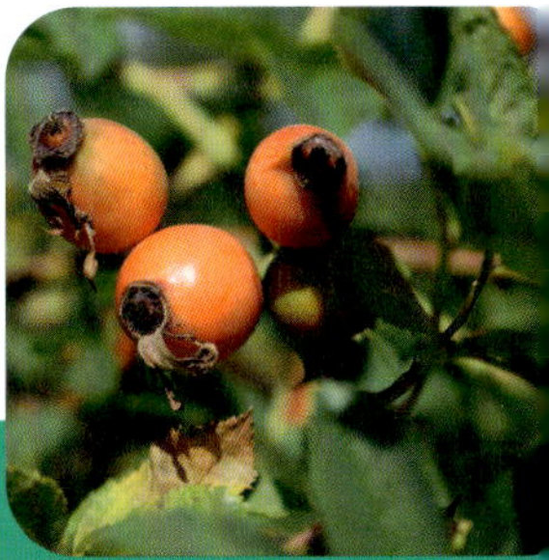

Für die Seele

An der Hohen Hahnscheid und im wildromantischen Holzbachtal begegnen wir knorrigen Bäumen und Felsen mit Moospolsterhauben. Ob es hier wohl Elfen gibt?

genießen. Geradeaus wandern wir am Waldrand entlang und nach gut 150 Metern (bevor es wieder bergab geht) rechts auf einem Pfad durch eine Wiese, der je nach Jahreszeit kaum zu sehen sein kann. Im August erleben wir auch hier ein lautes Grillenkonzert.

Wir laufen auf eine Baumgruppe mit Aussichtsbank zu. Kurz davor kommt unser Zwischenziel Irmtraut in Sicht. Wir folgen dem Asphaltweg nach rechts und biegen nach etwa 100 Metern links in einen Grasweg ein, der in einen Asphaltweg übergeht. An der Gabelung mit einem Insekten- und Vogelhotel gehen wir nach rechts und nehmen den nächsten Weg nach links zur **B 54.** Dort folgen wir dem nach rechts führenden Rad- und Gehweg nach **Irmtraut.**

*Streng genommen ist das **Irmtrauter Kreuz** ein Kruzifix, also ein Kreuz mit einem Christus-Korpus. Das liebevoll gestaltete Fachwerk-Kapellchen mit den zwei Holztüren entstand in der Amtszeit von Pfarrer Mosel (1901–1907). Vorher stand hier ein einfaches Kreuz.*

Den Kreisverkehr verlassen wir „auf 12 Uhr" und folgen der Bundesstraße weiter bergab. Ein kleiner Umweg, aber er eröffnet uns die Möglichkeit, im Restaurant **Da Nico** ❸ unerwartete Eigenkreationen des Inhabers zu probieren: etwa die Pizza Westerwald mit Hähnchen und Obst oder ein Schnitzel namens Westerwald-Krüstchen.

Gegenüber von Da Nico gehen wir nach rechts über den Kirchplatz mit dem historischen **Rathaus Irmtraut** ❹. Zwischen dem Rathaus und der Pfarrkirche Mariä Geburt hindurch folgen wir einem Gehweg, kommen zu einer Kreuzung und gehen dort geradeaus auf einem Schotterweg zwischen Gärten hindurch zum **Westring,** der uns nach rechts am Friedhof entlangführt. Wir nehmen die erste Straße nach links **(R 31),** sie führt weiter am Friedhof entlang. Hinter dem Friedhof gehen wir nach links auf einem Schotterweg (R 31) weiter.

Der Weg verläuft unterhalb des Sonnenhofs, bei dem uns die Offenstallhaltung auffällt: Die Kühe gra-

Waldmeister-Buchenwald *entsteht auf basischen Gesteinen wie Kalk oder Basalt. Neben Rotbuchen fühlen sich Eichen, Traubeneichen, Eschen und Bergahorn dort sehr wohl. In der Krautschicht wachsen Waldmeister, Bärlauch, Leberblümchen und Wald-Gelbstern.*

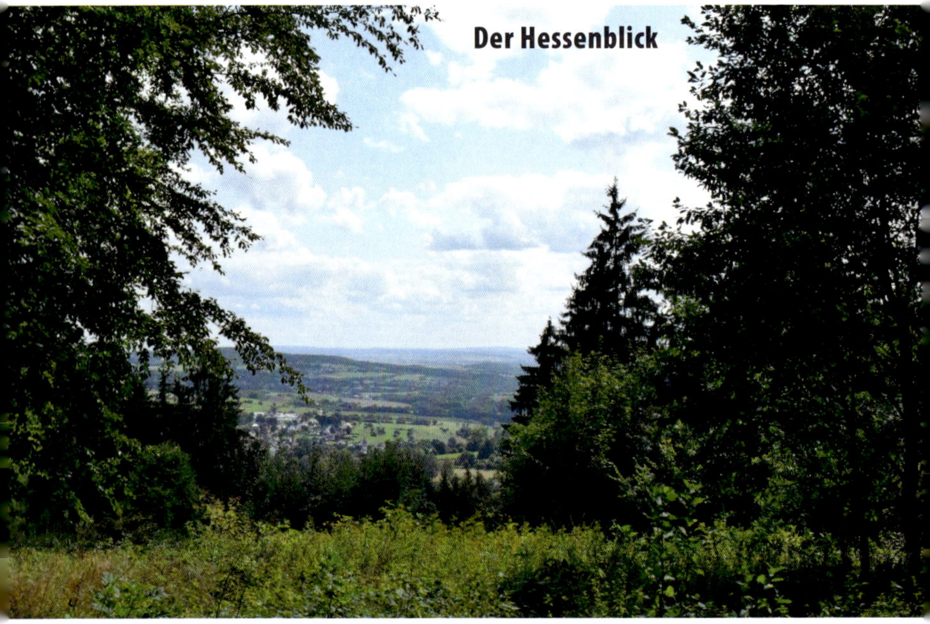

Der Hessenblick

sen auf der Weide, können sich aber auch in den Schatten ihres Stalls zurückziehen. Wir wandern zunächst zwischen Weiden, dann am Waldrand, schließlich im Wald ungefähr in Westrichtung. Die Gemeinde Irmtraut hat dieses Waldstück als Naturwald ausgewiesen. Fachleute bezeichnen ihn als Waldmeister-Buchenwald, eine sehr sympathische und selbsterklärende Bezeichnung, nicht?

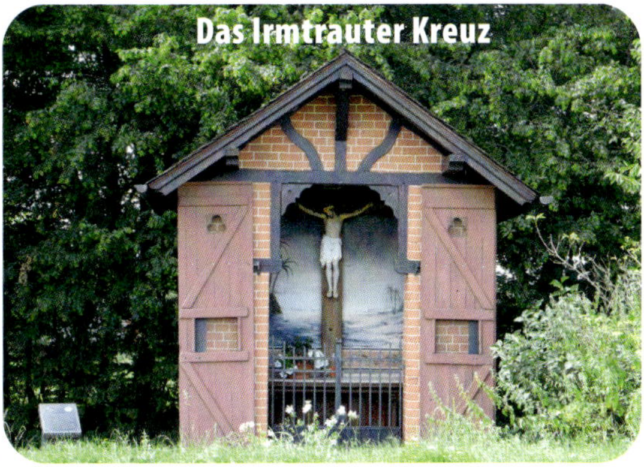
Das Irmtrauter Kreuz

Hinter dem Tal des Insbachs biegen wir rechts ab (Wegweiser **„Zum Schutzengel")**. An dem Bildstock mit dem Schutzengel lässt es sich auf den Sitzbänken angenehm im Schatten rasten. Überliefert ist die Erzählung von einem Wanderer, der in der Wirrnis des dunklen Waldes die Orientierung verlor. Nach langem Herumirren stand er verzweifelt an genau dieser Stelle, als er das Licht eines nahe gelegenen Hofs sah. Bestimmt hatte dabei sein Schutzengel nachgeholfen, dachte er. Nach seiner Rettung stiftete er aus Dankbarkeit dieses Bild.

Wir wandern weiter bis zu einer T-Kreuzung, hier folgen wir den Markierungen **R 30** und **R 31** nach links. Wir erfahren an einer Infotafel, dass hier die Grenze zwischen Rheinland-Pfalz und Hessen verläuft, und erreichen nach gut 400 Metern den **Hessenblick** ⑤ mit einem Ausblick nach Süden auf das hessische Langendernbach und die Talmulde des Elbbachs. Bei guter Sicht lässt sich die Kammlinie des Taunus am Horizont erahnen. Zwei Bänke und Tische laden uns zum Rasten, Schauen und Entspannen ein.

Unser Weg führt weiter um die Basaltkuppe der Hohen Hahnscheid herum, die letzten 9 Meter zum ohnehin im Wald versteckten höchsten Punkt bleiben uns erspart. Die vielen moosbewachsenen Felsbrocken auf dem Waldboden erzeugen eine zauberische Stimmung. Kreisrunde ebene Flächen dazwischen weisen auf alte Köhlerplätze hin.

Dahinter folgen wir einem Waldweg nach links bergab **(R 30a).** Bergahorn, Eiche, Rotbuche, Eibisch und Weißdorn bilden einen abwechslungsreichen Mischwald. Zwischen vollkommen gradlinigen Himmelsstrebern wachsen einige Bäume auch so knorrig und krumm, dass sie fast wie Fabelgestalten wirken.

An der nächsten Wegkreuzung gehen wir halb rechts leicht bergauf weiter, dann bergab durch Buchenhochwald. Linker Hand liegt die Ortschaft Gemünden. Wir treffen auf den **Westerwaldsteig,** dem wir an einem Picknickplatz nach rechts ins **Holzbachtal** 6 folgen.

Ob Holzbachtal oder – etwas dramatischer – Holzbachschlucht, der nun folgende Abschnitt steht seit 1929 unter Naturschutz und ist ein ganz besonderes Erlebnis. Im Lauf der Jahrtausende hat der Holzbach

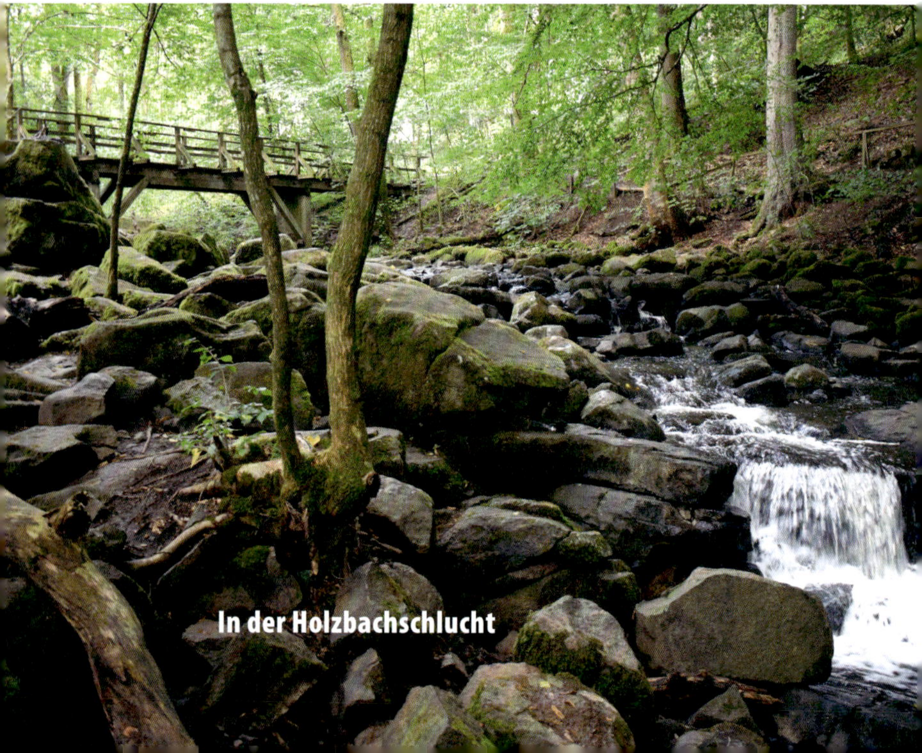

In der Holzbachschlucht

eine bis zu 30 Meter tiefe Schlucht in den Basaltuntergrund gespült.

Nach einigen Stufen führt der Waldweg leicht ansteigend zu einer Gabelung, dort geht es nach links bergab, auch an der nächsten Gabelung wählen wir den linken Weg. Wir erreichen die erste Holzbachtalbrücke, an deren rechter Seite wir die Stufen hinaufsteigen.

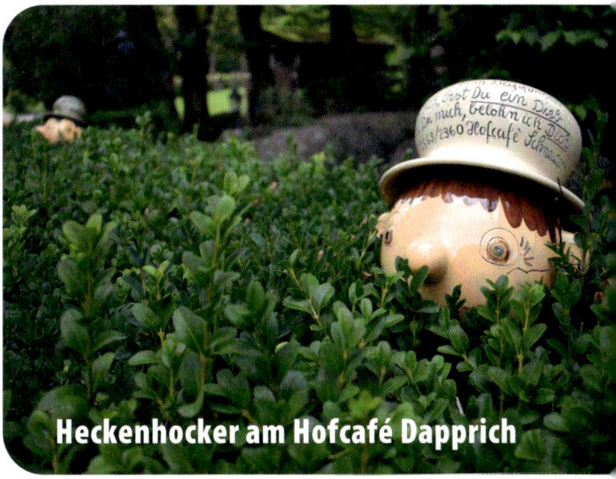

Heckenhocker am Hofcafé Dapprich

Am Treppenkopf biegen wir vor einem überdachten Picknicktisch nach links ab und laufen auf zum Teil schmalen Pfaden dicht am Hang. Einige heikle Stellen sind mit Geländern, Handläufen oder Stegen gesichert. Dennoch ist Vorsicht angebracht, denn der Untergrund bleibt fast ganzjährig matschig-schlüpfrig.

In der feuchten, kühlen Waldschlucht wachsen Moose, Farne und Seltenheiten wie das Wilde Silberblatt. Gestürzte Bäume dürfen vermodern, sie werden von Baumpilzen und Insekten besiedelt. An ruhigen Tagen können wir Wasseramseln oder gar Eisvögel beobachten.

Hinter dem zweiten Steg gehen wir an der Gabelung nach links bergab zu einem kleinen **Wasserfall** 7 an der zweiten Holzbachtalbrücke, die zusammen eine tausendfach fotografierte Waldidylle bilden.

Hinter der Brücke gehen wir, ohne sie zu überqueren, geradeaus weiter bergauf zum **Privatfriedhof der Familie Schneider** 8. Das sind die Inhaber des nahe gelegenen Hofguts. Es gibt nur wenige Privatfriedhöfe im gesamten Bundesgebiet, dieser hier ist ausschließlich den Verstorbenen der Familie Schneider vorbehalten.

Dahinter wandern wir nach links **(R 29)** zwischen Wiesen hindurch zum **Dappricher Hof** 9 und dort links auf einer Bruchsteinbrücke über den Holzbach zum

Tipp: Zu beiden Seiten des Holzbachs führen ***Wanderwege durch das Tal.*** *Wenn uns auf der Strecke des Westerwaldsteigs zu viele Menschen begegnen, können wir zwischen den beiden Brücken auf die andere Talseite ausweichen.*

Hofcafé Dapprich. Hier streicheln wir unseren Gaumen mit köstlichen Kuchen.

Wir wandern neben dem Café geradeaus einen Schotterweg hinauf **(R 24),** aus dem Wald heraus über Weiden. Der Weg macht am Waldrand einen Rechtsbogen und führt nach etwa 80 Metern nach links zu einer Wegkreuzung. Hier biegt der Westerwaldsteig nach links ab, wir bleiben dagegen geradeaus auf der markierten **Wällertour.** Schon kommt Seck wieder in Sicht.

Hinter einem Bildstock und einer Halle gelangen wir rechts über eine kleine Bachbrücke zur Secker Holzbachbrücke. Diese überqueren wir nach rechts und gehen sofort wieder nach links zum Startpunkt am Secker Friedhof.

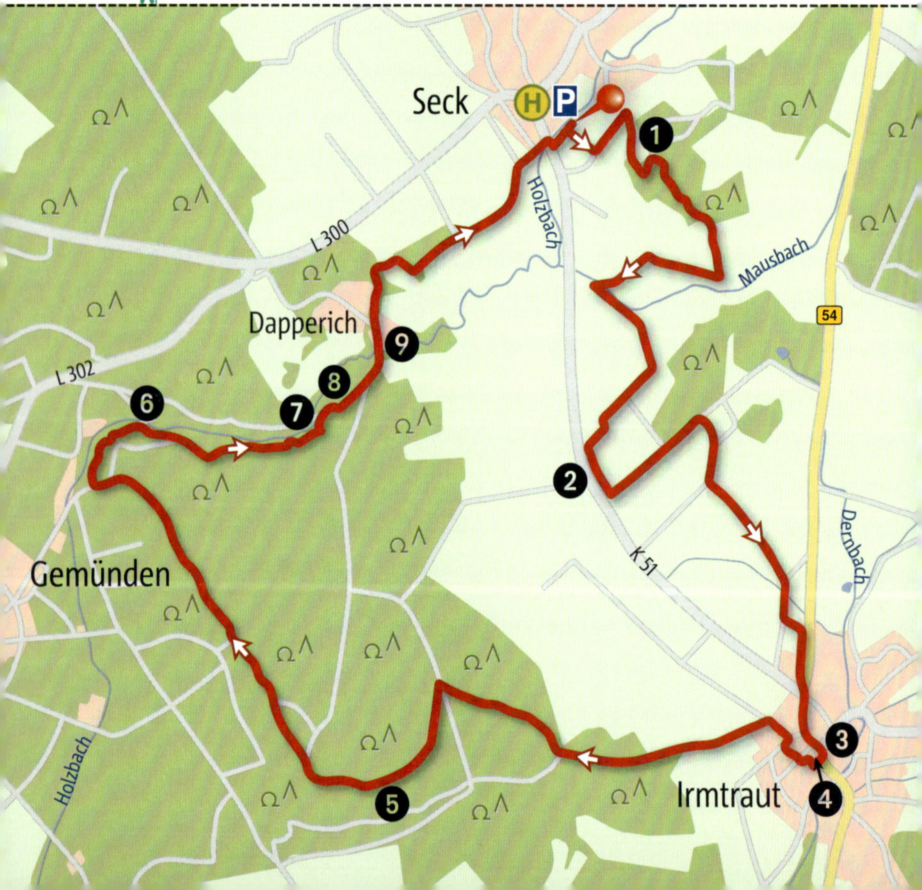

Alles auf einen Blick

WIE & WANN:

Wald-, Wiesen- und Wirtschaftswege, in den Ortschaften Gehwege; ganzjährig lohnend. Festes Schuhwerk und Trittsicherheit werden in der Holzbachschlucht benötigt. Sie ist ein beliebtes Ausflugsziel – wer es lieber ruhig mag, meidet sonnige Wochenenden und Ferientage.

HIN & WEG:

Auto: Parkplatz am Friedhof in Seck, Am Holzbach, 56479 Seck (GPS: 50.573729, 8.048019)
ÖPNV: Ab Montabaur ICE Bf. Bus 116 oder 481 bis Westerburg, ab dort Bus 480 bis Seck West (Mo.–Fr.); oder ab Limburg (Lahn) ZOB Nord oder Rennerod Busbf. Bus LM 15 bis Seck Irmtrauter Straße (Mo.–Fr.)

ESSEN & ENTSPANNEN:

Da Nico ❸ Mainzer Landstraße 14, 56479 Irmtraut, Tel. (0 64 36) 2 85 09 41 (Mi.–Mo. 11–14.30 und 17–23 Uhr)

Entspannung ✱✱✱✱✱
Genuss ✱✱✱✱
Romantik ✱✱✱✱

Dappricher Hof mit Hofcafé Dapprich ❾ Dappricher Hof 1, 56479 Seck, Tel. (0 26 63) 91 87 20, www.hofgut-dapprich.de (Sa., So. 13–17 Uhr)

ENTDECKEN & ERLEBEN:

St.-Michael-und-Josefs-Kapelle auf dem Beilstein ❶
Irmtrauter Kreuz ❷
Rathaus Irmtraut ❹ Kirchplatz 1, 56479 Irmtraut
Hessenblick ❺
Holzbachtal ❻
Wasserfall ❼
Privatfriedhof der Familie Schneider ❽

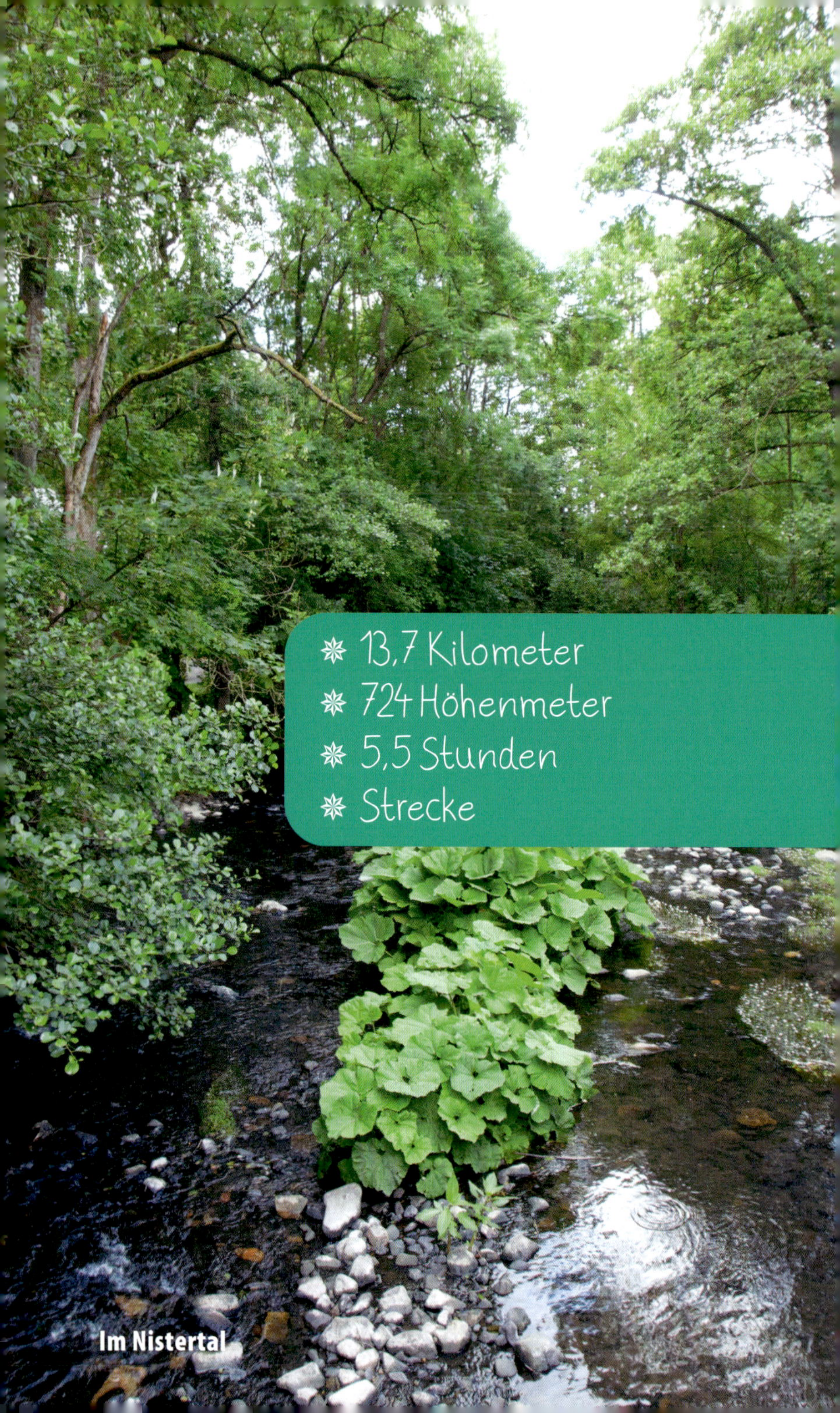

- 13,7 Kilometer
- 724 Höhenmeter
- 5,5 Stunden
- Strecke

Im Nistertal

Wir folgen am Bahnhof Enspel den Wegweisern zum **Stöffelpark,** gehen also zunächst auf dem Weg zur **Rotenhainer Straße (K 61).** Dieser folgen wir bergauf zur **Nistertalstraße (K 61)** und biegen nach etwa 200 Metern rechts in die **Stöffelstraße.** Hier verläuft auch der **Westerwaldsteig.**

Wir biegen rechts ab und laufen zum Kassenhaus des **Stöffelparks** ❶. Dabei handelt es sich um einen Basaltbruch, der heute eine Erlebniswelt ist.

Wir zahlen unser Eintrittsgeld und laufen hinter dem Gebäude links den Berg hinauf. Die Markierungen des **IVV,** des **Westerwaldsteigs** und des **Stöffelparks** (rot und orange) weisen uns den Weg zu dem Plateau mit der alten Walze, den Kipperbuden. Der Westerwald-

Maus und Dschinn

Wandergenuss im Nistertal

steig führt nun halb links unter den Förderbändern der Brecheranlage hindurch. Bevor wir uns diese ansehen, biegen wir hinter der Stellmacherei erst einmal nach rechts ab.

Wir folgen dem als Westerwaldsteig markierten Schotterweg und haben an der nächsten Gabelung die Möglichkeit, mit einem Abstecher nach rechts nach etwa 100 Metern einen kleinen Aussichtspunkt zu erreichen, der einen Überblick über das gesamte Gelände ermöglicht. Der zweite Weg nach rechts führt zu einem größeren Aussichtspunkt. Zurück auf dem Schotterweg, laufen wir nach rechts. Hinter einem Teich, an der Wegkreuzung mit dem Kunstwerk „Fanal", geht es auf dem nach rechts führenden Hangweg

!

Wenn wir zu wenig Zeit oder Kraft für eine Besichtigung des ***Stöffelparks*** *haben, können wir etwa eine Stunde Zeit, 1,3 Kilometer Wegstrecke und das Eintrittsgeld einsparen. Wir dürfen dann den markierten Westerwaldsteig auf dem Weg durch das Gelände benutzen, ihn aber nicht verlassen.*

bis zum Ende des stillgelegten Steinbruchbereichs weiter. Hinter der Absperrung wird immer noch Basalt abgebaut, bis der ehemals fast 500 Meter hohe Stöffel eines Tages vollkommen verschwunden sein wird.

*Das Angebot im **Stöffelpark** ist vielfältig. Das Tertiärum erklärt Interessantes rund um die Stöffelmaus, den Stöffelvulkan und den späteren Maarsee. In der Werkstatt, dem Kohleschuppen und im Kessel- und Schalthaus erfahren wir Industriegeschichte mit allen Sinnen.*

Wir biegen scharf nach links ab und wandern bergab zu einer **Schutzhütte,** die bis vor einigen Jahren von Archäologen genutzt wurde. In diesem Bereich wurde 1992 die weltberühmte Stöffelmaus (Eomys quercyi) gefunden. Das ist ein längst ausgestorbener Kleinsäuger mit Flughäuten zwischen den Vorder- und Hinterbeinen. Er nutzte diese Flughäute zum Gleitflug, wie die heutigen Flughörnchen.

Wir gehen nach links zum ehemaligen Grabungshaus, wo ein Picknicktisch eine erste Rastmöglichkeit bietet. Auf der anderen Teichseite führt unser Rundweg im Steinbruch-Erlebnisgarten an einigen Kunstwerken und Themenstationen entlang. Am Vorbrecher vorbei laufen wir halb rechts unter den

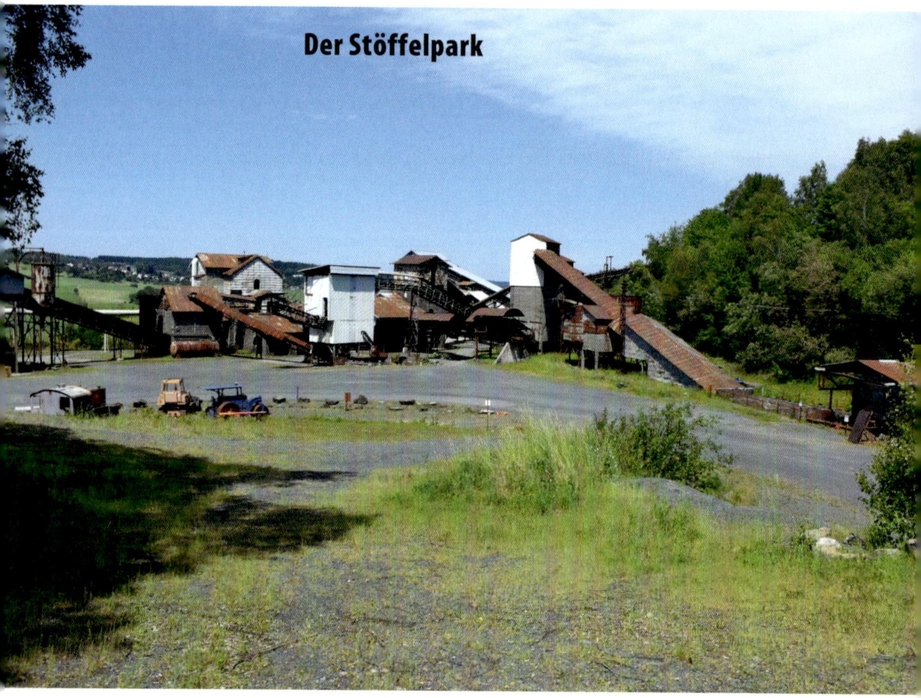
Der Stöffelpark

Förderbändern hindurch, wo wir wieder auf den IVV und den **Westerwaldsteig** stoßen.

Wir passieren die Brecheranlage. Dort dürfen wir uns nicht wundern, wenn jemand um das Gebäude klettert, bei genauem Hinschauen entdecken wir einen 145 Meter langen Klettersteig an allen vier Fassaden. Unsere Wanderung geht nun geradeaus weiter – außer wir wollen uns noch weitere Details des Stöffelparks ansehen.

Schließlich folgen wir dem Westerwaldsteig in den Wald. Wir verlassen das Gelände des Stöffelparks hinter zwei Bänken und einer Schranke und folgen einem Waldweg nach rechts. Nach etwa 250 Metern gehen wir nach links und an der nächsten Gabelung bleiben wir auf dem breiten Weg geradeaus.

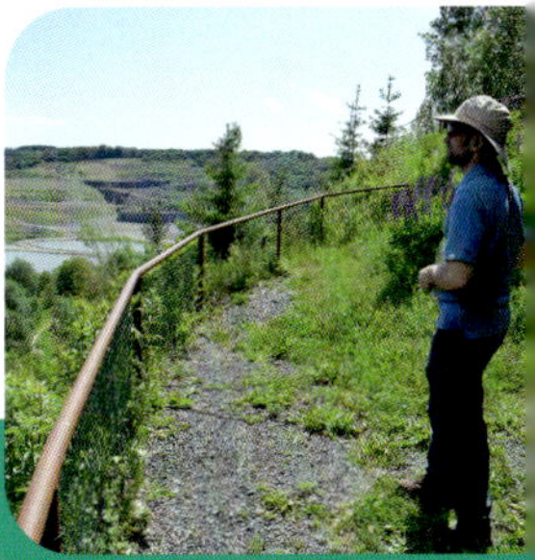

Für die Seele

Im riesigen Steinbruch, an der stillgelegten Eisenbahnbrücke und in den alten Brennereien des Nistertals spüren wir Wandel und Zeitlosigkeit zugleich.

An einer Wegkreuzung gehen wir geradeaus zu dem **Kapellchen 2** am Rettungspunkt 5313-379. Dahinter kommen wir an einen Picknicktisch mit einem guten Überblick über unseren weiteren Weg: Das Gebäude hinter dem Strommast ist die Birkenhof-Brennerei, dahinter liegt in der Baumgruppe die Struthof-Brennerei, rechts davon hinter der Ortslage Erbach ist schon der Turm auf dem Katzenberg zu sehen. Unser Weg wird auf der rechten Seite an diesen Landmarken vorbeiführen.

Wir laufen nach rechts auf einem geschotterten Wirtschaftsweg und am alten Steinbruch entlang zur **Stöffelstraße.** Hier biegen wir links ab und kommen zum **Bahnhof Büdingen.** Dahinter geht es scharf rechts

Die 1911 erbaute **Nistertalbrücke** auf der Strecke Erbach (heute Nistertal)–Bad Marienberg war damals die größte Betonbrücke Deutschlands. Der Bahnbetrieb wurde 1971 eingestellt, die Gleise abgebaut. Mit über 260 Meter Länge und 32 Meter Höhe ist sie bis heute ein imposantes Bauwerk.

zur **Büdinger Straße** und an der darauffolgenden Gabelung links in den **Lupinenweg.** An der Kurve vor der Brücke folgen wir dem **Westerwaldsteig** nach links.

Nach etwa 50 Metern erreichen wir ein Feld, hier biegen wir nach rechts ab. Unser Weg führt in einem weiten Linksbogen am Waldrand entlang und nähert sich der Trasse der Oberwesterwaldbahn an. Wir überqueren die Große Nister und gut 100 Meter später an einem Picknicktisch den Mühlgraben. Sofort dahinter biegen wir rechts ab und laufen unter der Bahnbrücke hindurch. Nach etwa 550 Metern kommen wir an die **Nistertalbrücke** ❸. Sie wird manchmal auch Erbacher Brücke genannt.

Hinter der Brücke führt der Weg noch weitere 150 Meter bergauf, dann scharf links zu einem Picknickplatz. Hier können wir uns das historisch interessante Bauwerk ganz aus der Nähe ansehen, das Betreten ist wegen des niedrigen Geländers verboten.

Hier an diesem Picknickplatz verlassen wir den Westerwaldsteig, der nach rechts weiterführt. Stattdessen gehen wir geradeaus auf einem Asphaltweg bergauf, immer geradeaus, allen Abzweigen zum

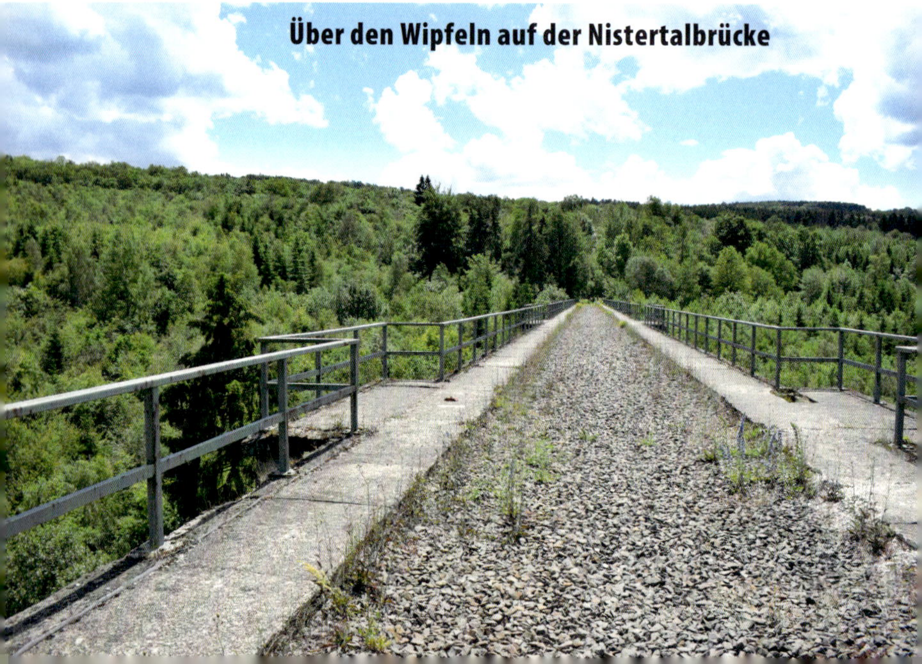

Über den Wipfeln auf der Nistertalbrücke

Trotz. Am Ende des asphaltierten Weges geht es links weiter und nach etwa 150 Metern scharf rechts weiter bergauf. Wir kommen zu einem kleinen Steinbruch, an dem wir scharf nach links abbiegen. Der Weg macht am Zaun eines Wasserhochbehälters einen Rechtsbogen und bleibt etwas unterhalb des Gipfels namens Hahn.

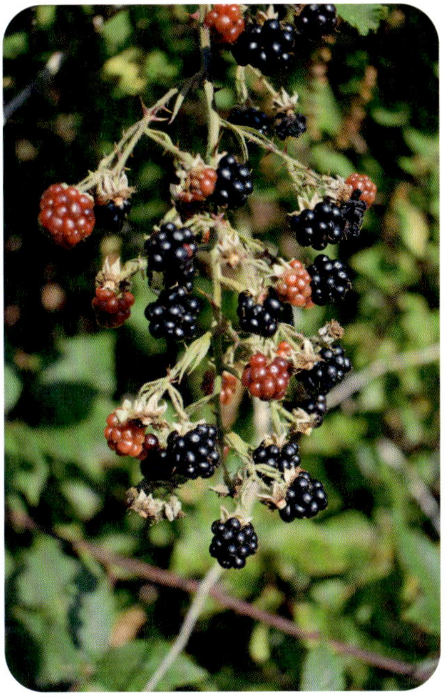

Am Rettungspunkt 5313-362 überqueren wir die Erbacher Straße und laufen auf einem Pfad am Waldrand entlang Richtung Hardt. Unser Pfad trifft auf einen Wirtschaftsweg, hier gehen wir nach rechts zu einer **Schutzhütte** und dort erneut nach rechts. Auf der Höhe biegen wir an einer Streuobstwiese nach links auf einen Grasweg ab und gehen am Ende der Baumreihe unter einer Stromleitung hindurch, dann nach rechts hinauf zu zwei Eichen mit einer Aussichtsbank.

Wir folgen einem Asphaltweg nach links zum Hardter Friedhof und gehen unmittelbar davor nach rechts zur Straße. (Würden wir am Friedhof geradeaus weitergehen und hinter der Kuppe des Scharfensteins nach links ins Tal absteigen, könnten wir die Brennereien Struthof und Birkenhof besuchen.)

Auf der anderen Straßenseite wandern wir auf einem Wirtschaftsweg **(U 1)** zwischen zwei Feldern hindurch und folgen ihm durch eine Linkskurve und eine Rechtskurve zu einem Wäldchen mit dem hübschen Namen Häsel. Wir haben dabei einen schönen Blick zurück zum Stöffel und können aus der Ferne die Größe des Steinbruchgeländes viel besser überblicken.

Wir wandern geradeaus bergauf zu einer Bank an einem fast vollständig bewachsenen Wasserhochbehälter. Nun geht es den Grasweg hinauf bis kurz vor die L 293. Wir laufen auf einem Naturweg nach rechts zur **Hardter Straße,** der wir nach links auf einer Brücke über die L 293 folgen. An der Kreuzung am Ortseingang von **Zinhain** gehen wir weiter geradeaus, die Straße hat ihren Namen geändert und heißt nun **Bismarckstraße.** Dieser folgen wir für etwa 600 Meter durch das Dorf.

Gegenüber von der Einfahrt zum **Marienbad** gehen wir am Ende eines Parkplatzes auf einem Pfad in den Wald. An einer T-Kreuzung treffen wir auf einen Wanderweg, der mit **K** markiert ist. Diesem folgen wir nach links knapp 400 Meter bergauf. Rechts von uns liegt der **Basaltpark ④,** ein ehemaliger Basaltsteinbruch, in dem Schautafeln über den Vulkanismus und den Basaltabbau in der Region informieren.

An einer Gabelung nehmen wir den linken Weg **(K, W),** er kreuzt den Alten Unnauer Weg und führt hinauf zur Kurallee von Bad Marienberg. Dort biegen wir links ab und kommen zum **Hedwigsturm ⑤,** von dessen Plattform wir einen schönen Panoramablick haben.

Dabei sehen wir auch die Tiergehege des **Wildparks Bad Marienberg ⑥** nördlich des Turms. Wenn die Lamas und Zebus, Hochlandrinder und Hirsche, Wisente und Pfauen zu sehr locken, sollten wir 4 Extrakilome-

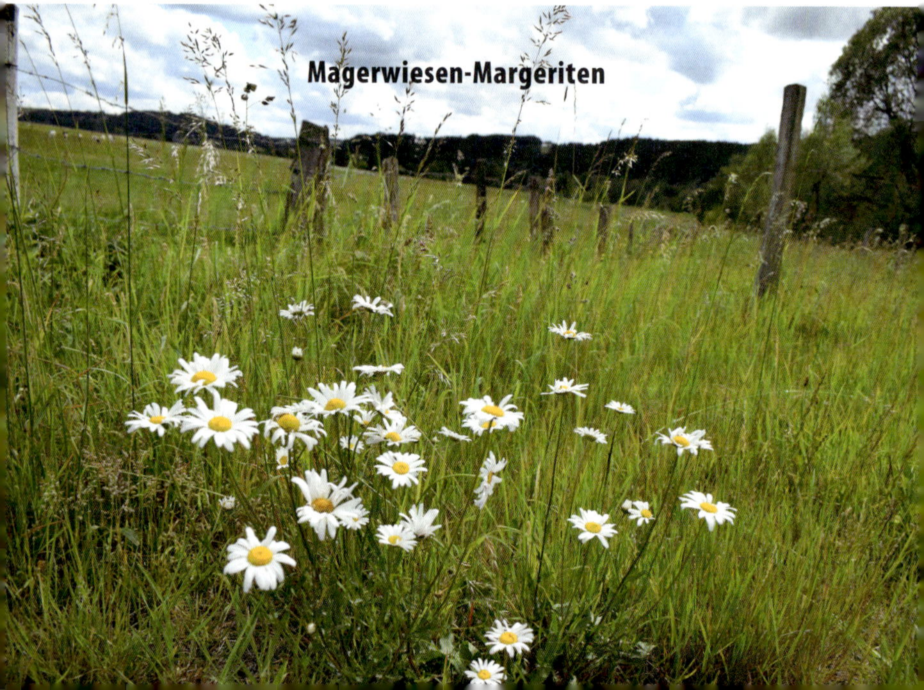
Magerwiesen-Margeriten

ter für den (barrierefreien) Rundweg durch den Wildpark einplanen.

Ansonsten folgen wir nach unserem Abstieg vom Hedwigsturm der **Kurallee** weiter bis zu einem großen Parkplatz. Hier können wir in der **Steig-Alm** **7** bei Käsespätzle und Kaiserschmarrn oder in Mannis **Hütten-Stadl** **8** bei Flammkuchen und Waffeln entspannen und genießen.

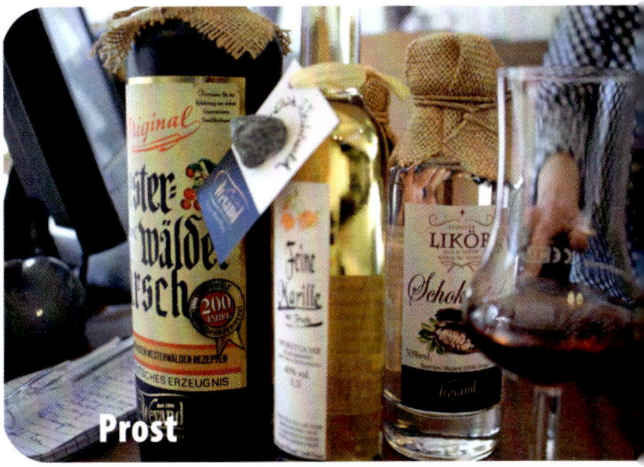

Prost

Unser Weg führt nach links die **Wildparkstraße** hinab und trifft nach etwa 400 Metern wieder auf den **Alten Unnauer Weg.** Diesem folgen wir nach rechts über einen Parkplatz und durch ein Waldstück. An dessen Ende kommt von rechts der Europäische Fernwanderweg **E 1** hinzu. Wir wandern geradeaus zwischen den Feldern und durch ein zweites Waldstück hinab nach **Unnau.** Hinter dem Friedhof biegen wir am Albrechtsbrunnen links in die **Weiherstraße,** an deren Ende gehen wir rechts auf einem Schotterweg um die evangelische Kirche herum, dann links den **Kirchweg** hinab zur Hauptstraße. Diese überqueren wir und gehen geradeaus auf der **Kornstraße** weiter, um nach gut 100 Metern links in die **Gartenstraße** einzubiegen.

Auf der rechten Straßenseite wartet ein ganz besonderer Genuss auf uns: ein Besuch in der **Brennerei Weyand** **9**, der ältesten Familienbrennerei im Nistertal – ganz ohne Kaufverpflichtung. Im Gegenteil: Eine kleine Überraschung wartet nur darauf, dass wir unseren Wanderführer herzeigen, denn die Familie Weyand brennt für ihren Beruf und möchte uns für die Westerwälder Brennkunst begeistern.

Wir lassen uns spontan zu einer kleinen Verkostung verführen, schließen die Augen, atmen tief ein und erkennen die jeweilige Frucht schon am Geruch, bevor sich der volle, pure Geschmack der feinen Liköre wohlig-weich auf Zunge und Gaumen ausbreitet.

*Wenn die Westerwälder Destillateure von **„Dschinn“** sprechen, ist nicht etwa von einem unsichtbaren Geistwesen aus dem Orient die Rede. Gemeint ist ein Wacholderbrand, der „Gin“ geschrieben wird!*

Verwöhntour 12

Klassiker im Westerwald sind der Westerwälder Kümmel und Wacholder, aber auch Gin und Whisky werden auf sehr hohem Niveau destilliert. Während wir mit allen Sinnen genießen, macht uns die Familie Weyand mit der Geschichte der Region bekannt. Je nach Quelle soll es im Nistertal fünf, acht oder gar ein ganzes Dutzend Brennereien gegeben haben, das weiß niemand so genau, denn im 18. Jahrhundert hatten alle Bauern Brennrechte und hielten auf diese Weise den Schlempe-Dünger-Kreislauf in Gang.

Nach etwa 100 Metern biegen wir an einem Jägerzaun rechts in den **Nörrweg** ein und laufen zwischen Magerwiesen gut 1,2 Kilometer ins Nistertal. Am Ende des Nörrwegs halten wir uns links und sehen schon den **Bahnhof** von **Unnau-Korb.**

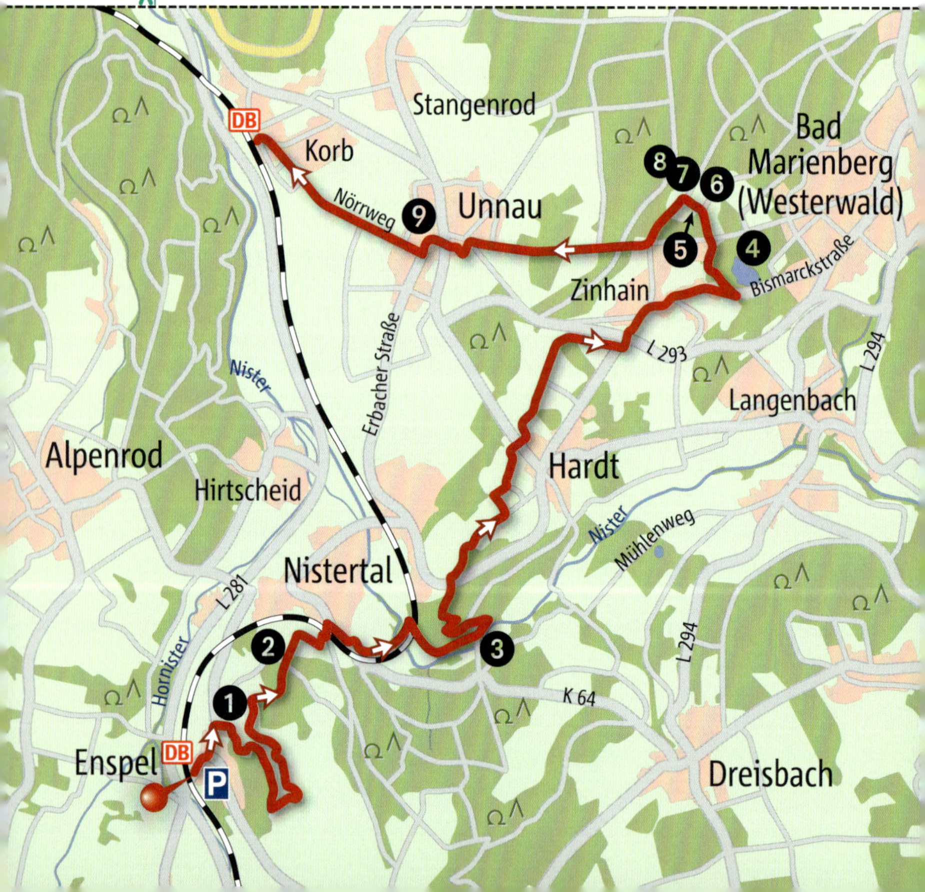

Alles auf einen Blick

WIE & WANN:
Naturpfade, Wald-, Wiesen- und Wirtschaftswege; ganzjährig lohnend

HIN & WEG:
Auto: Bf. Enspel, Bahnhofstraße 1–3, 57647 Enspel (GPS: 50.615217, 7.88294)
ÖPNV: Ab Siegen oder Limburg (Lahn) RB 90 bis Enspel
Rückkehr zum Ausgangspunkt: Ab Unnau-Korb RB 90 bis Bf. Enspel

ESSEN & ENTSPANNEN:
Steig-Alm ❼ Wildparkstraße 15, 56470 Bad Marienberg, Tel. (0 26 61) 58 10, www.steig-alm.de (Mo. ab 17, Di.–Fr. 14-21, Sa., So. 11–21 Uhr)
Mannis Hütten-Stadl ❽ Wildparkstraße, 56470 Bad Marienberg, www.mannis-huetten-stadl.de (Mi.–Fr. ab 14, Sa. ab 13, So. ab 12 Uhr)

Entspannung ✱✱✱✱✱
Genuss ✱✱✱✱✱
Romantik ✱✱✱✱✱

ENTDECKEN & ERLEBEN:
Stöffelpark ❶ Stöffelstraße, 57647 Enspel, Tel. (0 26 61) 98 09 80-0, www.stoeffelpark.de (März–Okt. Di.–Do. 10–17, Fr.–So.10–18 Uhr); Erwachsene € 5,–, Kinder/ermäßigt € 3,–, Familien € 10,–; Begehen des markierten Westerwaldsteigs durch das Gelände frei
Kapellchen ❷
Nistertalbrücke (Erbacher Brücke) ❸
Basaltpark ❹
Hedwigsturm ❺
Wildpark Bad Marienberg ❻ Wildparkstraße, 56470 Bad Marienberg, www.wildpark-badmarienberg.de
Brennerei Weyand ❾ Gartenstraße 16, 57648 Unnau, Tel. (0 26 61) 93 94 80, www.brennerei-weyand.de (Mo.–Fr. 8–12, 14–18 Uhr)

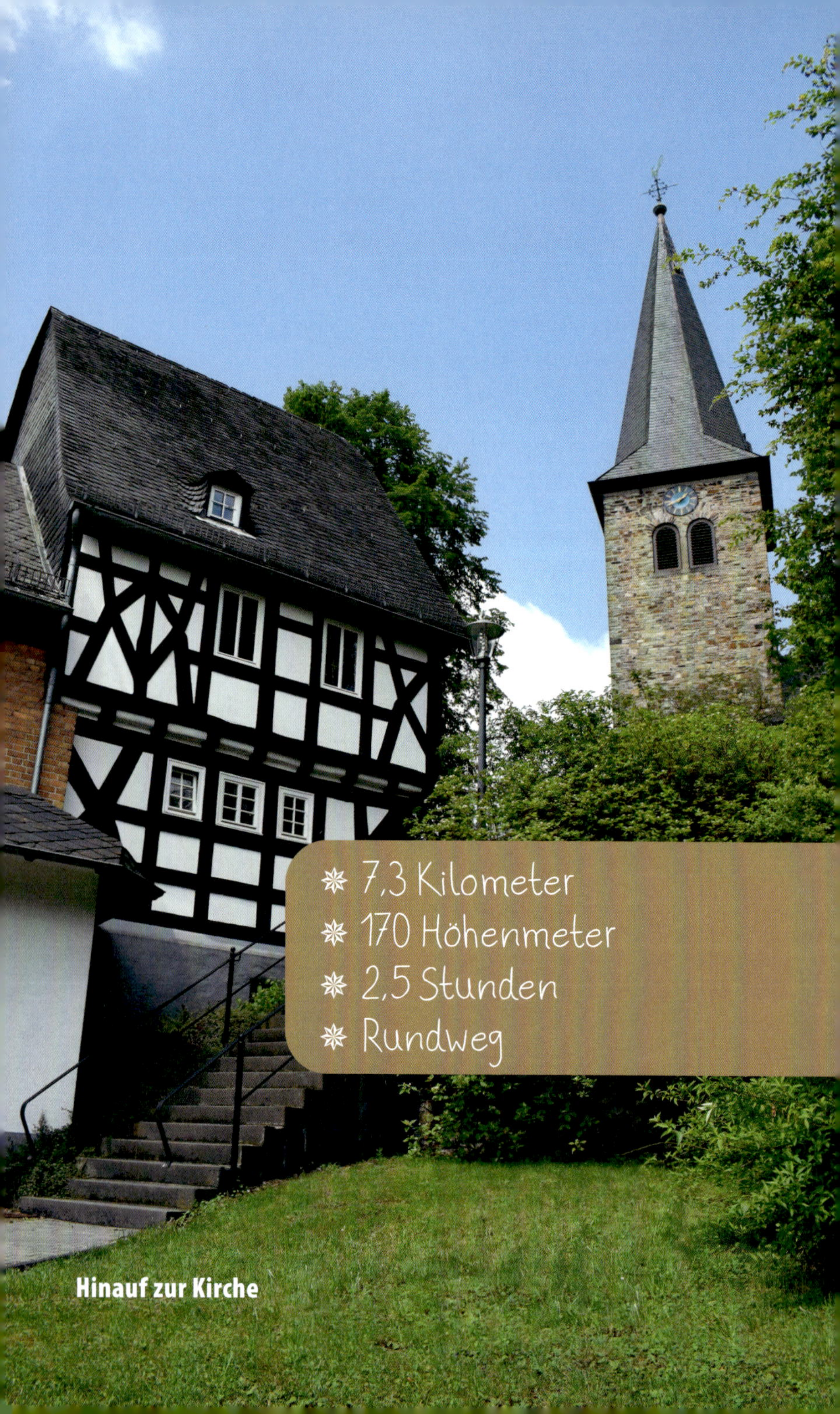

- 7,3 Kilometer
- 170 Höhenmeter
- 2,5 Stunden
- Rundweg

Hinauf zur Kirche

Wir beginnen unsere Runde mit dem Rücken zur Mehrener Kirche und gehen nach rechts. Hinter der Treppe entdecken wir das **Bulles'je** 1 im Erdgeschoss eines Backsteinbaus namens Haus Lomler. An der Tür heißt es „Verlies des Orts von 1547".

Mit einer leichten Gänsehaut fragen wir uns, ob es ein echtes Verlies, ein Dorfgefängnis oder bloß ein Lagerraum war. Auch das Betrachten der beiden Innenräume bringt keine Gewissheit. Historiker gehen davon aus, dass es ursprünglich als Gemeindegefängnis mit zwei Hafträumen gebaut wurde, dann lange ungenutzt war und schließlich zum Lagerraum wurde. Im Zweiten Weltkrieg befand sich hinter diesen robusten Wänden die Poststelle des Ortes, in der die über Asbach kommende Post sortiert und verteilt wurde.

Eine Faustregel für das Alter eines ***Fachwerkgebäudes*** *lautet: Je dicker die Balken, desto älter das Haus.*

Wir steigen die Treppe hinauf und kommen zur **evangelischen Kirche Mehren** 2 und staunen über die harmonische Kombination aus Bruchsteinen und Fachwerk. Der romanische Bau stammt aus dem 12. Jahrhundert.

Em Bulles'je

Fachwerkdorf im Mehrbachtal

Wir folgen der **Kirchstraße** nach rechts und stellen fasziniert fest, dass der **Hof Hatheis** auf der linken Straßenseite mit Reet eingedeckt ist. Dieses urgemütliche Wohnhaus wurde erst 2017 aufwendig saniert.

Wir erreichen die **Mehrbachtalstraße (K 24)** und folgen ihr nach links. Dabei laufen wir an einem Bruchsteingebäude vorbei, das als Pfarrhaus genutzt wird.

„Lebenskunst für Widerständler" lautet das Motto der **Eselschule** im Landhaus Mehren. Die Inhaberin und ihr Esel Pedro lehren uns in Kursen oder bei einer Vollmondwanderung, dass wir gut daran tun, achtsamer zu sein, auch wenn es als stur empfunden wird.

An der **Bushaltestelle** biegen wir rechts ab und folgen der Straße **Zur Burgwiese** ans andere Ufer des Mehrbachs. Der Straßenname verrät, dass einst eine Burg in Mehren gestanden haben muss.

An der Kreuzung, die wir nach etwa 50 Metern erreichen, wandern wir nach rechts in den Wald und folgen dort einer Linkskurve **(X)**. An zwei Einmündungen wandern wir geradeaus weiter und erreichen den Ortsrand von **Seifen,** wo wir geradeaus auf der Waldstraße zur **Adorf-Seifener-Straße (K 18)** gelangen.

Sind wir auf einer Sonntagswanderung oder am Abend unterwegs, machen wir einen Abstecher nach links zum etwa 200 Meter entfernten **Landhaus Mehren ③**. Besonders empfehlenswert sind die frisch zubereiteten Flammkuchen, die freitagabends am Backtag in vielen köstlichen Variationen duftend den Ofen verlassen.

Wieder zurück an der Einmündung der Waldstraße in die K 18, folgen wir Letzterer am rechten

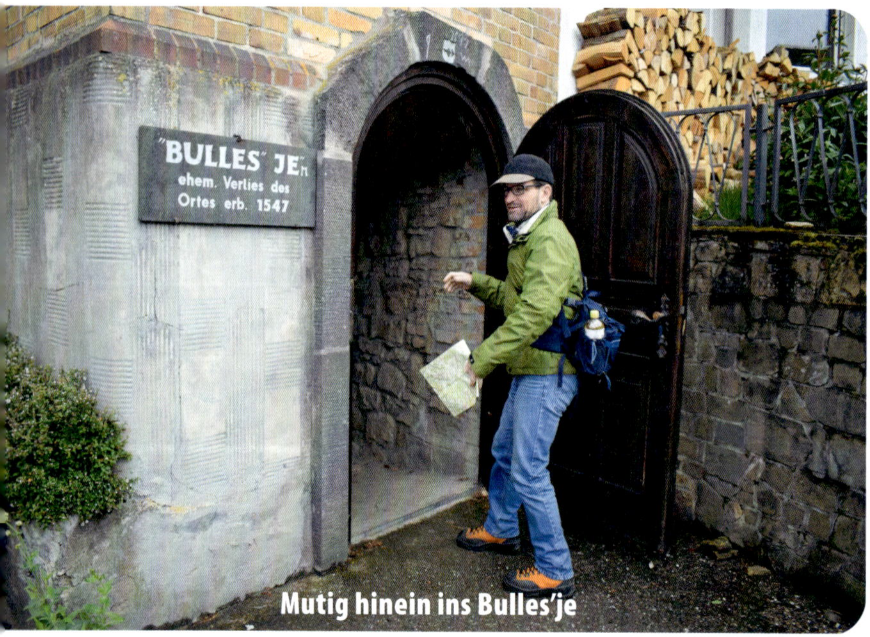

Mutig hinein ins Bulles'je

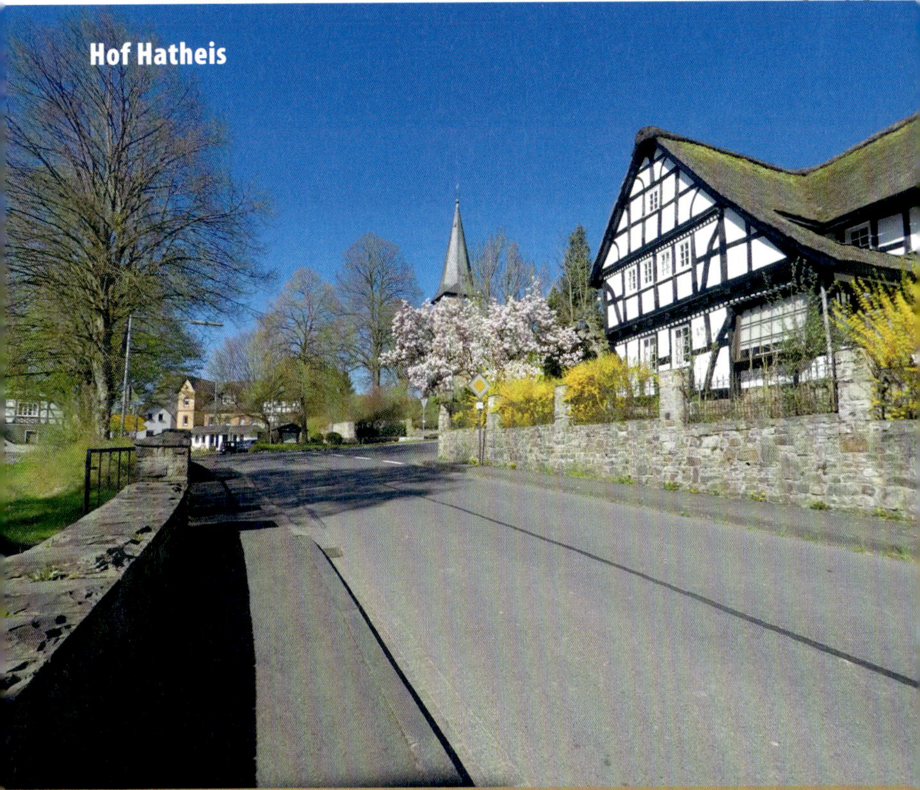

Hof Hatheis

Für die Seele

Gut gepflegtes Fachwerk verzaubert unsere Seele und lässt uns von alten Zeiten träumen.

Straßenrand bis zu einem Strommast vor (!) der Straße nach Flammersfeld. Hier am Rettungspunkt 5311-002 folgen wir rechts dem Weg **M 1** bergauf. Wir entdecken junge Bäumchen, die voller Energie und ohne menschliches Zutun eine Kahlschlagfläche besiedeln, die nach dem schlimmen Borkenkäferbefall entstanden war.

Nach rechts haben wir einen Ausblick ins Mehrbachtal und unser Genießerherz jubelt – je nach Wandermonat – über Waldmeister, Walderdbeeren und Heidelbeeren. An einer Wegkreuzung wandern wir geradeaus weiter und nehmen später an einer Gabelung den rechten Weg. Er bringt uns zu einer Kreuzung am Rettungspunkt 5311-003. Hier gehen wir geradeaus weiter, kreuzen nach etwa 700 Metern den Wanderweg 2 und halten uns weiterhin an den geradeaus weiterführenden Weg, bis er nach ziemlich genau 1 Kilometer auf den **Westerwaldsteig** stößt.

*In 16 Etappen führt der **Westerwaldsteig** durch die schönsten Winkel des Westerwalds. Zwischen Herborn an der Dill und Bad Hönningen am Rhein zeigt er dem Streckenwanderer auf 235 Kilometer Länge Täler und Fernblicke, Dörfer und Wälder, Seen und Denkmäler.*

Diesem folgen wir scharf nach rechts, er führt bergab in die Mehrbachauen. Wir können uns nun stets an die **W-**Markierungen des Westerwaldsteigs halten. Daher gehen wir an der **Furt mit dem Wehr** rechts kurz parallel zu einem Bächlein. Der Weg dreht nach links und wir nehmen nach 10 Metern an der Gabelung den linken Pfad. Er führt über Stock und Stein zu einem Forstweg, dem wir nach links folgen. Der

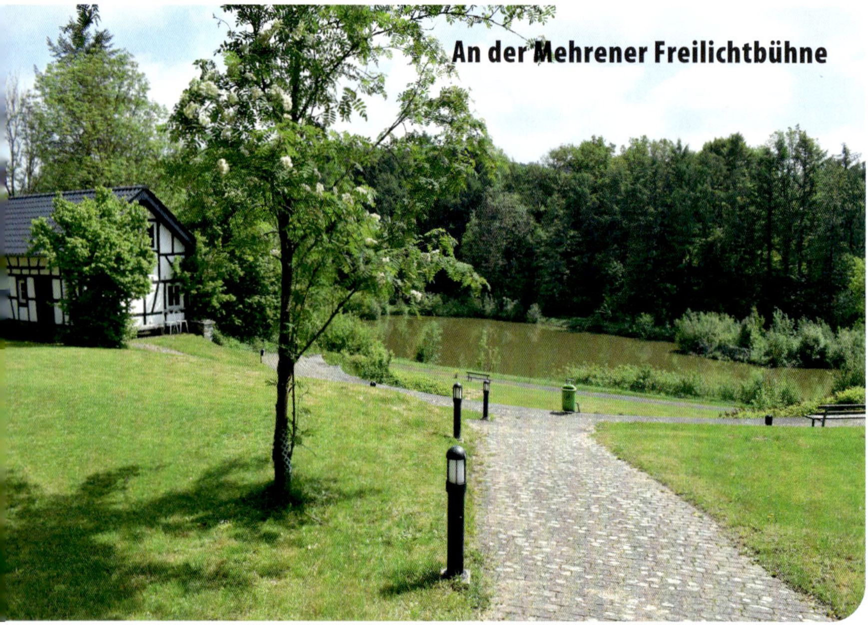

An der Mehrener Freilichtbühne

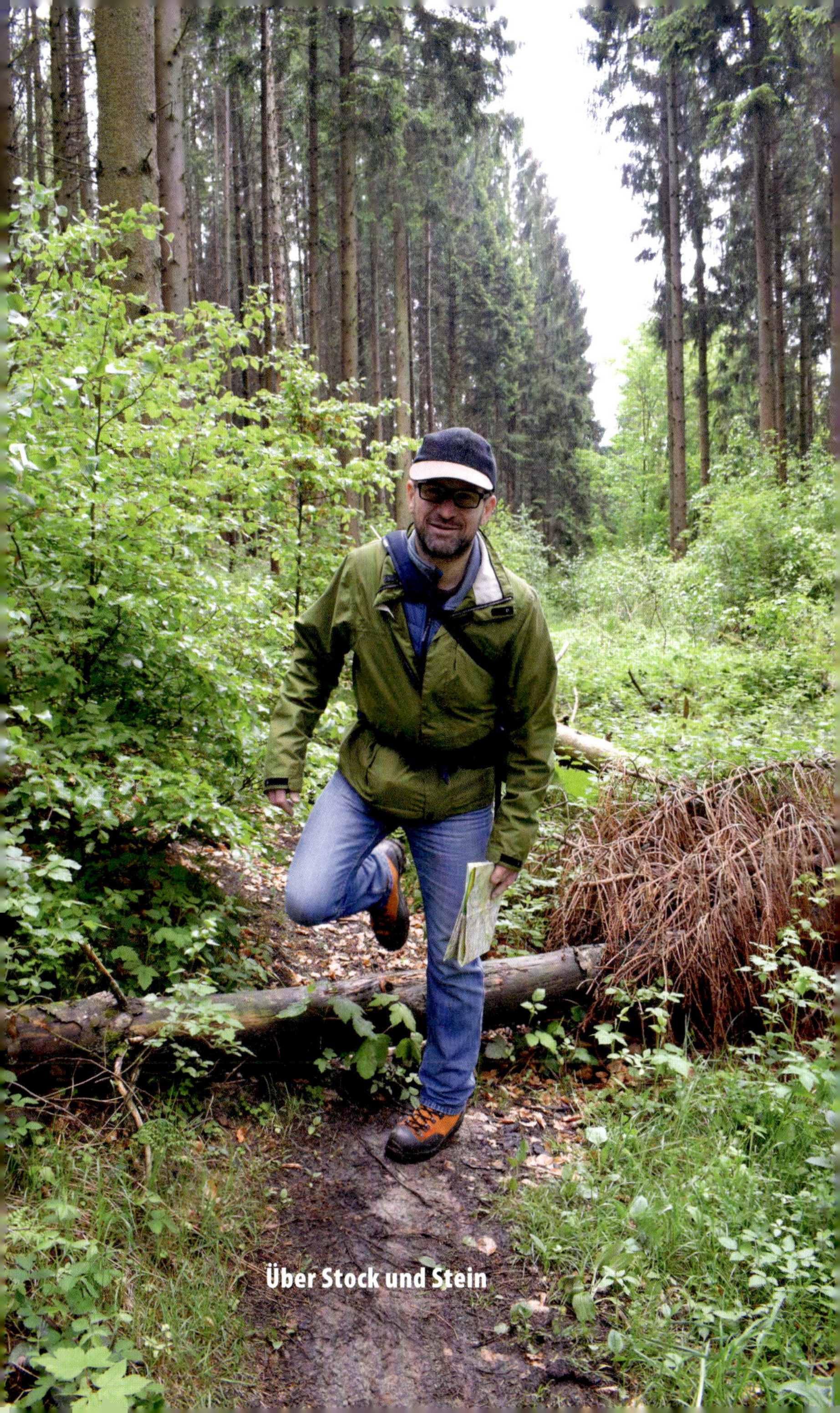

Über Stock und Stein

Seien wir öfter ganz wir selbst. Spontan, wild und ***wunderbar.*** *Wenn uns danach ist, stimmen wir in den Gesang der Vögel ein und singen unser Lieblingslied oder summen unsere höchsteigene Melodie!*

Mehrbach ist unser steter Begleiter und unser Ohr freut sich am Gesang der Vögel.

Am Ortseingang von Mehren laufen wir links die **Raiffeisenstraße** hinunter und biegen nach etwa 100 Metern an der Gabelung rechts **(W, 2)** in die Straße **Zum Lichtenberg.** An der folgenden Einmündung gehen wir geradeaus am Seniorenpflegehaus Sonnenhang vorbei. Wenn die Straße hinter dessen Parkplatz eine Rechtskurve macht, gehen wir geradeaus weiter **(W, 2).** Der Weg führt uns in einem weiten Linksbogen über den Mehrbach und zu einem kleinen See, an dessen Ufer wir zur **Freilichtbühne Mehren** 4 kommen. Nun sind es nur noch ein paar Schritte bergauf zum Startpunkt.

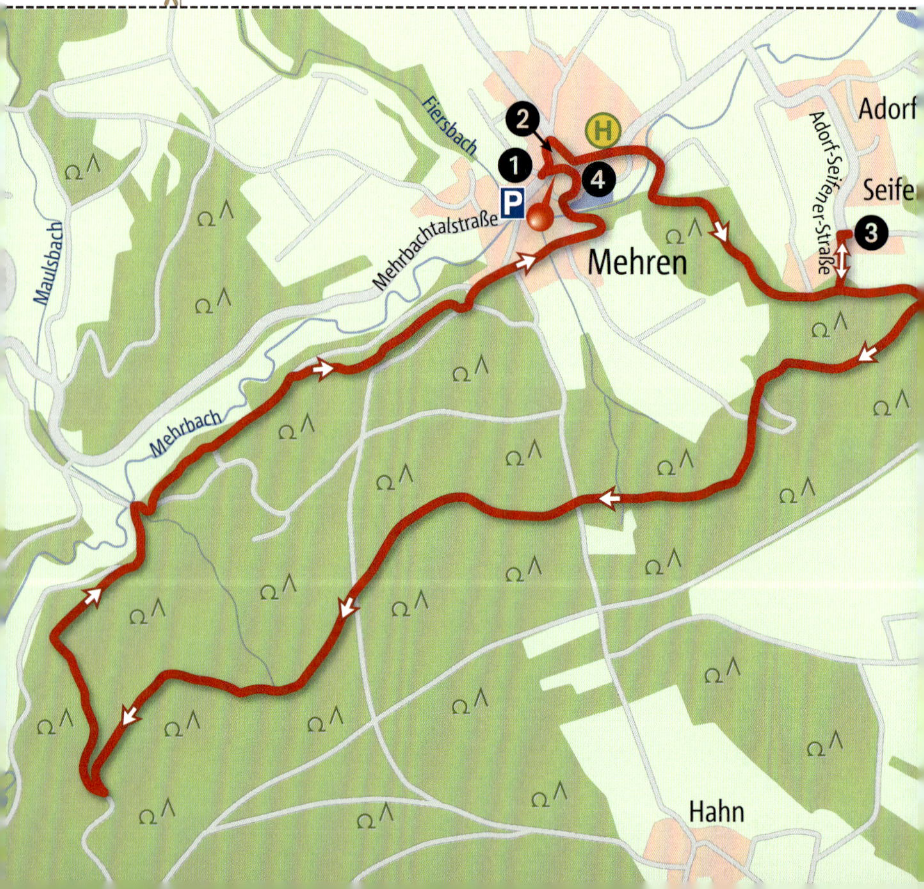

Alles auf einen Blick

WIE & WANN:
Wald-, Wiesen- und Wirtschaftswege; beste Wanderzeit: Mai bis Oktober

HIN & WEG:
Auto: Mehrbachtalstraße, Ecke Kirchstraße, 57635 Mehren
(GPS: 50.685481, 7.509566)
ÖPNV: Ab Bf. Altenkirchen Bus 250 bis Weyerbusch Kölner Straße, weiter mit Bus 254 bis Mehren Gemeindehaus

ESSEN & ENTSPANNEN:
Landhaus Mehren ❸ Auf dem Brouch 1, 57635 Mehren-Seifen, Tel. (0 26 86) 86 23, www.landhaus-mehren.de (Mo., Fr., Sa. ab 17, So. ab 11 Uhr)

ENTDECKEN & ERLEBEN:
Bulles'je ❶ Mehrbachtalstraße, 57635 Mehren
Evangelische Kirche Mehren ❷
Freilichtbühne Mehren ❹

Entspannung ✸✸✸✸✸
Genuss ✸✸✸✸✸
Romantik ✸✸✸✸✸

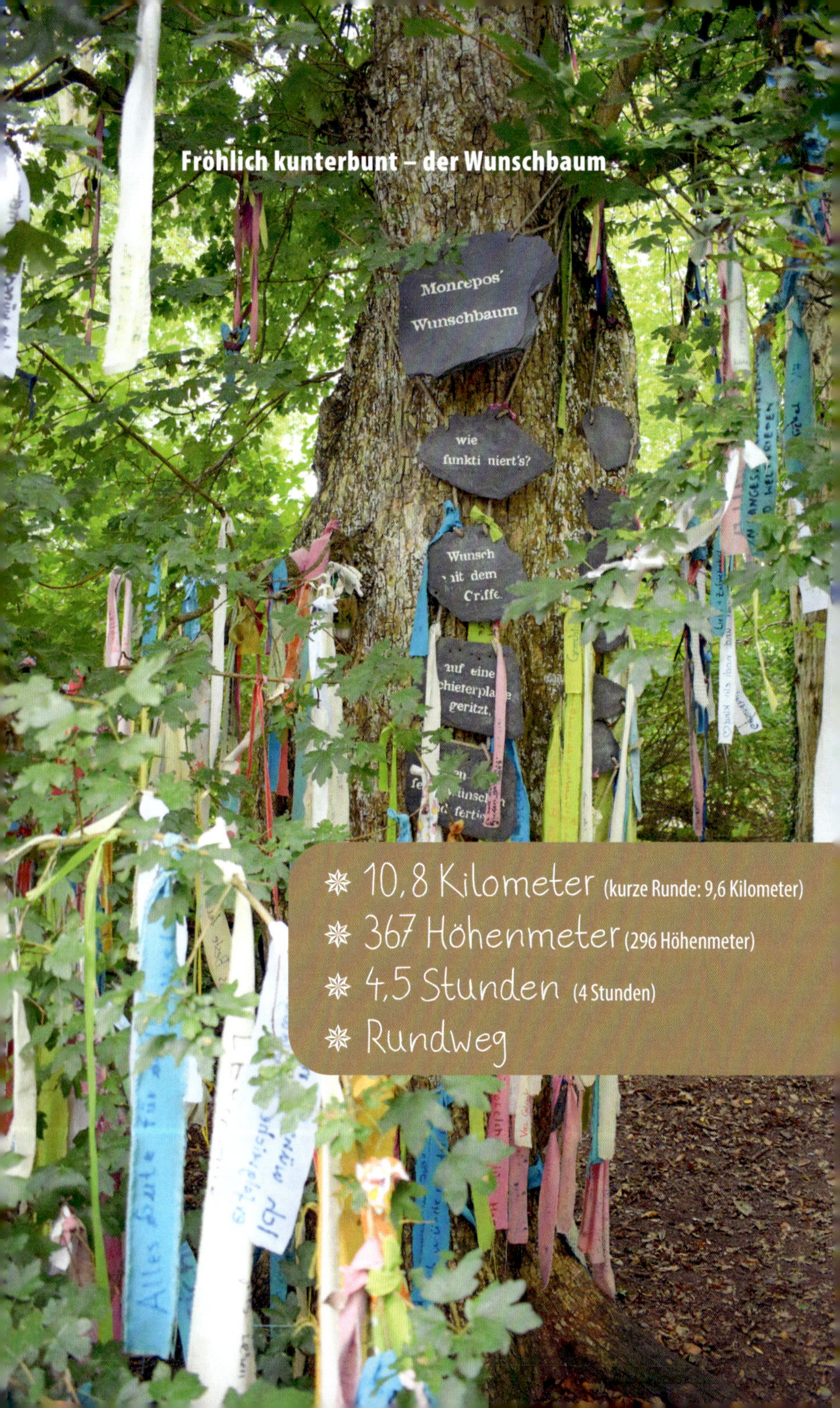

Fröhlich kunterbunt – der Wunschbaum

- 10,8 Kilometer (kurze Runde: 9,6 Kilometer)
- 367 Höhenmeter (296 Höhenmeter)
- 4,5 Stunden (4 Stunden)
- Rundweg

Unterhalb der Burg Altwied laufen wir zur Straße **Im Wiedtal (L 255)** und folgen ihr nach rechts auf dem Gehweg bis zu einer Brücke **(Am Brückenstein).** Hier stand schon seit 1648 eine Steinbrücke, die im letzten Weltkrieg gesprengt und 1949 wiederaufgebaut wurde. Auf ihr überqueren wir die Wied und gehen an einem Rastplatz mit fünf Bänken (Rettungspunkt 5510-467) nach links. Auch der **Wiedweg** und der **Rheinsteig** werden auf diesem Weg geführt. Der Wiedweg führt von der Wiedquelle in Linden 105 Kilometer bis zur Wiedmündung in Neuwied-Irlich.

Die Straße macht einen Rechtsbogen und führt hinter dem Ende der Wohnbebauung bergauf als geschotterter Forstweg weiter. An dem Tor zu einem alten Streuobstwiesenprojekt nehmen wir den linken Weg. Er führt durch kühlen Mischwald zum **Moorbach.** Efeu umrankt die Baumstämme, im Spätsommer entdecken wir zahlreiche Pilzarten und im Waldboden eindeutige Wildschweinspuren.

An einer Gabelung am Waldrand trennen sich der Wiedweg und der Rheinsteig voneinander, wir folgen

Wünsch dir was!

Durchs Aubachtal nach Monrepos

dem rechten Weg bergauf. Er ist mit dem liegenden **blauen R** des **Rheinsteigs** und dem liegenden **roten R** des **Fürstenwegs** markiert. Nach etwa 500 Metern bleiben wir auf dem rechten Weg. Er führt zum Langenberg hinauf, wir nehmen dabei an zwei weiteren Gabelungen ebenfalls den jeweils rechten Weg.

Immer weiter wandern wir zwischen Wald und

Streuobstwiesen bergauf. An einer Wegkreuzung biegen wir links ab und nach etwa 10 Metern rechts. Wir genießen herrliche Fernblicke nach Neuwied und ins Rheintal. An der nächsten T-Kreuzung gehen wir nach links und folgen für etwa 150 Meter einem Wirtschaftsweg. Nun halten wir Ausschau nach einem schmalen Pfad, der nach rechts weiter den Berg hinaufführt.

Etwa 5 Meter vor einer Kurve des Schotterwegs folgen wir einem Grasweg nach links zum Waldrand. Hier verlassen wir den Rheinsteig und laufen an der Kreuzung mit der Rastbank geradeaus auf einem Waldweg weiter **(NR 3)**. Hier fallen einige Tafeln von einem alten Lehrpfad ins Auge. An einer **Schutzhütte** gehen wir geradeaus bergab zur K 110, die wir um etwa 10 Meter nach rechts versetzt kreuzen.

Auf der anderen Straßenseite folgen wir weiter dem **NR 3**. Er führt nach weiteren fantastischen Rheintalblicken an einigen Gärten und weiteren Tafeln des Lehrpfads vorbei. An der nächsten Gabelung bleiben wir links auf dem Forstweg. Im Spätsommer und Frühherbst wollen uns hier reife Brombeeren, Haselnüsse, Holunderbeeren und Äpfel zum Naschen verführen.

An einer Kreuzung mit drei Infotafeln gehen wir geradeaus weiter zum Rettungspunkt 5510-480, an dem unser Weg kurz eine Straßenkurve berührt.

Das Rheintal

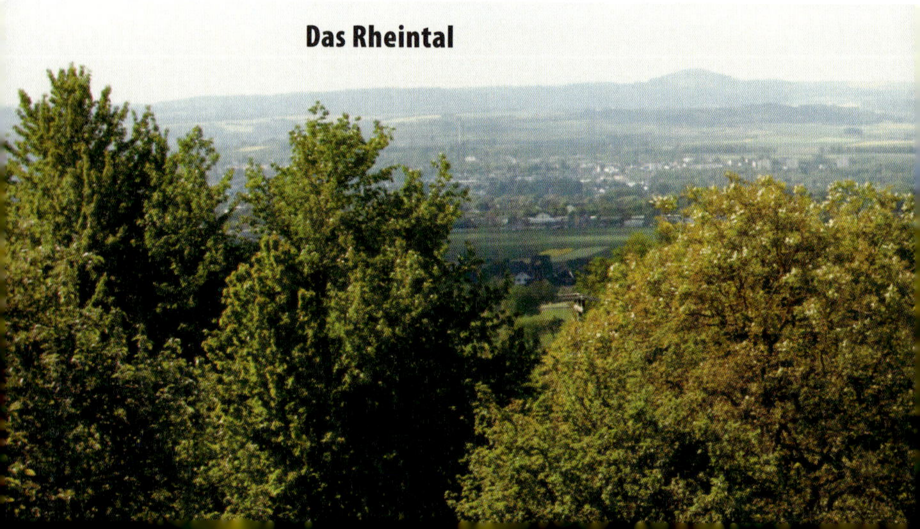

Rechts auf dem **NR 3** gelangen wir ins **Aubachtal** ❶. In diesem herzerfrischend unaufgeräumten Kerbtal treffen wir selbst an Wochenenden so wenige andere Wanderer, dass wir meinen, wir hätten den Wald für uns allein. Mit etwas Glück können wir einem Reh begegnen oder Greifvögeln bei der Jagd nach Rötelmäusen zusehen.

An der Tafel „Die Spuren unserer Tiere“ verlassen wir den NR 3, gehen also an der Einmündung geradeaus weiter und folgen nach etwa 20 Metern dem liegenden roten R der Rheinsteig-Rundtour Richtung **Monrepos.** Zwei Holzstege helfen uns über sumpfige Passagen hinweg. Die Treppe unterhalb der Fürst-Friedrich-Wilhelm-Hütte, einer Skihütte, die auf das Jahr 1962 zurückgeht und leider bald abgerissen werden soll, steigen wir zur Hälfte hinauf. Dann folgen wir dem Pfad nach rechts zu einem Grasweg, der uns nach rechts zum Wintersportparkplatz bringt.

Etwa 200 Meter dahinter wandern wir nach links bergauf **(R, NR 6)** zu einem Sträßchen, dem wir nach links folgen. An der Kreuzung mit dem Picknicktisch haben wir verschiedene Möglichkeiten. Wir können entweder halb links zur **Gutsschänke im Hanhof** ❷ gehen,

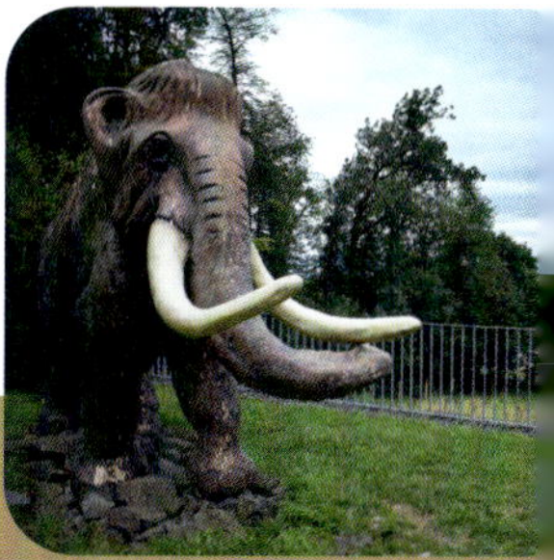

Für die Seele

Angesichts des uralten Mammutbaums und der Mammutskulptur im Garten von Monrepos fällt aller Zeitdruck von unserer Seele und wir genießen das Jetzt.

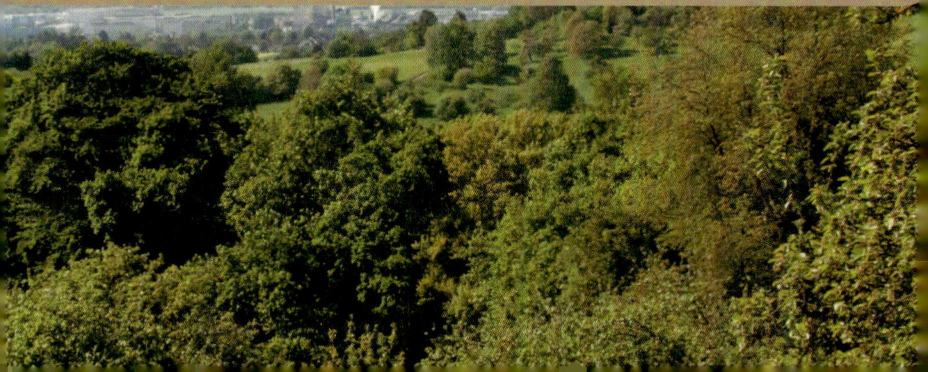

Was wünschen wir uns sehnlich? Egal wie verträumt oder geerdet wir sind, wir haben kleine und große ***Wünsche.*** *Wenn wir unseren liebsten Wunsch auf das mitgebrachte Stoffband schreiben und dem Wunschbaum anvertrauen, fühlen wir uns leichter.*

einem bereits im 15. Jahrhundert urkundlich erwähnten Wirtschafts- und Pferdehof des Schlosses. Oder wir gehen stattdessen halb rechts über den Parkplatz von Monrepos zum **Wunschbaum** ③.

Wunschbäume gibt es in vielen Kulturen, die Vorstellungen sind sehr ähnlich: Mit seinen Wurzeln ist er fest im Boden verankert, gibt dem Menschen mit seinem Stamm Halt und greift mit seinen Ästen weit in den Himmel. Er ist also Vermittler zwischen Himmel und Erde. Als vor mehr als drei Jahrzehnten das Museum in Monrepos eröffnet wurde, wurde dieser Baum zum Wunschbaum erklärt.

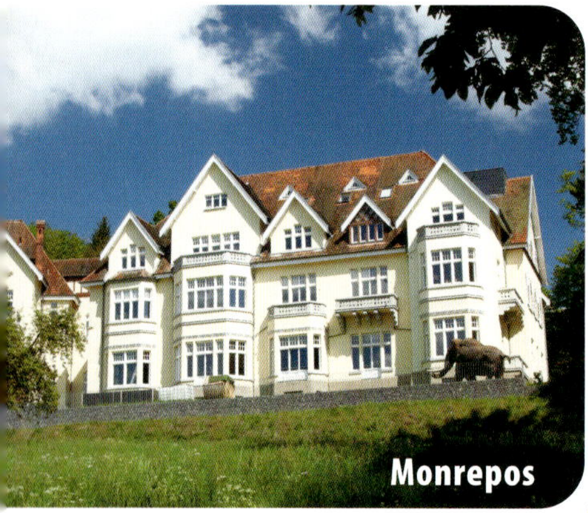

Monrepos

Beim Lesen der Bänder und Schiefertafeln denken wir darüber nach, was andere Menschen sich wünschen: ein langes Leben, die große Liebe, ein zweites Kind, Weltfrieden, einen schönen Tag, Gesundung … Wie selten doch materielle Wünsche ihren Weg zum Wunschbaum finden!

Pfade führen vom Hanhof und vom Wunschbaum zu einer Wegkreuzung. Hierhin kommen wir später zurück, zunächst besuchen wir **Monrepos** ④ mit seinem **Café-Restaurant MonAppétit.** In der Gastronomie sind auch Wanderer willkommen, die das Museum nicht besuchen wollen.

Prinzessin Elisabeth zu Wied *verbrachte im Palais der Prinzessinnen Monrepos ihre Kindheit und Jugend, bevor sie 1869 Prinz Karl von Hohenzollern-Sigmaringen heiratete, der 1881 als Carol I. zum rumänischen König gekrönt wurde. Als Carmen Sylva war sie eine erfolgreiche Autorin.*

Das namensgebende Schloss Monrepos wurde wegen seiner leuchtend weißen Fassade auch Weißes Schloss genannt. Es wurde 1969 nach einem Brand abgerissen. Was blieb, waren einige Nebengebäude und der Name: Monrepos bedeutet „Meine Ruhe“. Die Ruhe in den ausgedehnten Wäldern hier oben ist bis heute ein enormer Kontrast zum Rheintal mit seinem Lärm und seiner Hektik. Hier oben können wir tief durchatmen und den Alltagsstress vergessen.

Im 1909 als fürstlicher Witwensitz gebauten Palais der Prinzessinnen ist seit 1986 ein **Museum für menschli-**

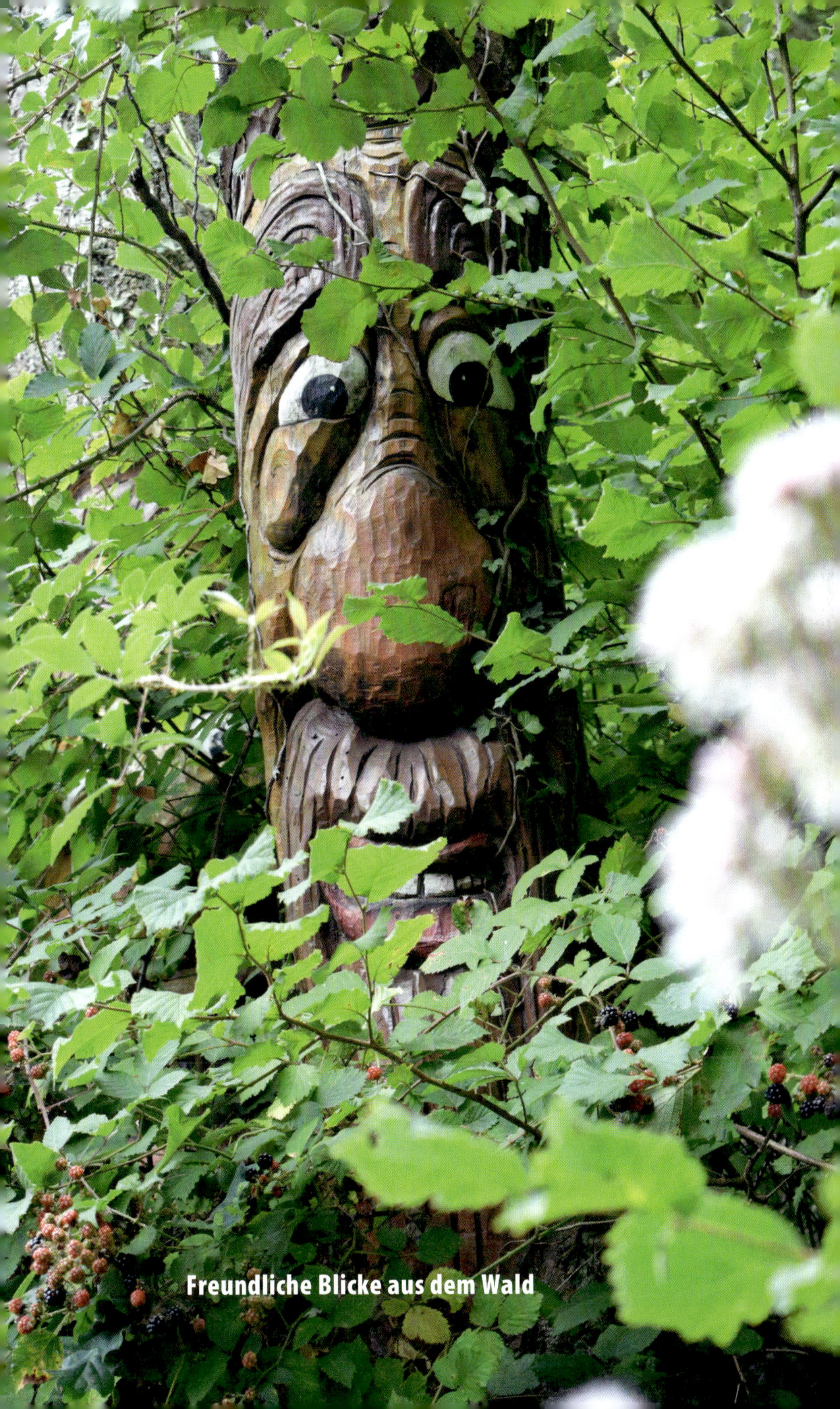

Freundliche Blicke aus dem Wald

che Verhaltensevolution untergebracht, mit Exponaten, die selbst ausgewiesene Experten zum Schwärmen bringen. Die Dauerausstellung **MenschlICHes Verstehen** lehrt uns viel über menschliche Verhaltensweisen – auch über uns selbst.

Wir stellen uns etwas zu Max, dem Mammut, in den Garten des Palais und genießen den Ausblick hinab ins Neuwieder Becken.

Vom Hanhof kommend geradeaus, vom Wunschbaum kommend rechts und von Monrepos kommend links setzen wir unseren Weg fort und wandern leicht bergauf am Jagdhaus und am Küchenhaus entlang zu mehreren uralten Baumriesen, die früher den kurfürstlichen Park zierten. Der mächtige **Mammutbaum** ⑤ ist als Naturdenkmal geschützt. Er gehört zu den zahlreichen exotischen Bäumen, die Prinz Maximilian zu Wied Mitte des 19. Jahrhunderts von seinen Forschungsreisen mitgebracht hatte.

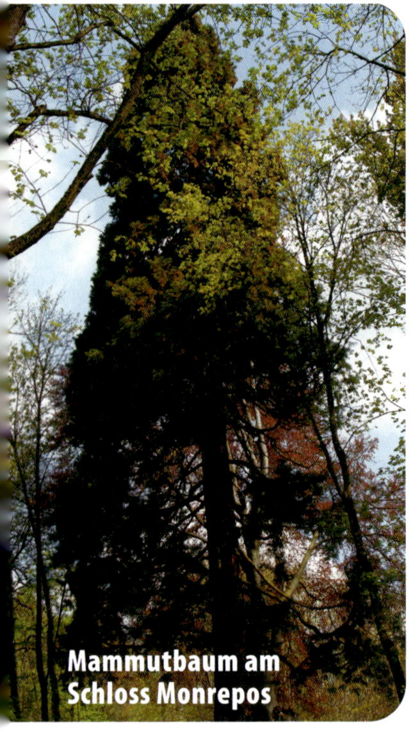
Mammutbaum am Schloss Monrepos

An der Gabelung danach nehmen wir den rechten Weg. In diesem Bereich stand das 1757 bis 1762 erbaute Weiße Schloss.

Wir kommen zu einer Gabelung mit einer riesigen Buche. Hier biegen wir links ab und folgen nach etwa 100 Metern dem Forstweg geradeaus **(D2, R).** Hinter einem Feld kommen wir an eine Kastanienallee.

An dieser Stelle gehen wir kurz in uns, ob wir uns noch stark genug fühlen, die fast 11 Kilometer lange Runde komplett zu gehen.

Für die **kurze Runde** folgen wir der Kastanienallee nach rechts. Die Markierung **R** bringt uns nach etwa 3 Kilometern zur Steinbrücke. Hier gehen wir geradeaus zur nächsten Wiedbrücke und durch das hübsche Örtchen Altwied zurück – oder aber direkt rechts zum Ausgangspunkt, was uns nochmals gut 1 Kilometer Strecke erspart.

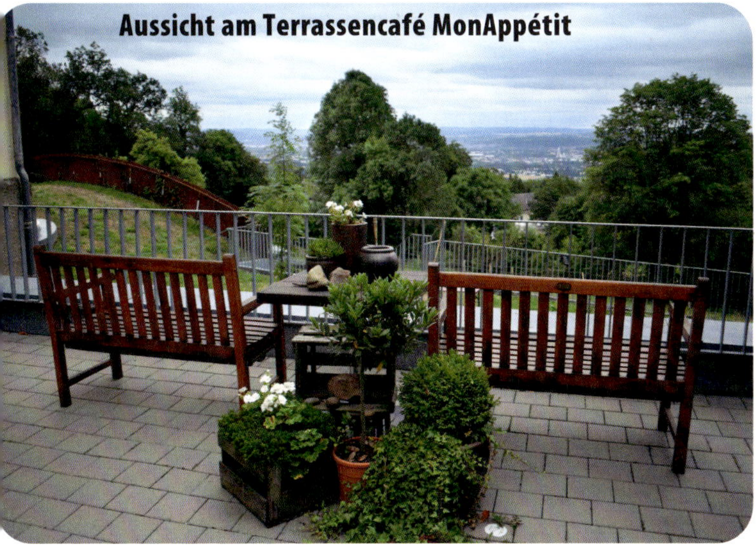

Für die **lange Runde** gehen wir 100 Meter geradeaus weiter zur **Schutzhütte Lauseiche** am **Rettungspunkt 5510-523.** Ab hier sind es noch 5,5 Kilometer nach Altwied. Unser Weg führt an der Gabelung rechts Richtung **Laubachsmühle.** Wir wandern bergab und sammeln frische Kraft, während wir die weiten Blicke ins Wiedtal genießen. Links von uns wachsen üppige Farne am Rand eines Mischwalds, rechts des Weges erstrecken sich Magerwiesen. Der Wirtschaftsweg schwenkt nach rechts, nun liegt links des Weges eine kunterbunt blühende Magerwiese.

Unsere Route schwenkt an einem Hochsitz nach links und wir wandern an einer langen Reihe von Kastanienbäumen zum Waldrand und dort rechts bergab. Nun geht es links in den Wald, der Weg führt mit kaum merklichem Gefälle neben dem steil abfallenden Hang auf eine Haarnadelkurve zu. Wenn wir innehalten, hören wir die Geräusche des Waldes: Die verschiedensten Vögel singen ihre Lieder und die Spechte arbeiten klopfend an einem neuen Domizil.

Der Haarnadelkurve folgen wir scharf nach rechts. Leicht bergab erreichen wir eine T-Kreuzung, an der es rechts Richtung Altwied ginge. Wir hingegen wandern nach links bergab weiter zur Lichtung mit dem verfallenen und zugewucherten Wirtschaftshof Meinhof.

Am Ende der Freifläche gehen wir nach rechts bergab und in der Haarnadelkurve nach links. Wie klein wir uns fühlen, wenn wir an den Buchenriesen entlangwandern, die sich aus dem Wiedtal in den Himmel strecken!

*Die **Laubachsmühle,** ursprünglich eine Pulvermühle, wurde nach 1850 zur Mahlmühle umgebaut. Erste Erwähnung fand sie 1746, bereits um 1880 war sie ein beliebtes Ziel für Touristen. Das Mühlrad wurde 1980 angebaut, damit das Ausflugslokal sofort als Mühle erkennbar ist.*

Nach zwei weiteren Serpentinen treffen wir auf einen Forstweg, dem wir nach rechts folgen. Nach gut 100 Metern biegen wir scharf links ab. (Geradeaus können wir auf dem Weg am Wiedufer den Wegabschnitt umgehen, bei dem Trittsicherheit gefordert ist.)

Wir kommen zu einem idyllisch gelegenen Rastplatz direkt am Wiedufer. Hier gehen wir rechts auf einem Holzsteg zu der überdachten **Wiedbrücke**. Dahinter biegen wir rechts ab und laufen auf dem Weg zwischen der Landstraße L 255 und der Wied zur **Laubachsmühle 6.**

Wir wechseln auf die andere Straßenseite, wenden uns nach rechts und nehmen hinter der Bushaltestelle den bergauf führenden Pfad mit dem Geländer **(R, W, 2).** Hinter einem Picknicktisch biegen wir rechts ab und gehen auch an der nächsten Gabelung rechts. Hier halten wir ein wenig inne und lassen den Blick ins Wiedtal und zurück zur Mühle auf uns wirken. Der breite Abschnitt der Wied, an dem wir kurz darauf entlangwandern, nennt sich Altwieder Stausee.

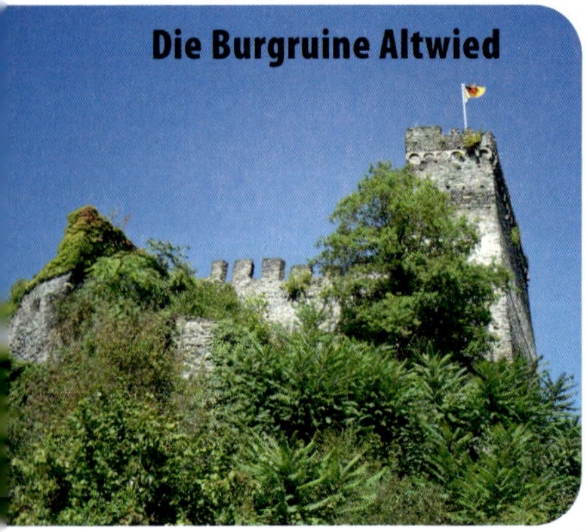

Die Burgruine Altwied

Der Weg nähert sich der Straße an, kurz davor folgen wir einem nach links führenden Pfad bergauf. Hier benötigen wir eine gewisse Trittsicherheit, besonders an Regentagen. Der Lohn für die etwas schwierige Wegstrecke ist an der **Schutzhütte Trotzkopf** ein wunderbarer Blick auf die Burg Altwied und die Wiedschleife, die sich um das Dörfchen Altwied schmiegt.

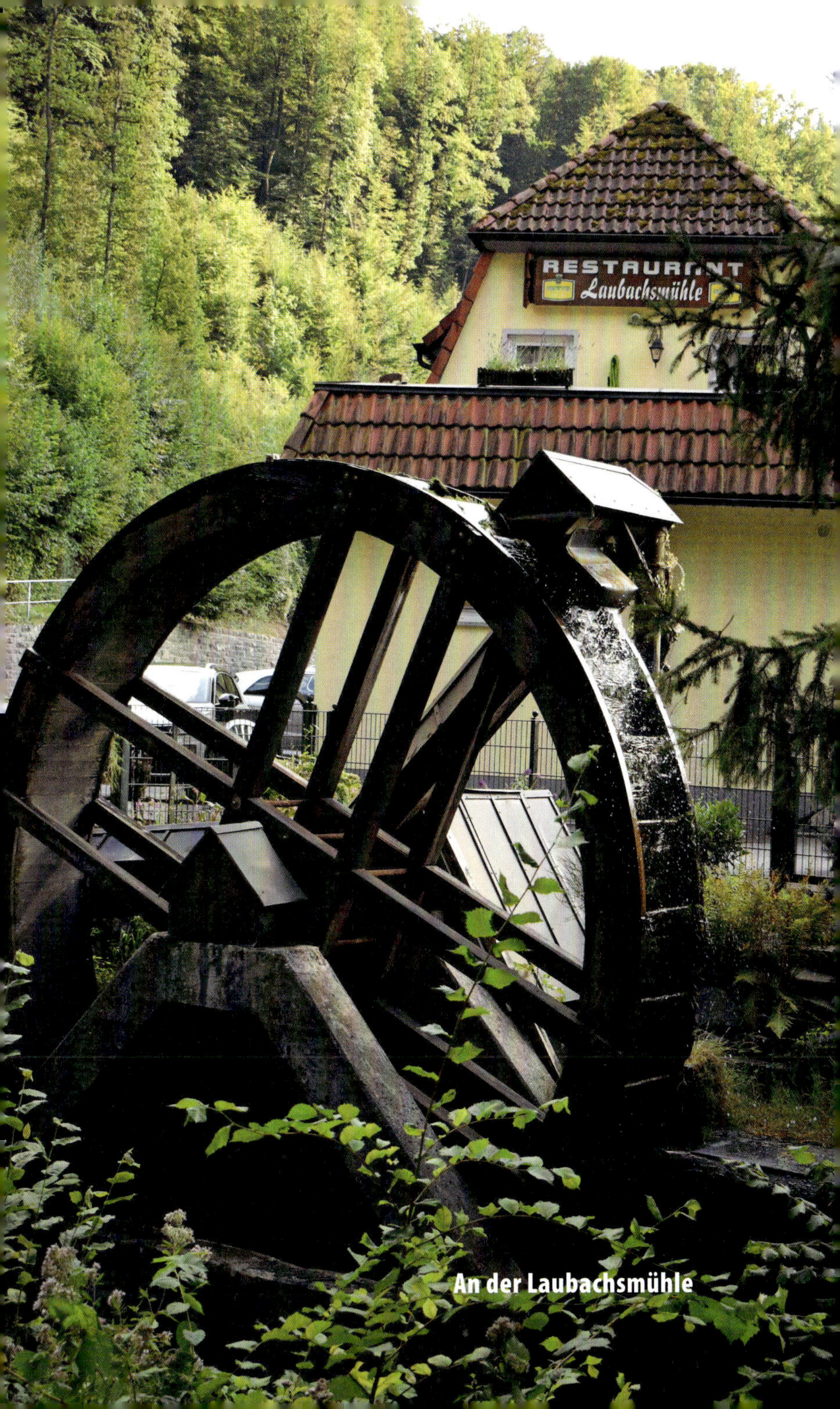

An der Laubachsmühle

Entschleunigungstour 14

*Die **Burg Altwied** wird auf 1129 datiert und ist die Stammburg der Grafen zu Wied. Beim Bau von Monrepos diente sie als Steinbruch. Das Tor zur Burg ist verschlossen. Ist sie nicht sicher genug für Besucher? Oder ist sie nicht sicher vor den Besuchern?*

Wir wandern an einer Einmündung geradeaus bergab und hinter einer Geländemulde nach rechts **(W, R, R1, R2, 2, 9).** An dem Gedenkstein für den verehrten Turnvater Kappel genießen wir schon wieder einen hinreißenden Ausblick ins Wiedtal.

Der Pfad führt über Wurzeln und Steine hinab zur Straße. Dort biegen wir scharf nach rechts ab, laufen zur Straßenkreuzung am Stauwehr und wandern nach links zum Ziel in Altwied.

Der Ort wird an drei Seiten von der Wied umflossen und lag im 13. Jahrhundert komplett innerhalb der gesicherten Burganlage. Man betrat das Dorf durch das Haupttor Porz. Dort nehmen wir uns noch die Zeit zu einem kleinen Abstecher hinauf zur **Burg Altwied** 7 oder für einen gemütlichen Ausklang im **Steakhaus** 8.

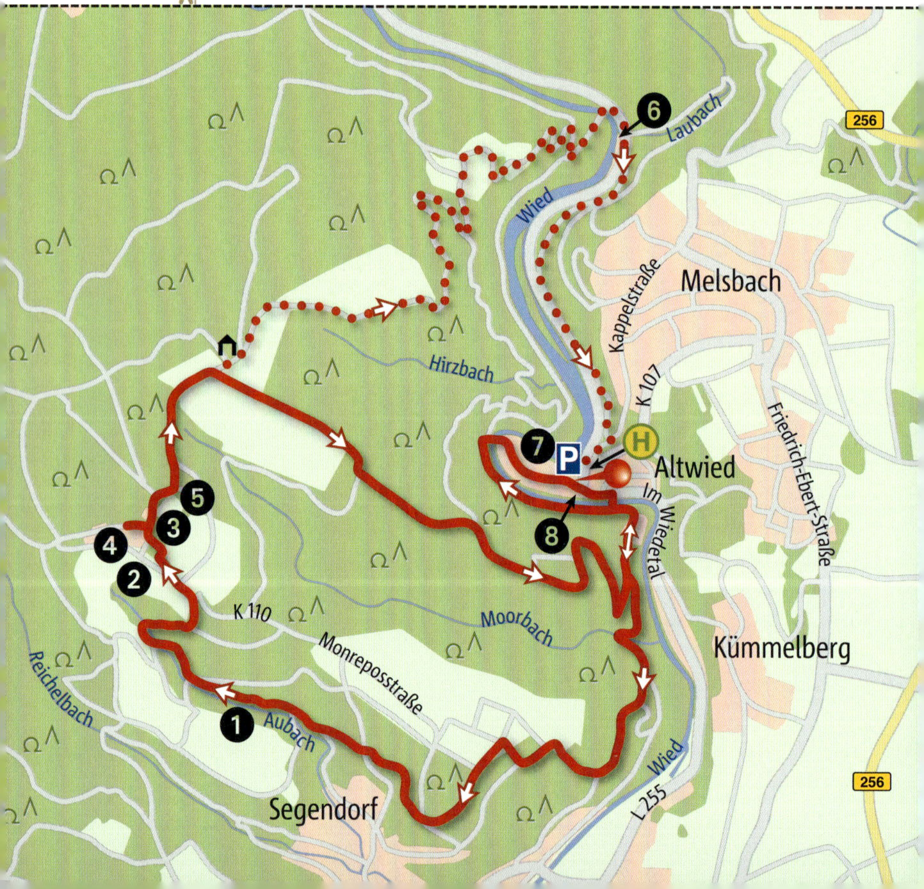

Alles auf einen Blick

WIE & WANN:

Naturpfade, Wald-, Wiesen- und Wirtschaftswege; ganzjährig lohnend. Für den Pfad hinter der Laubachsmühle ist Trittsicherheit nötig, es gibt aber einen Ausweichweg. Romantische Träumer legen ein Stoffband und einen wasserfesten Stift in den Wanderrucksack.

HIN & WEG:

Auto: Parkplatz an der Burg Altwied, Burgtorstraße, 56567 Neuwied-Altwied (GPS: 50.482699, 7.468340)
ÖPNV: Ab Neuwied Bf. Bus 131 bis Altwied Burg

ESSEN & ENTSPANNEN:

Gutsschänke im Hanhof ❷ Monrepos 15, 56567 Neuwied, Tel. (0 26 31) 8 73 92 05, www.gut-monrepos.de (Mi.–Sa. 15–22, So. 11–22 Uhr)
Café-Restaurant MonAppétit ❹ Schloss Monrepos, 56567 Neuwied, Tel. (0 26 31) 9 77 20, www.monrepos-rgzm.de (Mi.–Fr. 12–17, Sa., So. 12–18 Uhr)
Laubachsmühle ❻ Laubachsmühle 1, 56567 Neuwied, Tel. (0 26 31) 5 55 31, www.laubachsmuehle.de (Mi.–So. ab 11 Uhr)
Das Steakhaus ❽ Wiedtal 62, 56567 Neuwied-Altwied, Tel. (0 26 31) 95 75 95, www.das-steakhaus-altwied.de (Mi.–So. ab 17, So. auch 11.30–15 Uhr)

ENTDECKEN & ERLEBEN:

Aubachtal ❶
Wunschbaum ❸

Entspannung ★★★★☆
Genuss ★★★★★
Romantik ★★★★☆

Archäologisches Forschungszentrum und Museum für menschliche Verhaltensevolution Monrepos ❹ Schloss Monrepos, 56567 Neuwied, Tel. (0 26 31) 9 77 20, www.monrepos-rgzm.de (Di.–So. 10–17 Uhr)
Mammutbaum ❺
Burg Altwied ❼

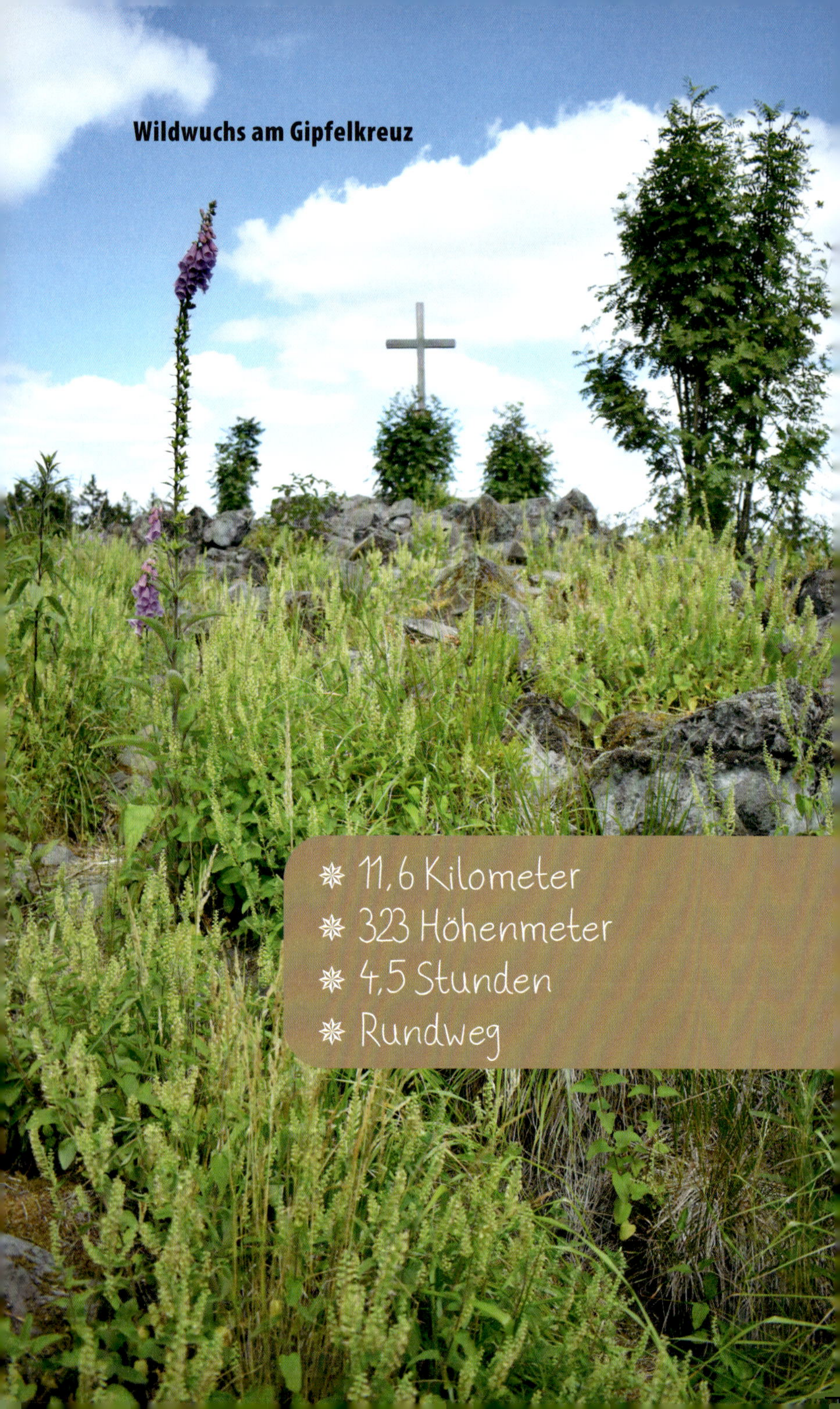
Wildwuchs am Gipfelkreuz
✵ 11,6 Kilometer
✵ 323 Höhenmeter
✵ 4,5 Stunden
✵ Rundweg

An der Kreuzung Austraße/Brückenstraße laufen wir die **Brückenstraße** hinauf und an der Feuerwache entlang. Hinter der Bahnlinie biegen wir links in die **Diesterwegstraße** ein und folgen ihr immer geradeaus bis zum Waldrand. Dort beginnt der eigentliche Rundweg, denn ganz am Ende der Tour kommen wir zu diesem Punkt zurück.

Wir folgen dem linken Weg und kommen ans Ufer der Buchheller. In ihrem Tal laufen wir auf dem **Hofwiesenweg.** Entspannt stellen wir fest, dass die Rettungskräfte uns im Notfall in dieser Gegend sogar anhand der Banknummer finden könnten, hier zum Beispiel trägt eine Bank die Nummer 4827.

Wann immer wir uns über den Weg unsicher sind, können wir uns an die Markierung mit dem liegenden weißen R auf schwarzem Grund halten – das Zeichen der Rothaarsteig-Spur ***Trödelsteinpfad,*** *die von Wahlbach zu den Trödelsteinen und zur Saukaute führt.*

Die Buchheller plätschert fröhlich in ihrem Bett, sie darf ungehindert durch das Tal mäandern. Wir biegen etwa 500 Meter nach Beginn unseres Rundkurses an einer Gabelung links ab. Der Weg wird schmaler und führt herrlich pfadig durch die Bachauen. Grillen zirpen, Vögel singen in den Ästen der jungen Birken und eine schwarze Libelle fliegt dicht an uns vorbei. Die langen Gräser kitzeln die Waden un-

Gipfelstürmchen

Trödelsteine und Saukaute

terhalb der Wandershorts. Das ist Wandern wie aus dem Bilderbuch!

Hier im **Buchhellertal** ① kommen wir an eine Holzbrücke. Wir laufen rechts daran vorbei, ohne sie zu überqueren. Nach etwa 200 Metern geht es nach rechts an einem alten Zaun entlang. Die Flechten auf den Zaunpfählen sprechen für eine gute Luftqualität.

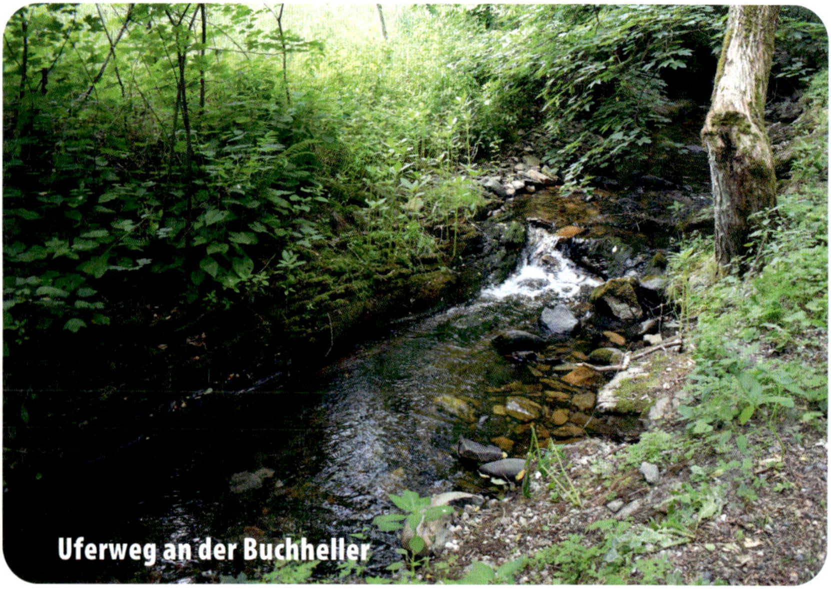

Uferweg an der Buchheller

Wir kommen in ein Waldstück. Dort treffen wir auf einen Pfad, der uns nach links durch Auenwald und übermannshohen Farn auf einen Schotterweg führt. (Hier ginge es nach links zum Wanderparkplatz Buchhellertal.) Wir biegen rechts ab, nehmen aber schon nach 5 Metern einen Pfad links hinauf und folgen dem Tal eines namenlosen Seifens. Die Orientierung ist zuweilen etwas schwierig, deshalb haben einige Wanderer vor uns Steine übereinandergeschichtet, wie wir es sonst nur aus alpinem Terrain kennen.

Auf der Höhe gehen wir an einer Rastbank nach links über den Bach **(Grüne-Hoffnung-Weg)** und nehmen an der nächsten Gabelung den linken Weg. Der Waldweg wird hinter einem Forstwendeplatz breiter und fällt leicht ab. Hinter einer Schranke gehen wir geradeaus zu einem asphaltierten Weg, diesem folgen wir halb rechts bergan.

Unmittelbar hinter einer Linkskurve laufen wir neben der Infotafel rechts auf einem Pfad den Berg hinauf. An der folgenden Gabelung gehen wir rechts auf dem tiefer gelegenen Pfad weiter und kommen zu einer liebevoll gebauten und eingerichteten **Schutzhütte** am **Stollenmund der Peterszeche** ❷.

Hinter der Grube folgen wir dem Weg nach links und biegen nach etwa 150 Metern scharf links ab. Etwa 100 Meter weiter geht es genauso scharf rechts weiter. Beim Laufen achten wir darauf, nicht vom Weg abzukommen, denn überall befinden sich Pingen. Diese meist trichterförmigen Vertiefungen entstehen, wenn ein Bergbauschacht einstürzt.

Wir treffen auf einen anderen Weg, wandern geradeaus weiter bergauf und nach einigen Metern durch eine Rechtskurve **(Michaelsweg)**. Ein Forstweg kreuzt, unser Pfad führt geradeaus zwischen dick bemoosten Birken und Fichten hindurch zum europäischen Fernwanderweg **E1**.

Wir kommen zum Fuß der **Trödelsteine** ❸ und wandern geradeaus hinauf zum Aussichtspunkt, wo uns ein Gipfelkreuz mit einem Gipfelbuch überrascht. Zugegeben: Es war eher ein Gipfelstürmchen als ein echter Gipfelsturm. Das hält uns nicht davon ab, stolz auf unsere Leistung zu sein und die Aussicht bis tief ins Siegerland zu genießen.

*Das **Buchhellertal** war in den vergangenen Jahrhunderten ein Bergwerksgebiet. Die Grube Bleiberg wurde bereits 1712 erwähnt, die deutlich jüngere Peterszeche (1850) war das größte Bergwerk im Tal. Gefördert wurden Bleierz, Zinkblende und Spateisenstein.*

*Warum haben die **Trödelsteine** diesen ungewöhnlichen Namen? Keiner scheint es genau zu wissen. Wenn wir „Trödeln" im Wörterbuch als Ausdruck für langsames Wandern oder Schlendern finden, nehmen wir es als Aufforderung zu einer gemütlichen und entspannten Wanderung.*

Für die Seele

Glück durchströmt uns, während wir uns ins Gipfelbuch eintragen und die Aussicht genießen. Die Trödelsteine lehren uns: Größe ist nicht alles.

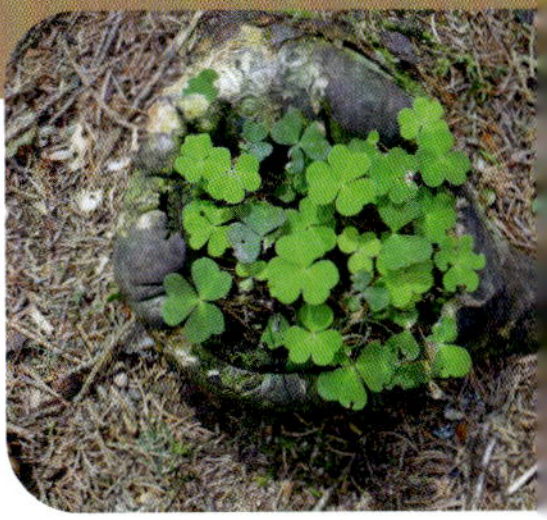

Die Einheimischen erzählen die Sage von einem Zwerg, der sich in eine Riesin verliebte. Täglich brachte er Geschenke und schwor ihr seine Liebe. Als dies seiner Angebeteten lästig wurde, bewarf sie ihn mit Steinen. Nicht überliefert ist, ob sie ihn auch traf oder er sein Heil in der Flucht suchte und es bei einer anderen Frau fand.

Was auf manch einen Wanderer, wenn schon nicht wie von einer Riesin geworfen, so doch wie eine von Menschenhand hingekippte Geröllhalde wirkt, ist vulkanischen Ursprungs: Im Tertiär drängte ein Lavadom in drei Schüben durch das bereits im Devon entstandene Grundgebirge. Ein mächtiges Basaltfeld aus Blöcken und Säulen bildete sich, durch Erosion lösten sich im Lauf der Jahrtausende diese einzelnen Brocken.

Auf der anderen Seite steigen wir vorsichtig von den Trödelsteinen herab und kommen zurück zum mit **E 1** markierten Schotterweg. Dort biegen wir links ab und passieren einen Picknicktisch. An der Infotafel kreuzen wir den Hinweg und laufen nun knapp 1 Kilometer geradeaus auf dem Fernwanderweg **E 1** Richtung **Saukaute.**

Unfassbare 7000 Kilometer misst die aktuelle Wegstrecke des E 1 vom Nordkap in Norwegen durch Schweden, Dänemark, Deutschland und die Schweiz bis nach Salerno südlich von Neapel. Eine Verlängerung bis nach Sizilien wird bereits vorbereitet. In unserem Streckenabschnitt verläuft der Weg genau auf der Landesgrenze zwischen Rheinland-Pfalz (links) und Nordrhein-Westfalen (rechts).

Das Gipfelkreuz mit Trödelsteinen

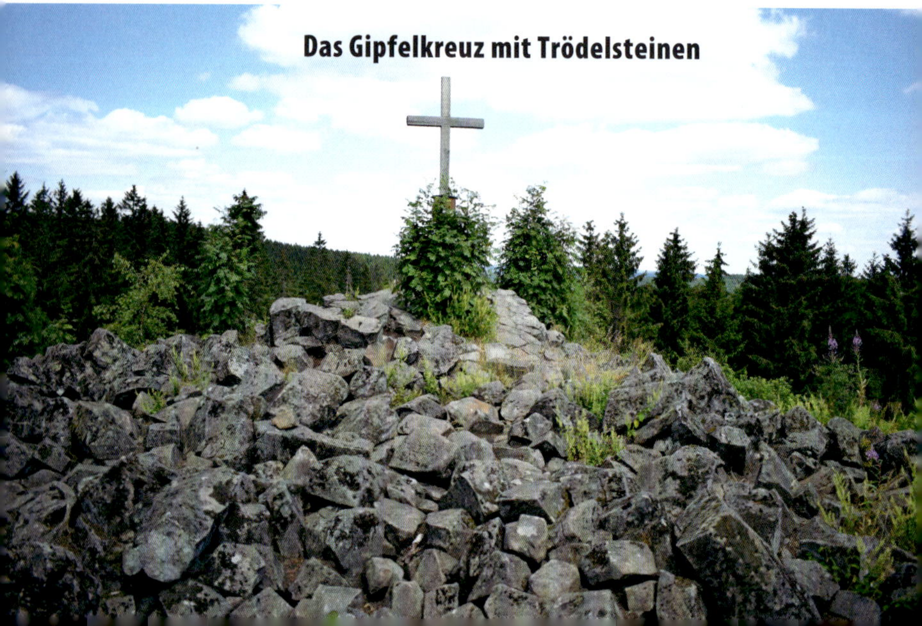

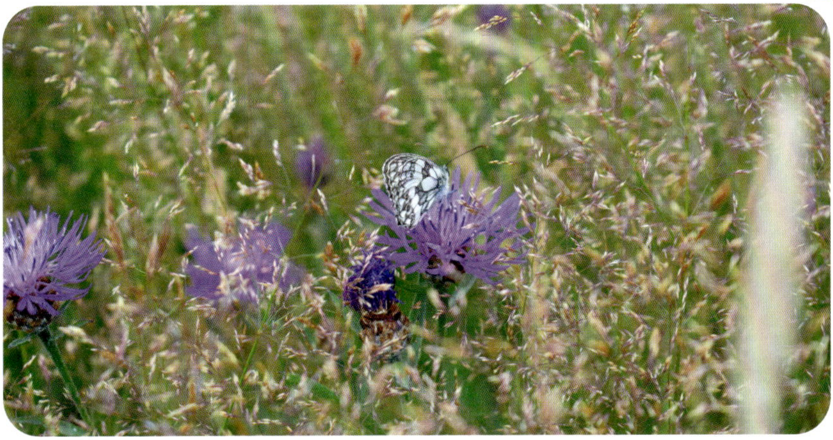

Am **Zollstockweg** verlassen wir den E 1 nach rechts, gehen aber schon nach 5 Metern nach links auf einem Pfad weiter. Im Juli locken große Blaubeerfelder.

Wir kreuzen zwei Forstwege, tiefe Gräben neben uns lassen vermuten, dass es hier zu manchen Zeiten sehr feucht zugehen kann. Unser Weg endet an einem Forstweg, dem wir nach rechts folgen. Etwa 30 Meter weiter biegen wir nach links in den **Nenkersbergweg** ein.

Wir treffen an einer T-Kreuzung wieder auf den **Zollstockweg** (unterwegs hatten wir ihn zwischendurch unbemerkt gekreuzt) und folgen ihm für etwa 50 Meter nach rechts. Dann nehmen wir einen Pfad nach links und gelangen nach einem Rechtsbogen zu einem Teich. Dort steigen wir noch vor der Sitzbank rechts die Böschung hinab zu einem Forstweg, dem wir nach rechts in das **Naturschutzgebiet Saukaute** ④ folgen. Es handelt sich dabei um eine historische Waldweide.

An der **Sitzbank 4821** wandern wir geradeaus auf dem **Herrenstruthweg** weiter. Auf den weiten Borstgraswiesen flattern seltene Schmetterlinge durch das Wollige Honiggras und um die Wacholderheiden.

Hinter dem Ende der Wiese nehmen wir den nach links führenden Pfad durch den Eichenmischwald. Er streift an der **Schutzhütte Saukaute** einen Forstweg, bleibt aber so herrlich pfadig wie bisher. Wir kommen zur

*Uns fallen im **Naturschutzgebiet Saukaute** die mächtigen Einzelbäume mit den breiten Kronen und den fast bis zum Boden reichenden Ästen auf. Das sind alte Hudeeichen, also Traubeneichen, unter die man das Vieh trieb, um Eicheln zu suchen.*

Bank 4820, wo wir etwas versetzt einen asphaltierten Weg kreuzen und rechts auf einem Pfad bergab laufen. Mal überwiegen Fichten, dann Birken, später Eichen.

An der nächsten Gabelung folgen wir dem rechten Weg zu einem Aussichtspunkt mit Blick nach Burbach und ins Buchhellertal. Hier gehen wir rechts auf einem Schotterweg weiter, den wir nach etwa 200 Metern zugunsten eines Waldpfades nach rechts verlassen.

An der Entspannungsbank mit Blick nach Wahlbach wandern wir rechts durch die Serpentinen hinab zu einem Schotterweg, dem wir nach links zum Waldrand folgen. Dort gehen wir auf der uns bereits bekannten **Diesterwegstraße** und rechts auf der Brückenstraße zurück zum Startpunkt. Wer mag, lässt den Tag im **Hotel Restaurant Bechtel** 5 ausklingen.

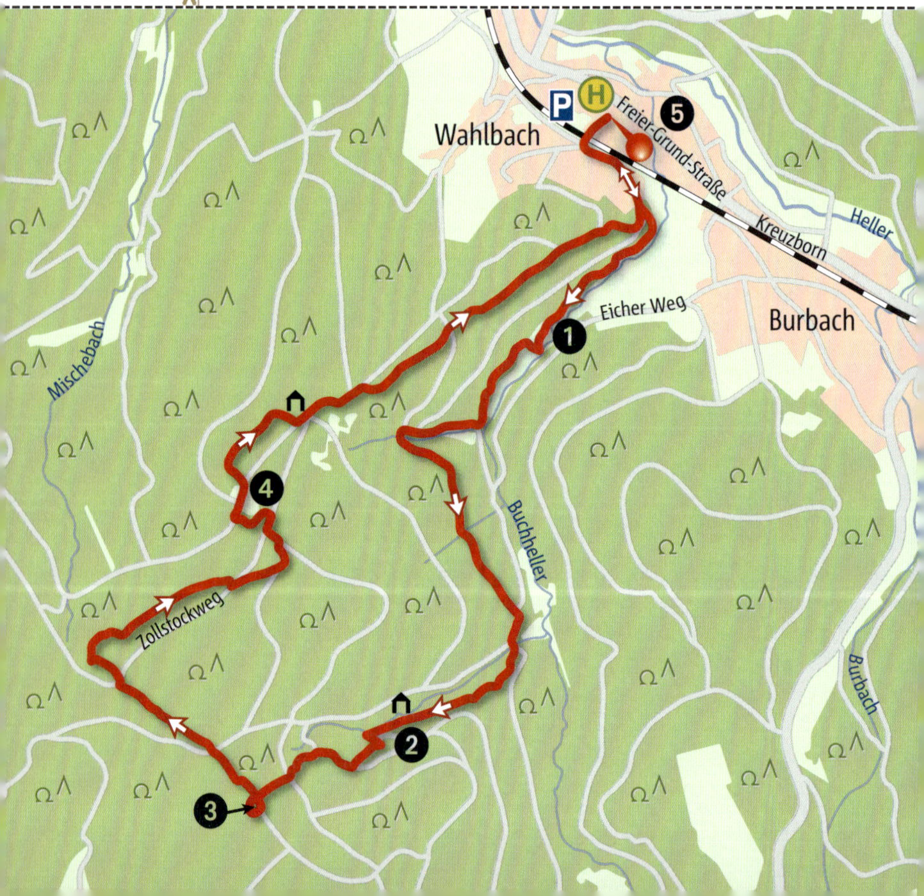

Alles auf einen Blick

WIE & WANN:

Wald-, Wiesen- und Wirtschaftswege, Geröll auf den letzten Metern zum Gipfel, innerorts Gehwege; ganzjährig lohnend

HIN & WEG:

Auto: Wanderparkplatz Ecke Austraße/Brückenstraße, 57299 Burbach-Wahlbach (GPS: 50.755776, 8.060969)
ÖPNV: Ab Siegen ZOB Bus SB 4 bis Wahlbach Schule bzw. Bus R 22 bis Neunkirchen Postamt, von dort Bus R 24 bis Wahlbach Schule, ca. 250 Meter Fußweg über Freier-Grund-Straße und Brückenstraße

ESSEN & ENTSPANNEN:

Bitte an Rucksackverpflegung denken!
Hotel Restaurant Bechtel ❺ Heisterner Weg 49, 57299 Burbach-Wahlbach, Tel. (0 27 36) 4 17 95 23, www.hotel-restaurant-bechtel.de (Do.–Di. 11.30–14.30, 17.30–22 Uhr)

ENTDECKEN & ERLEBEN:

Buchhellertal ❶
Stollen Peterszeche ❷
Trödelsteine ❸
Naturschutzgebiet Saukaute ❹

Entspannung ★★★★☆
Genuss ★★★★☆
Romantik ★★★★☆

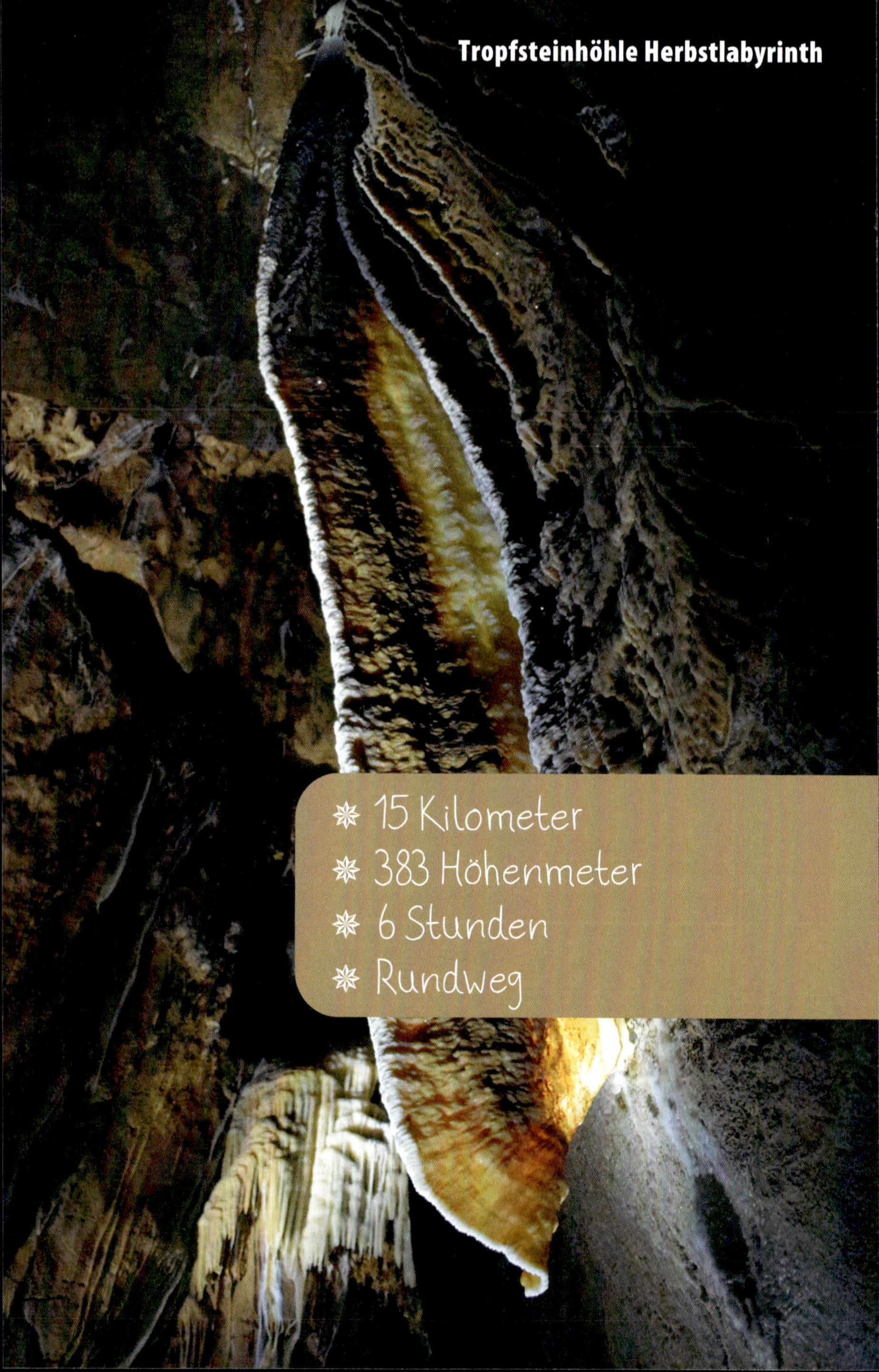

- 15 Kilometer
- 383 Höhenmeter
- 6 Stunden
- Rundweg

Auf dem Wanderparkplatz gehen wir zu der **Rothaarsteighütte** und wenden uns nach rechts, um auf einem Lehrpfad bergab zu laufen. Anschaulich wird beispielsweise erklärt, für welche Pflanzen, Pilze und Tiere das Totholz im Wald wichtig ist.

An einer Gabelung gehen wir geradeaus, ebenso an einer Einmündung und an der nächsten Gabelung. Wann haben wir das letzte Mal bei einer Wanderung so viele und so große Ameisenhaufen gesehen? Wir schauen den fleißigen Tierchen ein wenig bei der Arbeit zu, dann setzen wir unseren Weg fort und freuen uns daran, heute nicht arbeiten zu müssen. Erst nach gut 1 Kilometer biegen wir vor einer Koppel links ab und folgen der Markierung mit dem liegenden schwarzen **R.**

Auf einem bergab führenden Grasweg kommen wir nach etwa 500 Metern zu einem einzeln stehenden Kastanienbaum. Dort wandern wir auf einem Naturpfad hinab zu einem Schotterweg, dem wir nach rechts an einer Wiese entlang folgen, bis links ein Pfad durch die Hecke zum Parallelweg führt.

Wilde Weiber

Höhlen und Höhen bei Breitscheid

Dort biegen wir rechts ab und gehen nach gut 200 Metern links zur **L 3042.**

Wir laufen für etwa 100 Meter rechts auf dem Grasweg neben der Straße. Kurz vor dem Ortseingang von **Breitscheid** folgen wir auf der anderen Straßenseite einem Wirtschaftsweg zwischen Koppeln hindurch, dann kreuzen wir einen asphaltierten Weg

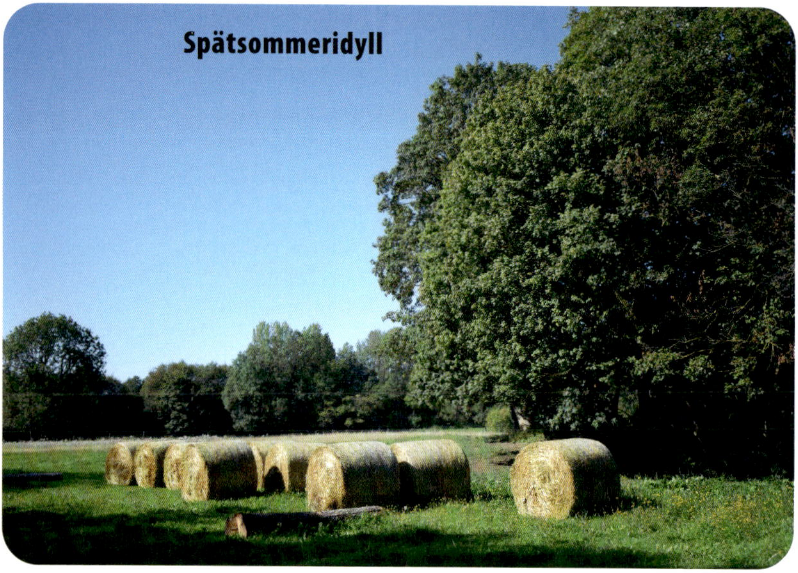

Spätsommeridyll

und gehen etwa 100 Meter dahinter nach links zum Waldrand. Dort laufen wir bis kurz vor die K 68, biegen an der **Bushaltestelle** links ab und erreichen über den Schauhöhlenparkplatz das **Herbstlabyrinth** ❶.

__Tropfsteinhöhlen__ sind typisch für Kalksteinregionen. Das Karbonat des Kalksteins ist gut wasserlöslich und verkarstet. In den Höhlen einer Karstlandschaft lagert sich der ausgewaschene Kalk beim Herabtropfen als Sinter ab und bildet Tropfsteine.

Im Herbst 1993 wurde dieses Höhlensystem entdeckt und sein Name ist vollkommen zutreffend. Seit der Entdeckung wurden fast 13 Kilometer Ganglänge mit einem Höhenunterschied von über 100 Metern erforscht und vermessen. 2013 stießen die Forscher bei einem Tauchgang in einem mit Wasser gefüllten Höhlenabschnitt sogar auf den unterirdischen Verlauf des Erdbachs.

Das Herbstlabyrinth bildet mit der Adventhöhle das größte Höhlensystem Hessens. Geologen und Besucher sind sich darüber einig, dass der extrem saubere Sinter in den leuchtend weißen Stalagmiten und in den fast durchsichtigen Tropfsteinvorhängen von einzigartiger Schönheit ist.

Der Öffentlichkeit ist die Knöpfchenhalle zugänglich. Sie ist bis zu 60 Meter lang, bis zu 22 Meter breit und bis zu 32 Meter hoch. Bei der Führung erfahren wir nicht nur den Unterschied zwischen Stalagmiten, Stalaktiten und Stalagnaten, sondern dürfen sogar einen ausgewählten Tropfstein in die Hand nehmen und einen über 30.000 Jahre alten Höhlenbärenknochen berühren. Für die Besichtigung planen wir eine Stunde Zeit und einen Abstieg von 125 Stufen nebst anschließendem Aufstieg ein.

Auf dem Parkplatz gehen wir nach rechts (von der Höhle kommend: links) über die K 68 zu einer

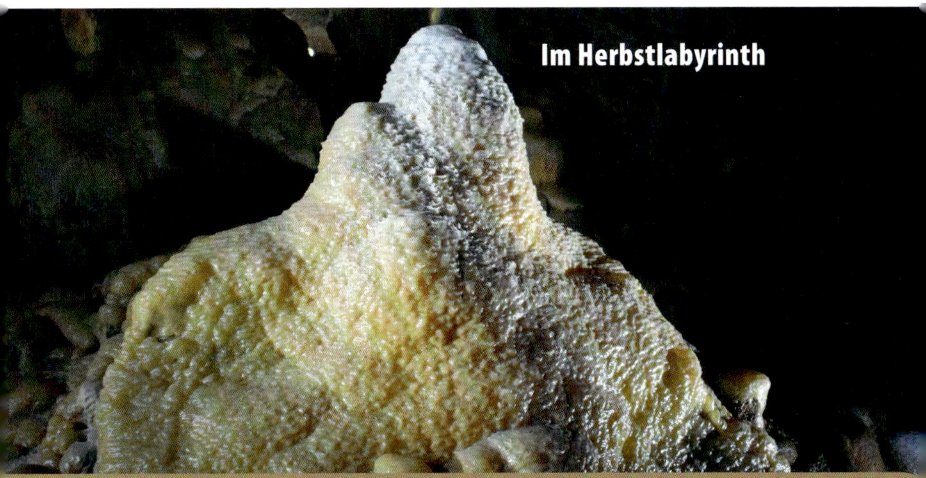

Im Herbstlabyrinth

Für die Seele

Dieser Weg erfrischt uns an Körper und Seele, wenn wir in die kühlen Tiefen der Tropfsteinhöhle steigen und den Kreislauf beim Wassertreten anregen.

Wegkreuzung. Hier folgen wir dem Weg nach links in die **Gasseschlucht** ❷. (Geradeaus lassen sich 2,4 Kilometer abkürzen.) Der Pfad führt hinab in ein Trockental, das der Erdbach vor Tausenden von Jahren gegraben hat. Wir gehen an einer Gabelung nach rechts und passieren den **Benderstollen** ❸. Bei Sprengarbeiten im Jahr 1928 fanden Arbeiter die Stollenhöhle und darin über 90 Knochen, die zum Teil einem Höhlenbären zugeordnet werden konnten.

Hinter dem **Schützenhaus Erdbach** wandern wir nach links und auf einer Stahlbrücke über den Rolsbach, der etwa 100 Meter nördlich in den Erdbach mündet. Moment mal! Woher kommt denn plötzlich der fröhlich plätschernde Bach? Vorhin in der Schlucht war von ihm nichts zu sehen und zu hören.

Des Rätsels Lösung nennt sich Schwindbach. Dieses Phänomen kommt bei Karstgestein häufig vor: Das Wasser des Baches verschwindet komplett in einem Schluckloch (auch Bachschwinde oder Ponor genannt) und kommt erst nach einigen Hundert Metern oder gar nach mehreren Kilometern an einem Spuckloch oder Auslauf wieder zum Vorschein. Etwa

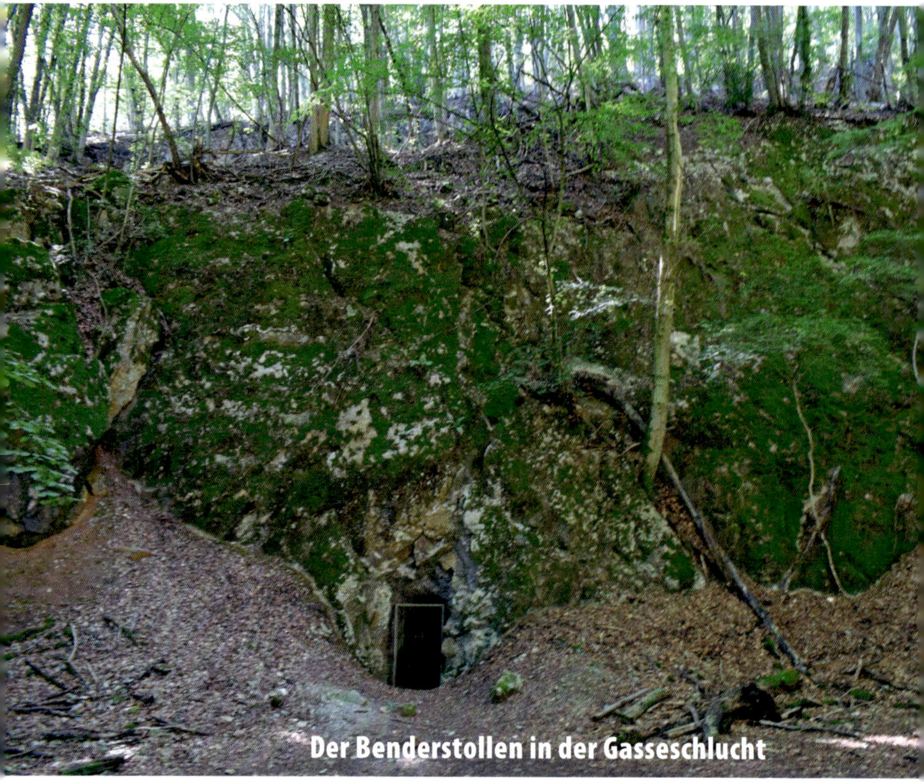

Der Benderstollen in der Gasseschlucht

50 Meter vor der Brücke sind wir dicht am **Erdbachauslauf** ❹ vorbeigewandert.

Vor dem Turm des Höhlenforschungszentrums laufen wir links auf einem asphaltierten Weg zu einem großen Parkplatz am Erdbacher Steinbruch. Dort biegen wir rechts ab **(R, WW)** und wandern hinauf zu einer Holzbank, an der wir scharf nach rechts abbiegen.

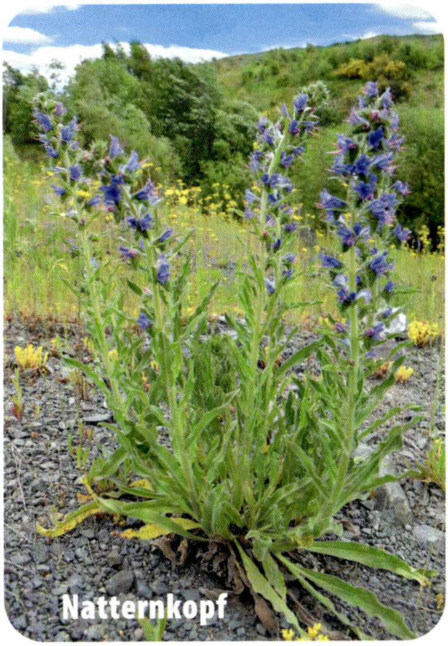

Natternkopf

An der nächsten Ruhebank ist nach links ein Abstecher zu den **Steinkammern** ❺ möglich. Auf schmalem Pfad erreichen wir zunächst die Große Steinkammer und etwa 50 Meter danach die Kleine Steinkammer. Diese kleinen Höhlen boten den Menschen schon früh Witterungsschutz und Wohnung. In ihnen wurden Geräte und Schmuck aus der Hallstattzeit (1000–500 v. Chr.) gefunden.

Wir wandern nach dem Abstecher weiter bergauf und kommen nach etwa 300 Metern zu einem Aussichtspunkt. Dahinter gehen wir hinab zu einer T-Kreuzung, wo wir links am Waldrand entlanglaufen. Wir kommen an einem Picknicktisch vorbei und erreichen die T-Kreuzung in Sichtweite des Einstiegs in die Schlucht. Dort biegen wir links ab.

Unser Weg macht einen Rechtsbogen und nähert sich auf den nächsten 200 Metern der Straße an, führt kurz davor aber nach links bergauf durch die Felder zu einem asphaltierten Weg, dem wir nach rechts zum Ortsrand von **Breitscheid** folgen. Wenn wir es ganz genau wissen wollen, machen wir noch einen kleinen Abstecher nach rechts **(W)** zum **Erdbach-Schluckloch** ❻, ansonsten gehen wir geradeaus auf der **Mühlenstraße** durch den Ort bis zu einem Nahkauf-Lebensmittelmarkt.

*Auf dem **Aussichtspunkt** bei den Steinkammern fährt uns der Wind in die Haare und pustet uns ordentlich durch. Wir lassen unsere Sorgen los und der Wind trägt sie davon.*

Dort gelangen wir quasi geradeaus zur **Westerwaldstraße (L 3042)** und folgen halb links dem **Kreuzweg.** Am Ende der Straße gehen wir rechts und etwa 30 Meter danach links auf der **Kirchstraße** zur Kirche. Am **Töpfer- und Häfnermuseum** ❼ folgen wir halb links einem Grasweg und umrunden die evangelische Kirche. Dahinter laufen wir weiter die **Kirchstraße** hinauf und halten uns vor der katholischen **Kirche St. Petrus** ❽ zunächst rechts, um dann direkt dahinter links abzubiegen.

Auf einem Grasweg wandern wir hinter Gärten zum Ortsende, wo wir an einer T-Kreuzung rechts bergauf zu einer Wegkreuzung mit Rastbank gelangen. Von dort geht es halb links an einer Baumreihe entlang. Nach knapp 1 Kilometer biegen wir an einem Bauhof rechts ab. Wir treffen auf den **Rothaarsteig** und gehen geradeaus weiter. Links von uns fließt der Aubach und wir kommen an mehreren Angelteichen vorbei. Dahinter stoßen wir auf den **Kilometerstein 35 des Rothaarsteigs.** Der Weg macht einen leichten Linksbogen durch einen hübschen Märchenwald.

Wir folgen dem Rothaarsteig nach links bergab und 100 Meter dahinter nach rechts. Nun geht es wieder bergauf, an einer Gabelung links, an einer T-Kreuzung rechts und nach gut 200 Metern links über einen Bach ohne Namen, dahinter wieder links.

Nach gut 500 Metern sehen wir rechter Hand ein Tor, das zum Tunnel in den **Basaltsteinbruch Scheidts Köppche** ❾ führt. Da die dortigen Basaltsäulen zugewuchert sind und tief im Wasser stehen, verweilen wir auf unserer Seite.

*Wir laufen im **Storchengang** durch das Wasser des Aubachs. Sobald sich ein starkes Kältegefühl in den Füßen und Waden einstellt, verlassen wir den Bach, streifen das Wasser ab und bewegen die Beine, bis sie wieder warm sind. Das tut gut, also wiederholen wir es.*

Nach weiteren 500 Metern fließen der Aubach und einer seiner Zuflüsse unter dem **Langenaubacher Viadukt** ❿ hindurch. Hier ziehen wir die Schuhe aus und genießen das kühle Nass des Aubachs in dem natürlichen Tretbecken.

Hinter dem Viadukt biegen wir rechts ab und wandern bergauf an einem Brunnen vorbei. An der nächsten Gabelung nehmen wir den linken Weg. Es geht weiter bergauf und hinter einer Wiese nach rechts. Nach 300 Metern gehen wir nach links durch Buschland und über eine Wiese zu einem Wirtschaftsweg. Dort laufen wir halb rechts durch einen

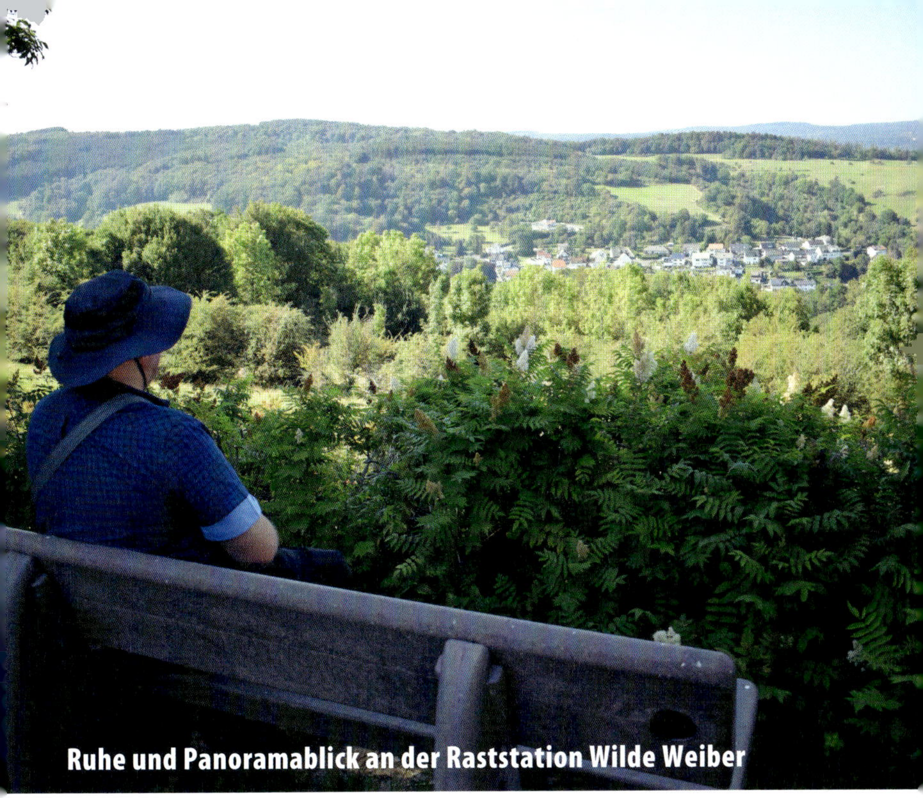

Ruhe und Panoramablick an der Raststation Wilde Weiber

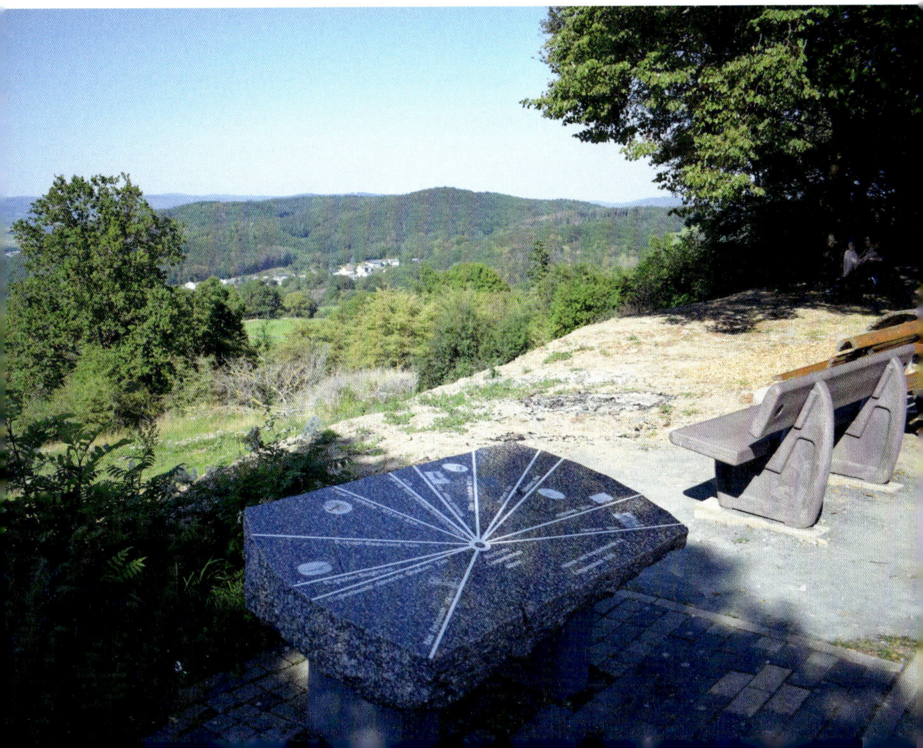

Ihren Namen hat die Raststation ***Zu den Wilden Weibern*** *von einem 30 Meter hohen Felsen oberhalb von Langenaubach. Das gleichnamige Naturschutzgebiet schützte bereits 1927 seltene Fledermausarten und Pflanzen, die sonst nur in alpinen Regionen wachsen.*

kleinen Park mit großen Kiefern zur **Raststation Zu den Wilden Weibern ⑪**.

Der Sage nach wohnten wilde Weiber in einer Höhle unter dem Felsen, der heute Wildweiberhäuschen heißt. Sie bestraften die Bösen und halfen den Guten.

Nachdem wir auf den Liegen ausgiebig pausiert haben, wandern wir auf der anderen Seite des Geländes hinaus, folgen am Parkplatz dem Weg geradeaus und biegen an einer T-Kreuzung nach links ab. Nach etwa 40 Metern geht es schon wieder nach rechts auf einen Waldweg, der später an einer Wiese vorbeiführt. An der nächsten Gabelung biegen wir links ab und entdecken auf der anderen Straßenseite der K 41 unser wartendes Auto.

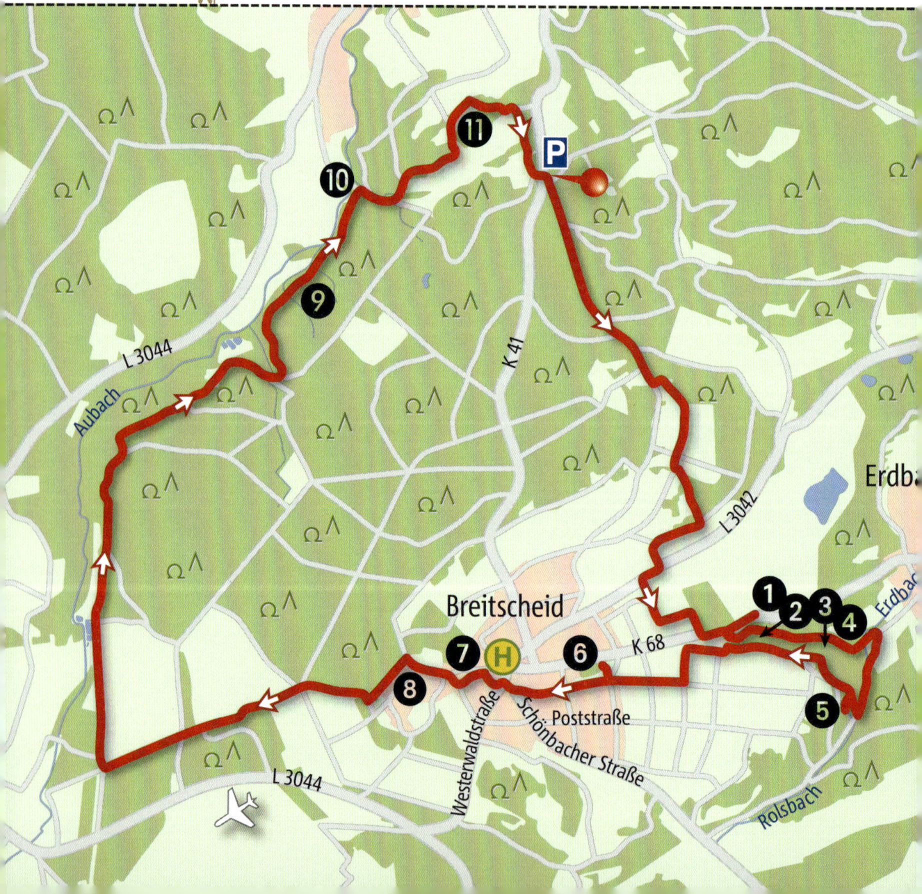

Alles auf einen Blick

WIE & WANN:
Wald-, Wiesen- und Wirtschaftswege; beste Wanderzeit: April bis Oktober; bitte Jacke und Handtuch einpacken für die Höhlenbesichtigung und das Wassertreten

HIN & WEG:
Auto: Wanderportal Rothaarsteig Wildweiberhäuschen, K 41 zwischen Langenaubach und Breitscheid, 35708 Haiger (GPS: 50.706284, 8.191740)
ÖPNV: Ab Herborn Bus 510 bis Breitscheid Rathaus (Mo.–Fr.), 400 Meter Fußweg über Rathausstraße und Kirchweg, Einstieg in die Tour am Töpfer- und Häfnermuseum

ESSEN & ENTSPANNEN:
Wochentags bitte an Rucksackverpflegung denken!
Raststation Zu den Wilden Weibern ⓫ Auf dem Kahn, 35708 Haiger-Langenaubach, Tel. (0 27 73) 26 92 (So. 11–17 Uhr)

ENTDECKEN & ERLEBEN:
Herbstlabyrinth Schauhöhle Breitscheid ❶ 35767 Breitscheid, Tel. (02 31) 9 17 22 90 (Mo.–Fr.), Tel. (0 27 77) 9 11 93 89 (Sa., So.), www.schauhöhle-breitscheid.de (Apr.–Okt. Sa., So. 11–18 Uhr; während der Schulferien in Hessen auch Mi.; Nov., Dez. verkürzte Öffnungszeiten)
Gasseschlucht ❷ **Benderstollen ❸**

Entspannung ✸✸✸✸✸
Genuss ✸✸✸
Romantik ✸✸✸✸

Erdbachauslauf ❹ **Steinkammern ❺**
Erdbach-Schluckloch ❻
Töpfer- und Häfnermuseum ❼ Kirchstraße 27, 35767 Breitscheid, Tel. (0 27 71) 2 24 48 (Mai–Sept. 1. u. 3. So. im Monat 14–17 Uhr)
Kirche St. Petrus ❽ **Basaltsteinbruch Scheidts Köppche ❾**
Langenaubacher Viadukt ❿

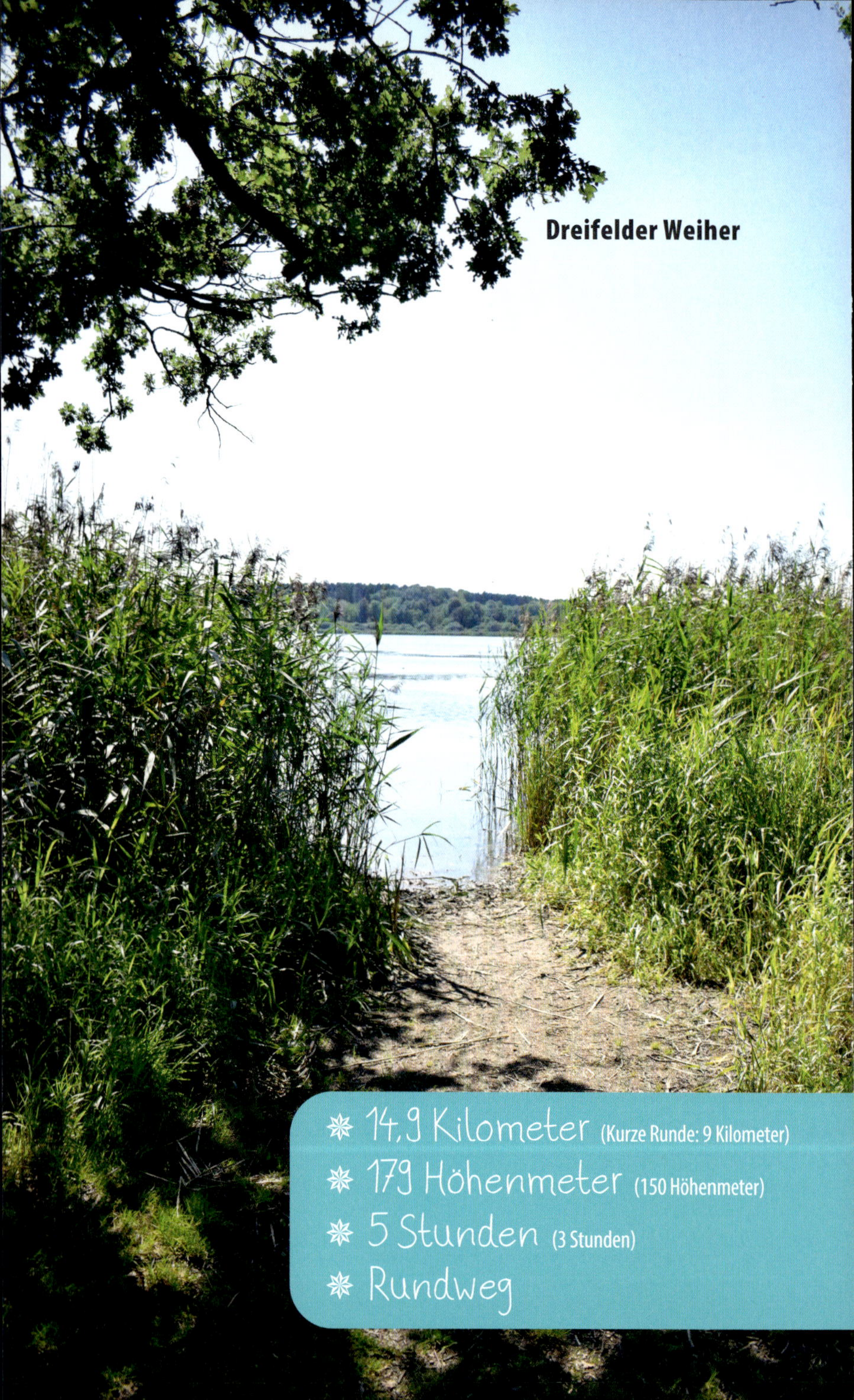

Dreifelder Weiher

- 14,9 Kilometer (Kurze Runde: 9 Kilometer)
- 179 Höhenmeter (150 Höhenmeter)
- 5 Stunden (3 Stunden)
- Rundweg

Zu Beginn der Wanderung überqueren wir die Kreisstraße und gehen auf einem Pfad **(E 1)** zu einem weiteren Parkplatz. Dort biegen wir rechts ab **(WWSteig, 4, 7, E 1)** und laufen zu einer T-Kreuzung. Nun geht es nach rechts bergab. Nach einem ersten Blick zum Dreifelder Weiher folgen wir dem Weg nach links. Er führt über zwei Holzstege, schwenkt weiter nach links und führt am Rand einer Wiese zu einem **Vogelbeobachtungsturm am Dreifelder Weiher ①.**

Dahinter biegen wir links ab und gehen nach etwa 150 Metern erneut nach links **(WWSteig, E 1, R 1, Wiedweg)** zu einer Rastbank. Dort führt rechts eine Holzbrücke über den **Wiedzulauf ②.** Am Ortsrand von Dreifelden biegen wir links in den **Wiedweg** ein und wandern an Gärten und Streuobstwiesen entlang.

Etwa 200 Meter weiter ist nach links ein 100 Meter langer Abstecher zu einer Thementafel im Schilfröhricht möglich, wo geduldige Menschen gute Chancen auf eine Begegnung mit den verschiedensten Wasservögeln und Libellen haben.

Wir wandern immer geradeaus. Diese Strecke ist sehr beliebt bei den Einheimischen, sie ist deshalb mit **K, E 1, 4** und auch als **Wiedweg** und **Jubiläumsweg** markiert. All diese Wege machen an einem einzeln stehenden Kirschbaum eine Kurve nach links. Wir auch.

Ein quirliger Pfad führt zwischen Wildkräutern, Röhricht und einem Baumdurcheinander hindurch. Es geht über Wurzeln und durch Pfützen, die nur im Hochsommer auszutrocknen scheinen. Nebenan im

*Die Tour wäre eine gute **Familienwanderung,** ist aber zu lang. Mit Kindern gehen wir nur den zweiten Teil und nehmen den Buggy, das Laufrad oder das Kinderrad mit. Stufen gibt es nur an der Unterführung, dafür aber Minigolf, Badesee und Waldspielplatz.*

*Der **Dreifelder Weiher,** auch Seeweiher genannt, ist mit 123 Hektar das größte Gewässer der Westerwälder Seenplatte. Die Wied durchfließt ihn von Osten nach Nordwesten. Die Verlandungszonen im Süden stehen unter Naturschutz, auf dem Nordteil ist Wassersport erlaubt.*

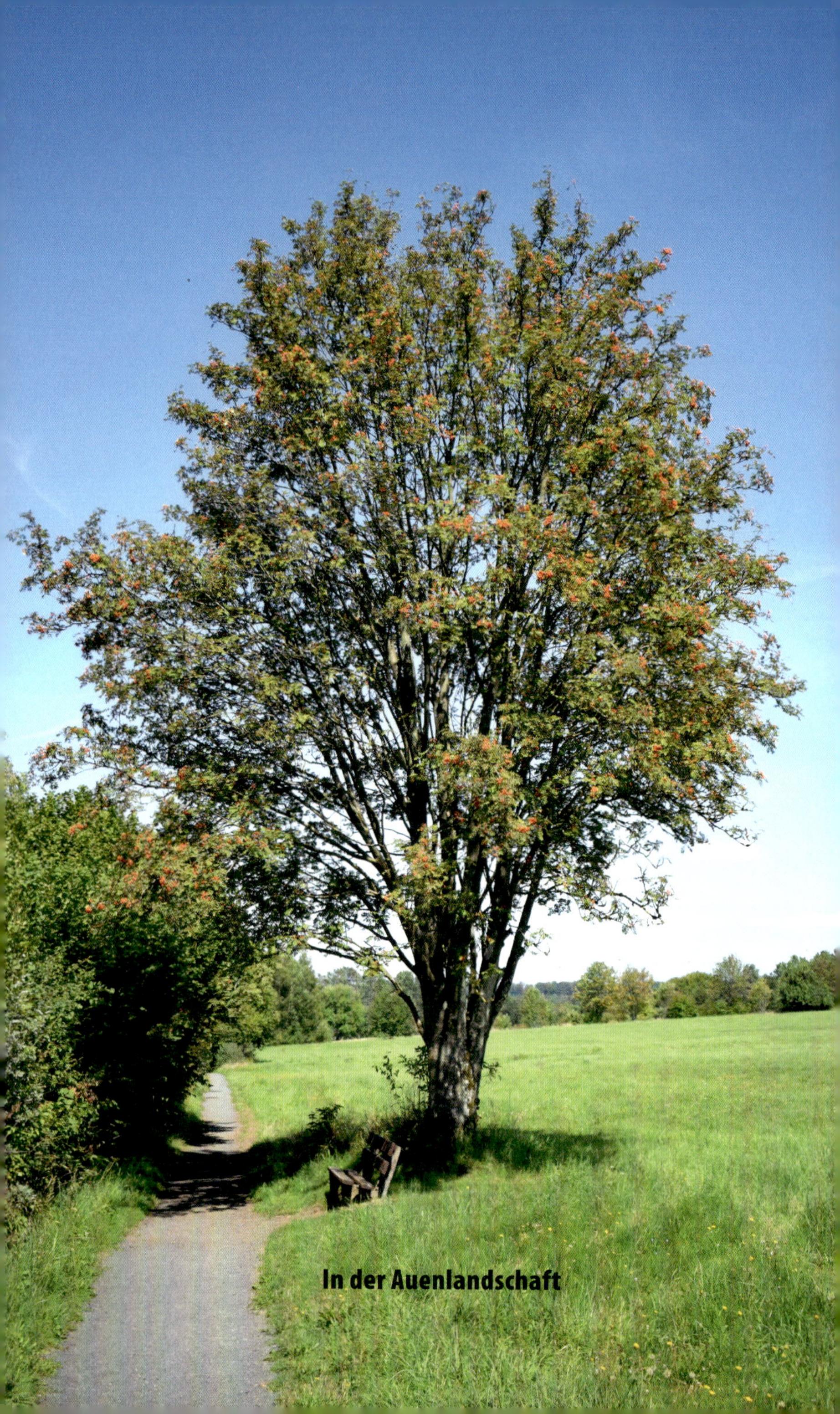

In der Auenlandschaft

Weiher quatschen Blesshühner und andere Wasservögel miteinander. Eine Pausenbank stoppt unseren Lauf mitten in dieser Idylle, dann geht es weiter auf dem wurzeligen Pfad. Zum Teil laufen wir auf einem kleinen Wall.

Etwa 1,5 Kilometer hinter dem Kirschbaum treffen wir auf eine Straße. Hier folgen wir dem Pfad nach links und kommen zum **Haus am See ③**. Hier ist nicht nur eine Einkehr möglich, wir können uns auch auf der Liegewiese sonnen, ein Ruderboot mieten oder ein Eis auf die Faust kaufen.

Dahinter laufen wir rechts (W) auf einem asphaltierten Weg am Campingplatz vorbei. Dann geht es auf Schotter weiter, zunächst durch eine S Kurve, dann zu einer Kreuzung. Hier wandern wir geradeaus zum 16 Hektar großen **Hofmanns Weiher ④**. Hier schauen wir den Enten beim Schwimmen, Gründeln und Fliegen zu.

Der Weg führt vom Weiher bergauf zu einer Wegkreuzung mit einer Bank und einem Picknicktisch. Hier biegen wir links ab und gehen nach etwas mehr als 200 Metern erneut nach links. Nun wandern wir durch kühlen Wald. Vögel piepen und zwitschern in den Bäumen, auf den Lichtungen zirpen die Grillen. An einer T-Kreuzung gehen wir nach links leicht bergauf (+, 7). Im anschließenden Bergabstück wandern wir geradeaus (+, 7) nach **Seeburg ⑤**.

Nach dem Ende des Siebenjährigen Kriegs (1756–63) wurden hier am Westufer des Seeweihers ausgediente Soldaten angesiedelt. Hinter der Siedlung be-

*Wer loslässt, hat die Hände frei. Vielleicht für eine Umarmung mit dem Wandergefährten. Oder um über die Rinde eines alten Baums zu streichen. Wir genießen die Stimmen des Waldes, den Duft der Waldluft und den Anblick des Unterholzes – **Waldbaden** pur!*

*Zur **Westerwälder Seenplatte** zählen sieben Weiher – sie sind nicht tief genug, um sich See nennen zu dürfen. Um 1650 wurden sie auf Geheiß des Grafen Friedrich von Wied als Fischweiher angelegt. Sechs davon besuchen wir und lassen nur den Wölferlinger Weiher aus.*

Für die Seele

Jeder der sechs Weiher bezaubert uns auf seine eigene Weise. Alle zusammen garantieren selbst an heißen Tagen eine erfrischende Wald-Weiher-Wanderung.

fand sich im 17. Jahrhundert das Schloss Seeburg, es war Jagdschlösschen und Sommerfrische für die Grafen zu Wied. Im folgenden Jahrhundert verfiel das Schloss zusehends und wurde 1809 abgerissen.

Wir biegen nach rechts ab und laufen auf dem Schotterweg neben der **Seeburger Straße** am **Haidenweiher** ⑥ entlang. Dieser Weiher ist seit 1979 Naturschutzgebiet und Heimat vieler seltener Wat- und Sumpfvögel. Wir kommen zur **Schutzhütte Seeburg** am Rettungspunkt 5412-483.

Dort biegen wir rechts ab **(K, +)**. Der Weg macht einen Linksbogen zu einer Waldwegkreuzung, hier gehen wir geradeaus bis zur K 138 (+).

Auf der anderen Straßenseite haben wir die Wahl: Nach links **(W, 4, II, E1)** erreichen wir in 300 Metern den Startpunkt und können so die Tour **abkürzen.**

Rechts starten wir zum zweiten, kleineren, 6,1 Kilometer langen Teil unserer Runde, der für sich allein als Familientour empfehlenswert wäre **(W, K, E 1, St 4, 4, 7a, +).**

Wir folgen dem Pfad zwischen der Straße und einer Wildwiese für etwa 100 Meter, dann biegen wir links ab und folgen den Wegweisern Richtung **Postwei-**

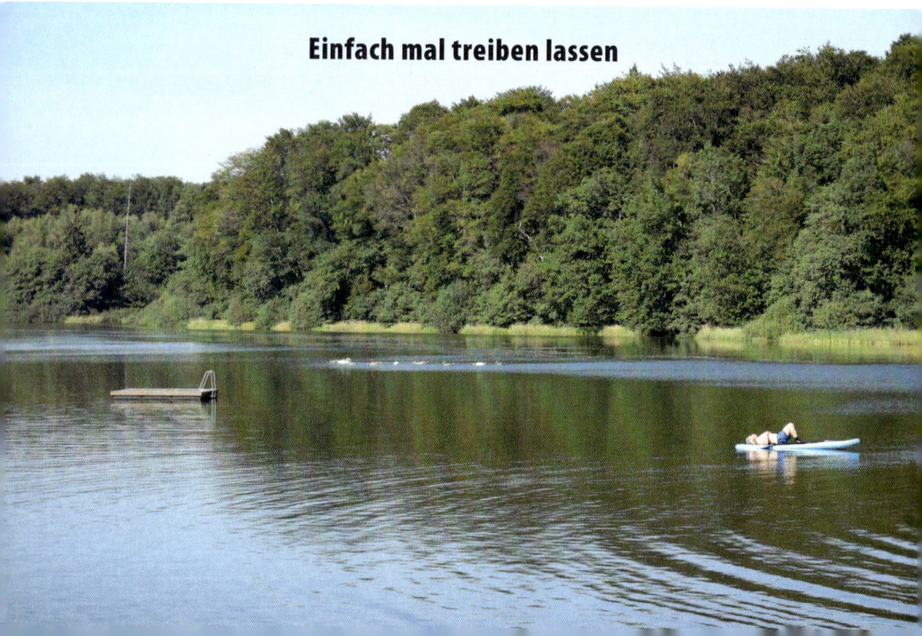

Einfach mal treiben lassen

her und **Brinken-Weiher.** Wir wandern etwa 800 Meter auf einem geschotterten Waldweg schnurgerade bis zum Rettungspunkt 5412-556, biegen dort rechts ab und erreichen nach etwa 400 Metern die beiden Weiher. Rechts liegt der **Brinken-Weiher 7,** links der **Postweiher 8,** auch Freilinger Weiher genannt.

Der 21 Hektar große Brinken-Weiher wurde 1660 angelegt und steht seit 1977 unter Naturschutz. Der Postweiher entstand etwa 5 Jahre früher, ist mit 13 Hektar etwas kleiner und wird als Wassersport- und Badesee genutzt. Das Strandbad wurde bereits 1929 eröffnet. Beide Weiher werden vom Holzbach gespeist und sind nur durch einen Damm voneinander getrennt, auf dem wir geradeaus bis kurz vor die B 8 laufen.

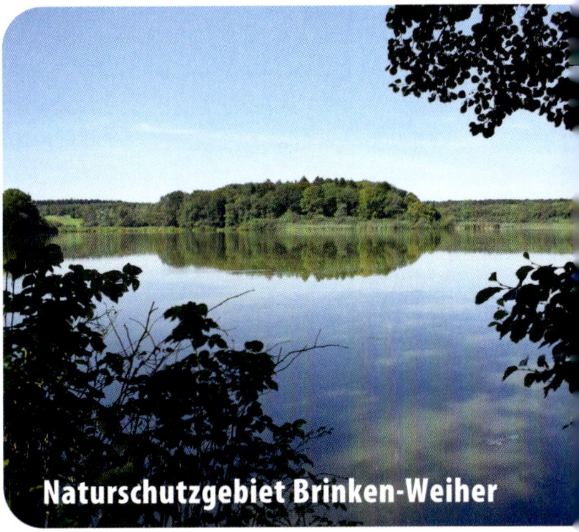
Naturschutzgebiet Brinken-Weiher

Wir folgen vor der Bundesstraße einem Feldweg nach links. Er mündet nach etwa 80 Metern in die B 8 und wir überqueren sie vorsichtig. Nun wandern wir für etwa 500 Meter auf einem Schotterweg im rechten Winkel von der Bundesstraße weg, dem Wegweiser Richtung **Hausweiher** folgend. Am Ende des Weges biegen wir links ab und laufen auf der Zufahrt des Campingplatzes zum **Hausweiher 9.** Der Weiher wurde 1655 angelegt und wird heute von den Campinggästen als Badesee genutzt. Mit 9,6 Hektar ist er der kleinste auf unserer Wanderung.

Hinter dem Hausweiher kommen wir zum **Hofgut Schönerlen.** Vorbei an der Anmeldung gelangen wir auf einem Schotterweg bergab zu einer Wegkreuzung. Dort wandern wir links bergauf Richtung Postweiher.

Hinter einem kleinen Waldstück laufen wir nach links **(4, E1, +)** zum Rettungspunkt 5412-509 an der B 8, die wir zum Glück nicht noch einmal überqueren müssen: Wir biegen davor rechts ab, denn am Minigolfplatz führt eine Treppe unter der Bundesstraße hindurch. Auf der anderen Straßenseite liegt linker Hand das **Strandbad Freilingen ⑩.**

Wir gehen nach rechts am Campingplatz mit der **Pizzeria Il Lago** entlang zu einem kleinen Parkplatz. Dort biegen wir links in einen Waldweg **(K, E 1, 4, +)** ein und freuen uns, dass unser Ziel am Waldspielplatz schon ausgeschildert ist. Wir wandern nun für 1,3 Kilometer immer geradeaus, anfangs an einigen Wochenendhäusern entlang, später im Wald **(II)** bis zu einer T-Kreuzung. Dort laufen wir links und nach 200 Metern an der **Schutzhütte** rechts. Nun sind es nur noch 600 Meter geradeaus durch den kühlen Wald bis ins Ziel am Waldspielplatz Steinen.

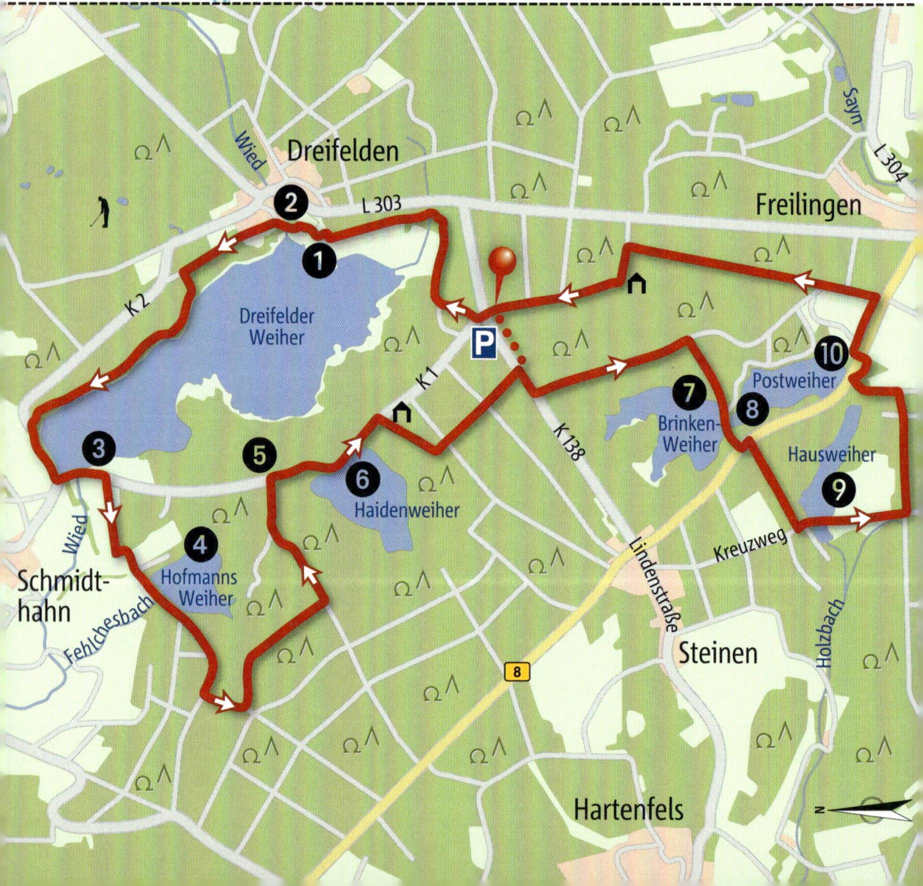

Alles auf einen Blick

WIE & WANN:
Wald-, Wiesen- und Wirtschaftswege, unebene Wurzelpfade; ganzjährig lohnend

HIN & WEG:
Auto: Parkplatz am Waldspielplatz Steinen, K 1/K 138, 56244 Steinen
(GPS: 50.580389, 7.827359)
ÖPNV: Keine regelmäßige Anbindung an die Strecke

ESSEN & ENTSPANNEN:
Haus am See ❸ Seeburger Straße 1, 57629 Steinebach an der Wied,
Tel. (0 26 62) 71 47, www.hausamsee-dreifelderweiher.com
(in der Hauptsaison tägl. 8–20, sonst Di.–So. 9–20 Uhr)
Pizzeria Il Lago am Strandbad Freilingen ❿ Campingplatz Postweiher,
Hohestraße 30/Postweiher, 56244 Freilingen, Tel. (0 26 66) 91 22 28,
www.pizzeria-illago-freilingen.de (tägl. 11.30–23 Uhr)

ENTDECKEN & ERLEBEN:
Vogelbeobachtungsturm am Dreifelder Weiher (Seeweiher) ❶
Wiedzulauf ❷
Hofmanns Weiher ❹
Seeburg ❺
Haidenweiher ❻
Brinken-Weiher ❼
Postweiher (Freilinger Weiher) ❽
Hausweiher ❾
Strandbad Freilingen ❿ Campingplatz Postweiher,
Hohestraße 30/Postweiher, 56244 Freilingen,
Tel. (01 73) 8 03 26 45, www.campingplatz-freilingen.de
(Juni–Aug. Mo.–Fr. 10–20, Sa., So. 9–19 Uhr)

Entspannung ✱✱✱✱✱
Genuss ✱✱✱
Romantik ✱✱✱✱

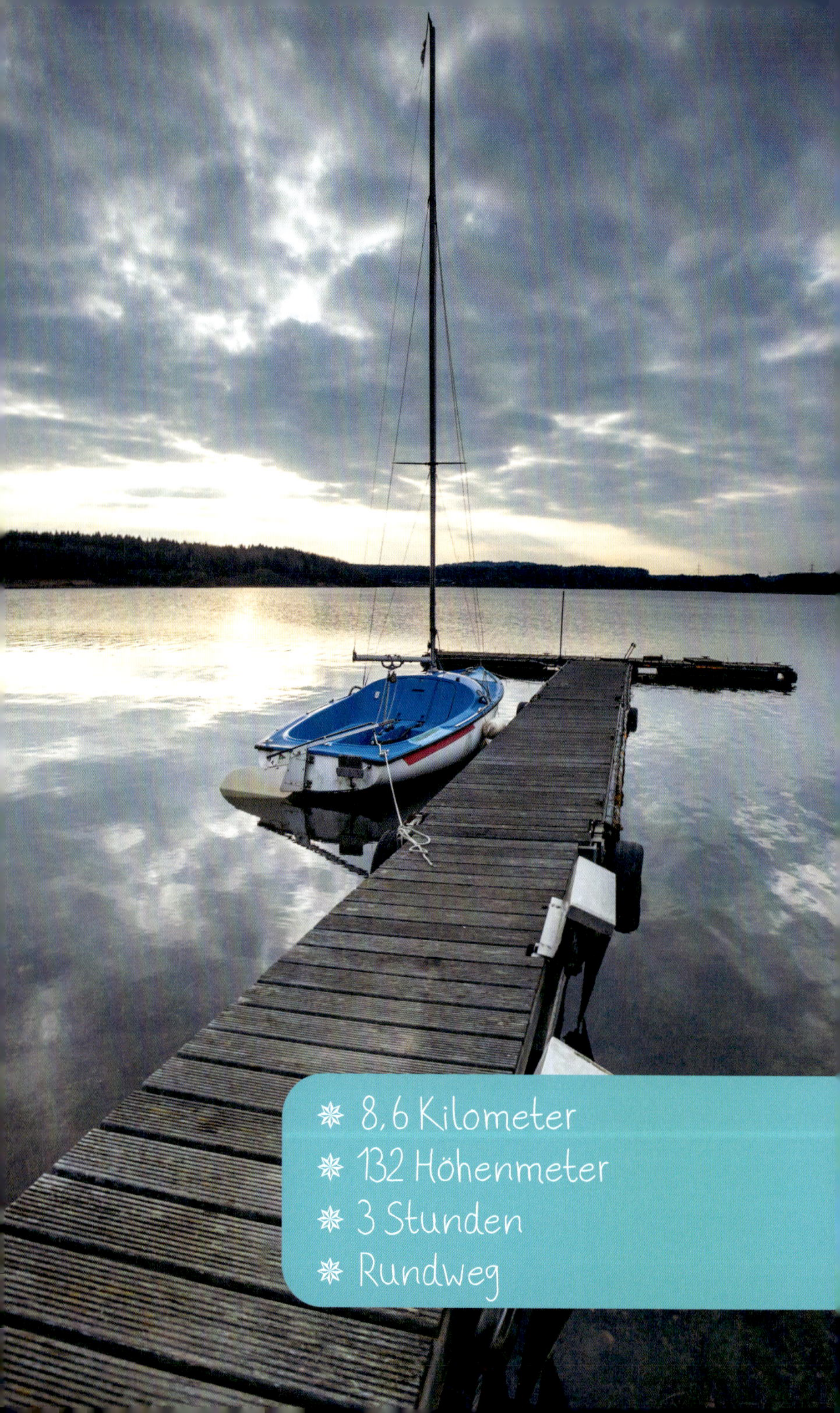

- 8,6 Kilometer
- 132 Höhenmeter
- 3 Stunden
- Rundweg

Unsere Wanderung beginnt an der Wandertafel oberhalb des Reher Campingplatzes. Zwischen der Wandertafel und dem Rettungspunkt 5314-512 folgen wir einem geschotterten Waldweg **(R 36).** Die Zufahrt zur DLRG-Station lassen wir links liegen. Wir erlauben unseren Gedanken während des Wanderns zu kommen und zu gehen. Unwillkürlich bewegen wir uns mit einer Geschwindigkeit, die dazu passt. Nach knapp 900 Metern erreichen wir eine Gabelung, an der wir nach rechts an der Schranke vorbeigehen.

Diesem Weg folgen wir für etwa 500 Meter und überqueren dabei einen Bach. Dann biegen wir an der Wegkreuzung links ab und laufen zum **Campingplatz an der Krombachtalsperre.**

Dort, am Ortsrand von Mademühlen, beginnen diejenigen die Tour, die mit dem **Bus** angereist sind.

Wir folgen dem Rad- und Fußweg entlang der **K 47** nach links. Nach etwa 200 Metern biegen wir erneut links ab und gehen auf einem asphaltierten Weg zum Stausee.

Am Campingplatz-Kiosk können wir uns ein Eis kaufen. Hier bezahlen wir auch den Eintritt für die **Badestelle 1.** Die Wanderstrecke ist kurz, nehmen wir uns also die Zeit für ein erfrischendes Bad im Stausee!

Unser Weg führt nun links von der **Pizzeria Al Lago 2** am Seeufer entlang. Wir passieren den Segelclub Westerwald und eine Surfschule. Der Stausee ist das größte Gewässer im Westerwald und wegen des frischen Windes bei Seglern und Windsurfern beliebt.

*In 20 Jahren wirst du Dinge, die du nicht getan hast, mehr bereuen als deine Taten. Also lass die **Leinen los,** verlass den sicheren Hafen. Fang den Wind in deinen Segeln, erforsche, träume, entdecke. (Mark Twain)*

Frei wie Vögel

Rund um den Krombachstausee

Zur Erinnerung: Talsperre bezeichnet das Bauwerk, mit dem das Tal gesperrt wird. Das sich dahinter anstauende Wasser wird Stausee genannt. Die ***Krombachtalsperre*** *wurde 1946–1949 zur Stromerzeugung und als Hochwasserschutz gebaut.*

Hinter einer Schranke laufen wir geradeaus weiter und am Ende einer Hecke links leicht bergab am Überlauf der Talsperre und dem **Kraftwerk Krombachtalsperre** entlang.

Nach etwa 500 Metern erreichen wir einen Picknicktisch. Hier biegen wir scharf links ab Richtung **Westerwaldsteig.** Wir wandern auf einem Dammweg zwischen dem Talsperrenauslauf und dem Rehbach durch idyllische Auen, in denen die Pappeln im Wind rascheln.

Hinter dem Hanggraben, der den Fichebach mit dem Stausee verbindet, kommen wir zurück in den Wald, wo uns Vogelgezwitscher umgibt. Wir erfreuen uns an den schönen Blicken zum Stausee. Eine besonders gute Sicht haben wir vom **Vogelbeobachtungsturm (3),** dessen Stufen wir hinaufsteigen.

Am Ende einer Pappelallee laufen wir halb links auf einem Grasweg weiter. Hier, im versumpften Teil des Stausees, betrachten wir fasziniert das üppige Rohrkolbenröhricht. An einer T-Kreuzung biegen wir links ab und gehen nach etwa 10 Metern auf einer

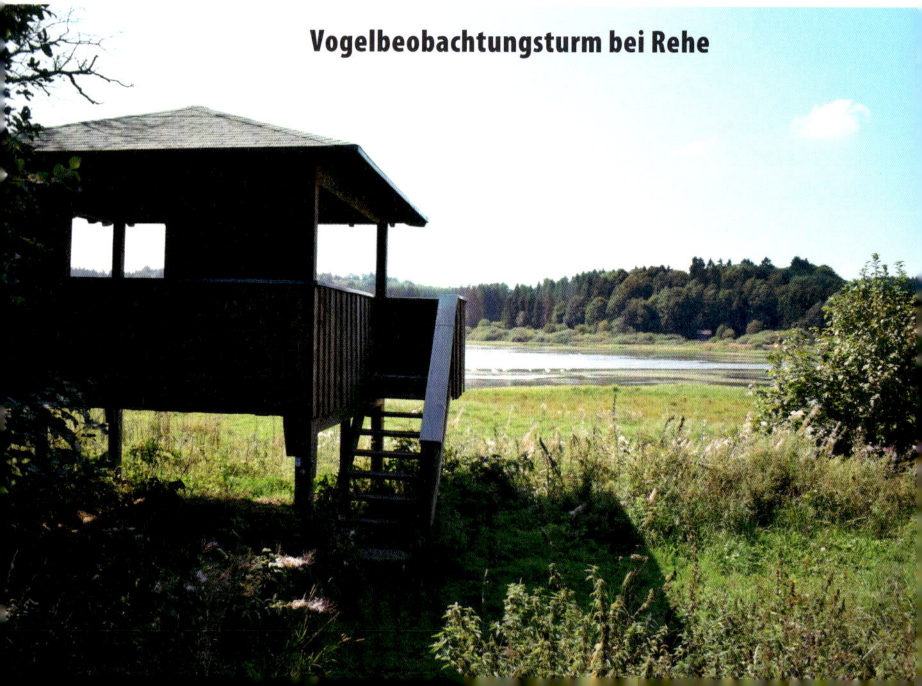

Vogelbeobachtungsturm bei Rehe

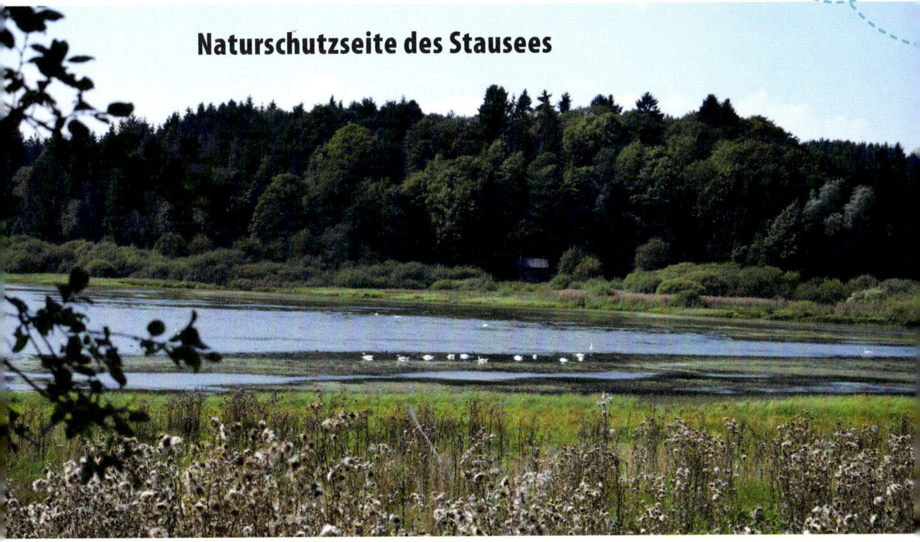

Naturschutzseite des Stausees

Brücke über den Rehbach und danach rechts zu einer Gabelung. Dort geht es geradeaus leicht bergauf. Hinter einem eingezäunten Grundstück, aber vor dem Strommast, biegen wir links ab.

Zwischen einem parkähnlichen Grundstück und einem Feld laufen wir bis zum Waldrand und biegen links ab. Hinter dem Rettungspunkt 5314-528 geht es rechts weiter. Wir kommen an ein kleines Gebäude, das als **Vogelfreistätte** 4 gekennzeichnet ist.

Wir holen unser Picknick und unser Fernglas aus dem Rucksack, denn hinter der Hütte steht eine Bank mit einem großartigen Blick über den gesamten Stausee. Im Vogelschutzgebiet machen Seeschwalben, Mö-

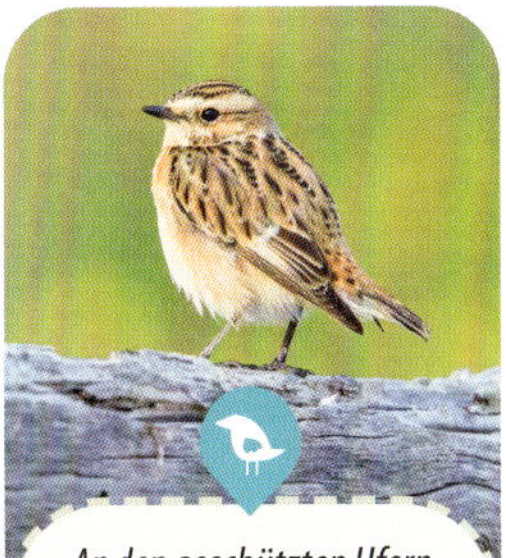

*An den geschützten Ufern und Flachwasserflächen des **Krombachstausees** mit ihren Seggen und Röhricht finden seltene Sumpf- und Wasservögel wie Neuntöter, Wiesenpieper, Braunkehlchen und Kranich ideale Brut- und Rastbedingungen.*

Für die Seele

Etwas Fernweh ist erlaubt, wenn wir davon träumen, mit den Zugvögeln auf die Reise zu gehen.

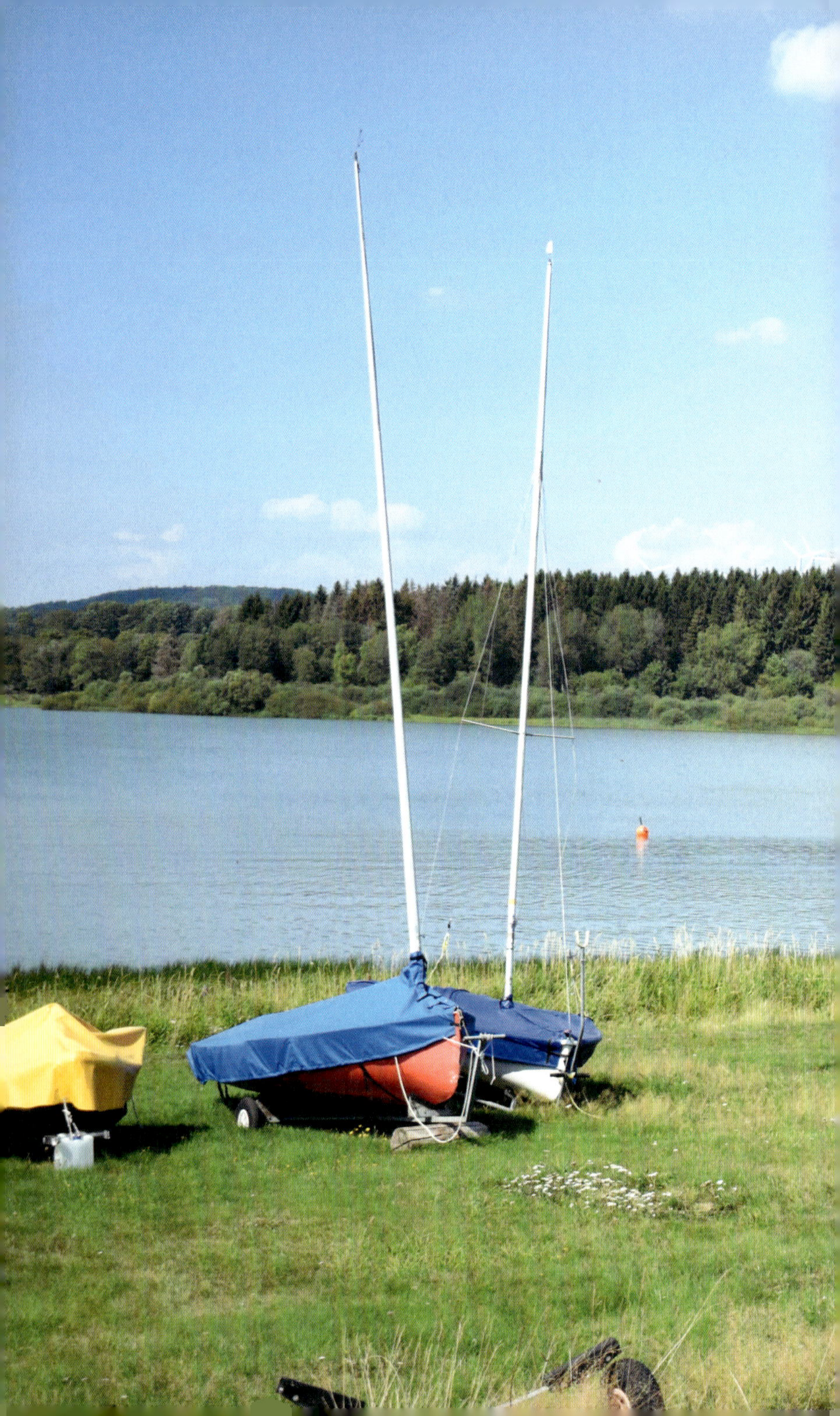

Der Krombachstausee

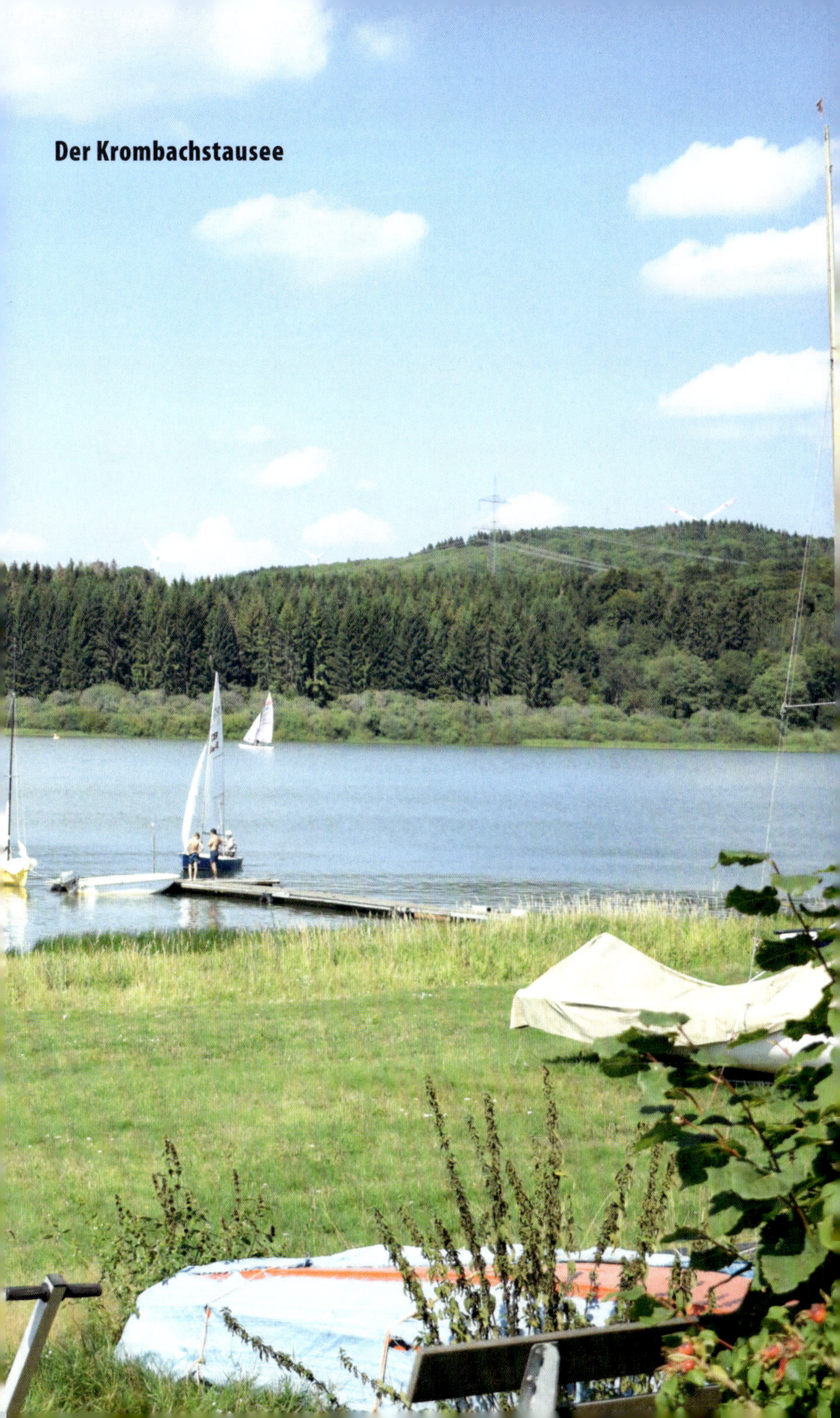

*Der Braubach oder Krombach mündet in den **Rehbach.** Von Rechts wegen müsste es also Rehbachtalsperre heißen, denn sie staut ja gar nicht den Krombach. Kurios: Als Bach verlor er seinen Namen und wird Braubach genannt, ist aber Namensgeber für die Talsperre.*

wen, Goldregenpfeifer und andere **Regenpfeiferarten** während ihres Vogelzugs eine Rast. Welch ein Idyll!

Auf einem Grasweg laufen wir anschließend weiter am Waldrand entlang, wir gehen nach links und auf einem Steg über den Braubach. Ein nur noch selten verwendeter zweiter Name für ihn ist Krombach.

An der nächsten Wegkreuzung gehen wir geradeaus weiter und erreichen nach etwa 400 Metern den Startpunkt. Nun haben wir uns eine Erfrischung verdient und schließen den Wandertag auf Welters Campingplatz ab. Hier können wir in der Blockhütte **Ponte Rosa** ⑤ einkehren und an einer **Badestelle** ⑥ ein zweites Mal in das kühle Nass des Krombachstausees springen.

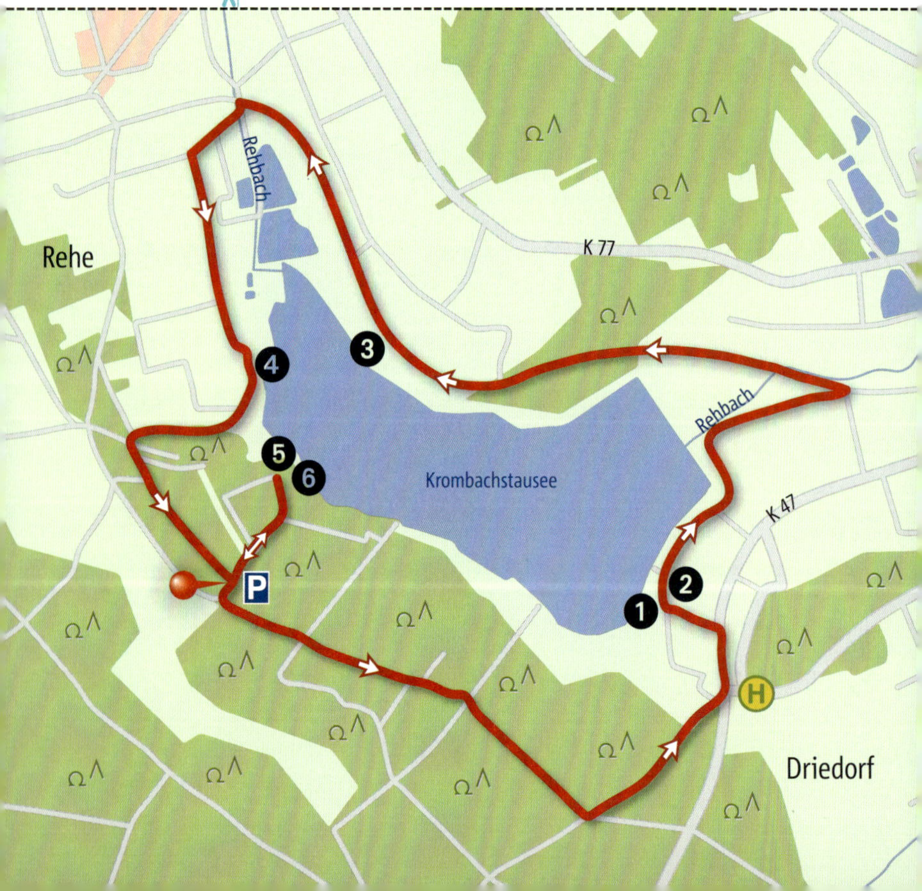

Alles auf einen Blick

WIE & WANN:

Wald-, Wiesen- und Wirtschaftswege; Fernglas einpacken, an heißen Tagen auch Badesachen; beste Wanderzeit ganzjährig: zum Baden in der Freibadsaison, zur Vogelbeobachtung während des Vogelzugs

HIN & WEG:

Auto: Wanderparkplatz oberhalb vom Campingplatz Rehe,
An der Krombachtalsperre, 56479 Rehe (GPS: 50.616442, 8.121294)
ÖPNV: Keine regelmäßige Anbindung an die Strecke

ESSEN & ENTSPANNEN:

Pizzeria Al Lago ❷ An der Krombachtalsperre, 35759 Driedorf,
Tel. (0 27 75) 9 40 66 30 (Di.–So. 11–22.30 Uhr)
Ponte Rosa auf Welters Camping ❺ Campingplatz 1, 56479 Rehe,
Tel. (0 26 64) 9 11 63 82, www.welters-camping.de
(März–Okt., Dez., Jan. Di.–So. ab 12, Ostern bis Herbstferien auch Mo. ab 12 Uhr)

ENTDECKEN & ERLEBEN:

Badestelle Campingplatz an der Krombachtalsperre ❶
An der Krombachtalsperre, 35759 Driedorf, Tel. (0 27 75) 3 00,
www.camping-krombachtalsperre.de
Vogelbeobachtungsturm ❸
Vogelfreistätte ❹
Badestelle Welters Camping ❻ Campingplatz 1, 56479 Rehe,
Tel. (0 26 64) 85 33, www.welters-camping.de

Entspannung ✱✱✱✱✱
Genuss ✱✱✱✱✱ (3 von 5)
Romantik ✱✱✱✱✱ (3 von 5)

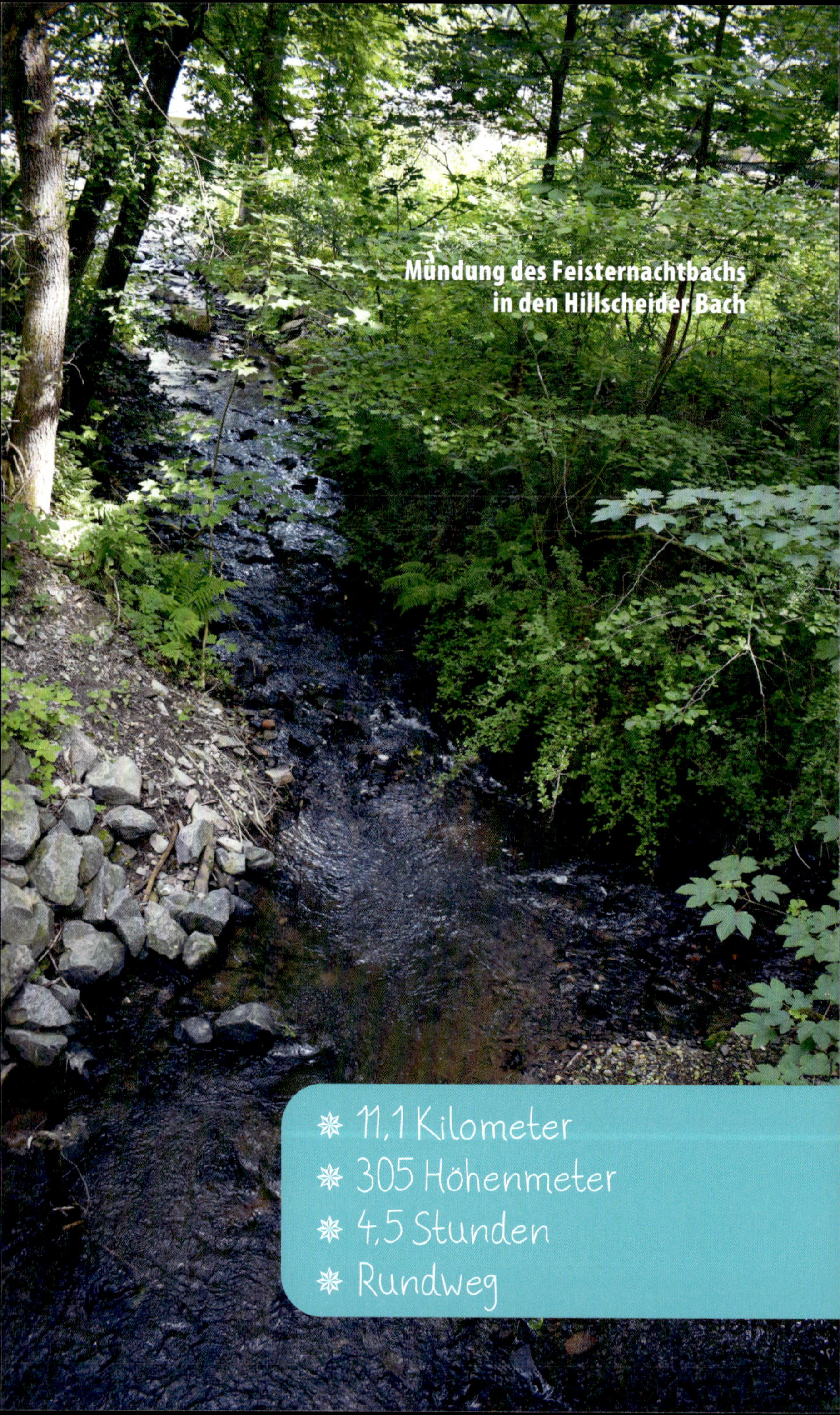
Mündung des Feisternachtbachs
in den Hillscheider Bach
11,1 Kilometer
305 Höhenmeter
4,5 Stunden
Rundweg

Wir starten am Wanderparkplatz Feisternachtbachtal, er ist als Rettungspunkt 5511-738 markiert. Am Straßenrand der L 309 laufen wir einige Schritte nach links bis kurz vor den Feisternachtbach. Dort wechseln wir die Straßenseite und gehen rechts zu einer Brücke. Genau hier mündet der Feisternachtbach in den Hillscheider Bach.

Hinter der Brücke biegen wir nach links ab und laufen auf einem Pfad neben einer Felswand am Hillscheider Bach durch den Buchenmischwald. Vögel begleiten uns mit ihrem Gesang.

Der Weg wird breiter und führt nach etwa 1,3 Kilometern zum Rettungspunkt 5511-765. Dort folgen wir weiter geradeaus dem Weg durch das Tal des Hillscheider Bachs. Der harzige Duft des Hochwalds kitzelt unsere Nase. Hinter den Fischteichen des Tannenhofs biegen wir nach links ab und folgen dem Wegweiser zum **Kathedralenwald.** Ein asphaltierter Weg führt uns nach links. Wir queren die L 309 ein zweites Mal, und zwar leicht nach rechts versetzt, sodass wir zu einem geschotterten Parkplatz kommen.

Einige **Trittsteine** (1) führen durch den Hirzbach. Auf ihnen hüpfen wir dem Stress davon und spüren, wie sich Leichtigkeit ausbreitet. Dahinter folgen wir einem Pfad steil bergauf zu einer T-Kreuzung. Dort folgen wir dem Waldweg nach rechts, er wird zu einem krautigen Pfad, der herrlich duftet.

Wir laufen immer parallel zum Hirzbach. Dann schwenkt der Weg nach links und führt steiler wer-

*Die Quelle des **Feisternachtbachs** liegt westlich von Montabaur an der Westflanke der 545 Meter hohen Alarmstange (ja, so heißt der Berg wirklich!). Er wird auch Kühlbach genannt.*

Unordnung pur

Bäche und Auen am Fuß des Pedel

dend den Kuckucksberg hinauf in den Kathedralenwald. Der Name ist selbsterklärend, wenn wir zwischen den groß gewachsenen Buchen und Lärchen den Berg hinaufwandern. Wie zwergenklein doch all unsere Sorgen beim Anblick dieser Baumriesen werden!

Wir folgen dem nach links führenden Pfad bis zu einem breiten Waldweg, dort biegen wir rechts ab. Nach etwa 100 Metern kommen wir an eine T-Kreuzung. Hier könnten wir nach links einen **Abstecher** zum **Pedel** (2) machen, der sich westlich von uns in etwa 1 Kilometer Entfernung erhebt.

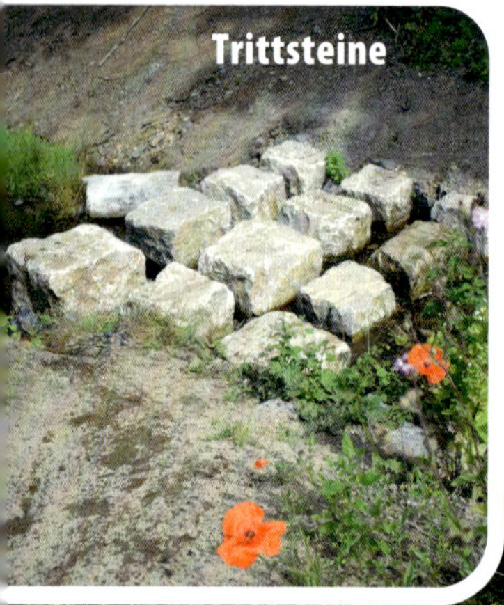
Trittsteine

Unsere Runde führt hingegen nach rechts auf dem Schotterweg zurück zum Wald. Direkt am Waldrand führt uns links ein Grasweg tiefer in den Wald und hinab zu einem anderen Schotterweg, dem wir geradeaus folgen. An der nächsten Kreuzung nehmen wir den Forstweg nach rechts. Wo er eine Rechtskurve macht, ge-

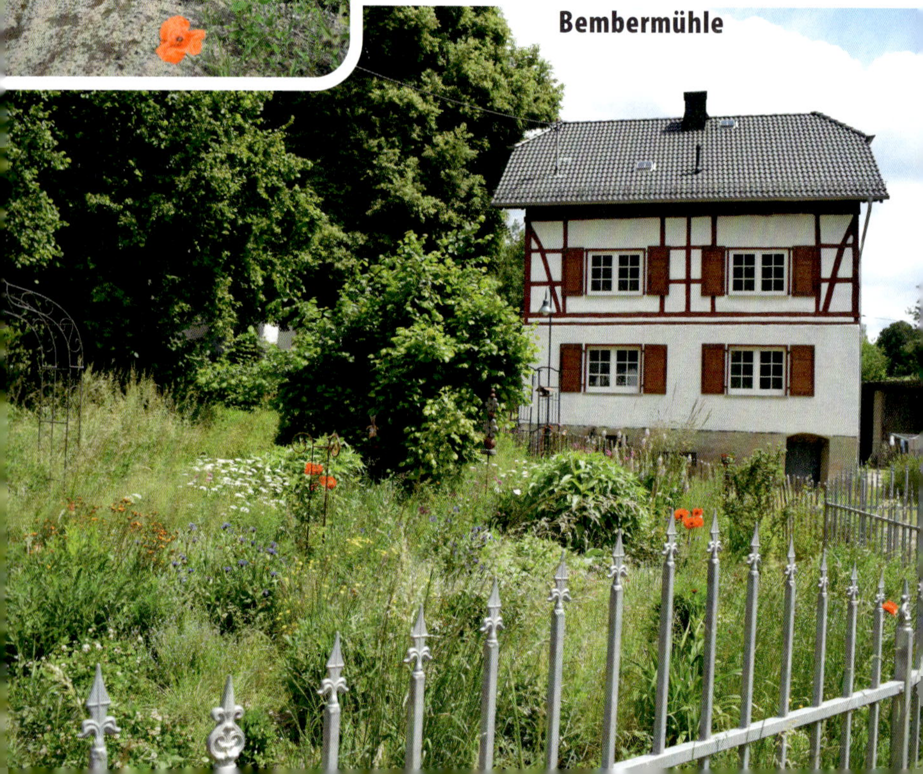
Bembermühle

hen wir scharf rechts auf einem Pfad weiter. Hinter einer Linkskurve wandern wir an einer Gabelung nach links bergab und wenden uns hinter dem Wasserbehälter nach rechts.

Am Rettungspunkt 5512-842 treffen wir auf einen asphaltierten Weg, hier biegen wir rechts ab und passieren den Hof Bembermühle und seine Fischteiche. Am ehemaligen Lokal Waldesruh **Bembermühle** ③ wandern wir geradeaus neben dem Feisternachtbach weiter, biegen aber am nächsten Hof nach links ab und laufen oberhalb des letzten Hauses scharf rechts bergauf in den Wald zurück.

Der Weg führt weiter bergauf zu einer riesigen Buche, dort an der Gabelung folgen wir dem **Limesweg** nach links. An der darauffolgenden T-Kreuzung gehen wir nach rechts, aber schon nach ein paar Schritten wieder nach links. Wir wandern nun am Waldrand entlang und erreichen nach gut 200 Metern einen Schotterweg, dem wir nach links zum **Limes** ④ folgen.

An der benachbarten Kreuzung bleiben wir geradeaus auf dem breiten Waldweg. Nach gut 150 Metern zweigt ein Pfad nach links ab, dem wir zwischen kleinen und großen Buchen hindurch folgen. An einer Pfadkreuzung gehen wir weiter geradeaus durch das Buchendickicht, das irgendwie beschützend auf uns wirkt.

Wir treffen auf einen asphaltierten Weg, dem wir für 5 Meter nach rechts folgen, um dann scharf links auf dem beschrankten Waldweg weiterzulaufen. In einem weiten Bogen führt uns der Weg um den Pu-

Südlich von Höhr-Grenzhausen liegen der ***Limes*** *und ein römischer Wachtposten im Wald verborgen. Der 550 Kilometer lange Obergermanisch-Rätische Limes wurde im 2. Jahrhundert fertiggestellt. Der Grenzwall, seit 2005 UNESCO-Weltkulturerbe, zog sich vom Rhein bis zur Donau.*

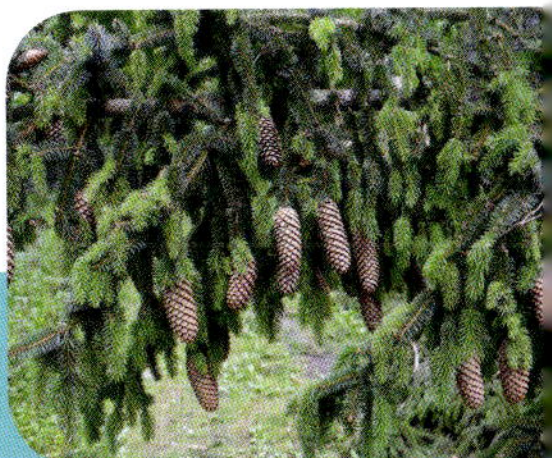

Für die Seele

Wir wandern über weite Strecken auf dem Waldschluchtenweg und spüren dabei, warum er als Traumpfad bezeichnet wird.

Ordnung ist etwas Künstliches. Das Natürliche ist das ***Chaos.*** *(Arthur Schnitzler)*

schenkopf, ohne dass wir zu seinem Gipfel aufsteigen müssten.

Wir rasten noch einmal an einem Picknickplatz mit Aussicht, bevor wir in einer Rechtskurve links bergab Richtung **Seehütte** wandern. Etliche Serpentinen bringen uns ins Tal des Feisternachtbachs. Dort unten biegen wir rechts ab und laufen zur Kreuzung am Rettungspunkt 5511-730. Wir überqueren den Bach und wandern dahinter nach rechts auf dem parallel zu ihm verlaufenden Weg weiter.

Herrlich unaufgeräumt ist es hier in den sumpfigen Auen, in denen umgestürzte Bäume einfach liegen bleiben dürfen, selbst wenn sie über einen markierten Weg fallen. Dann müssen wir uns eben darunter hindurchducken oder hinüberklettern. Sie

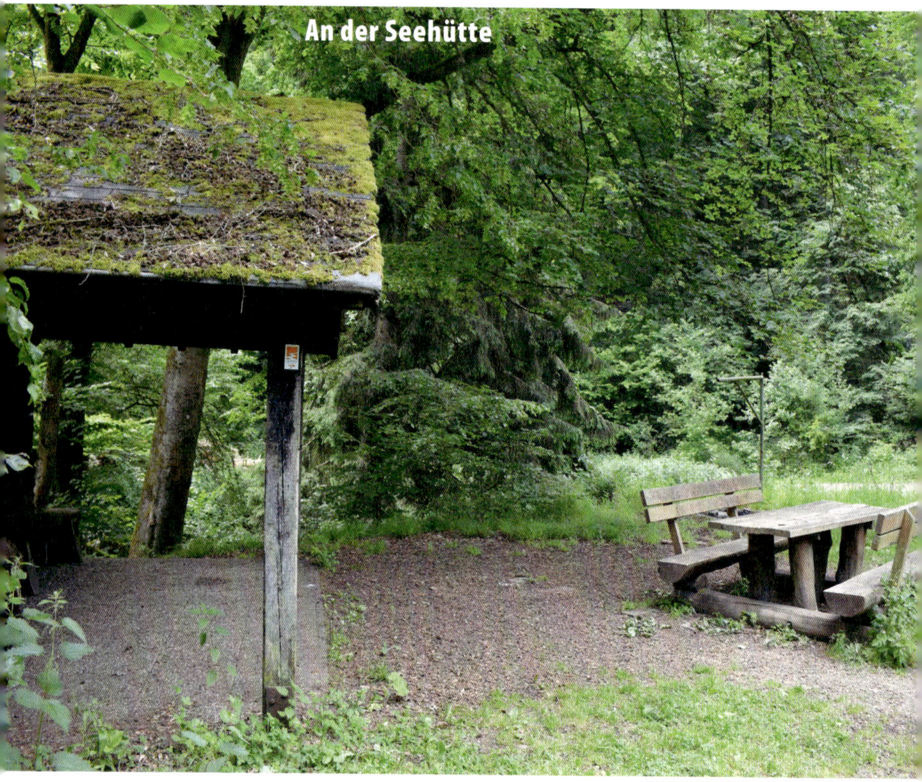

An der Seehütte

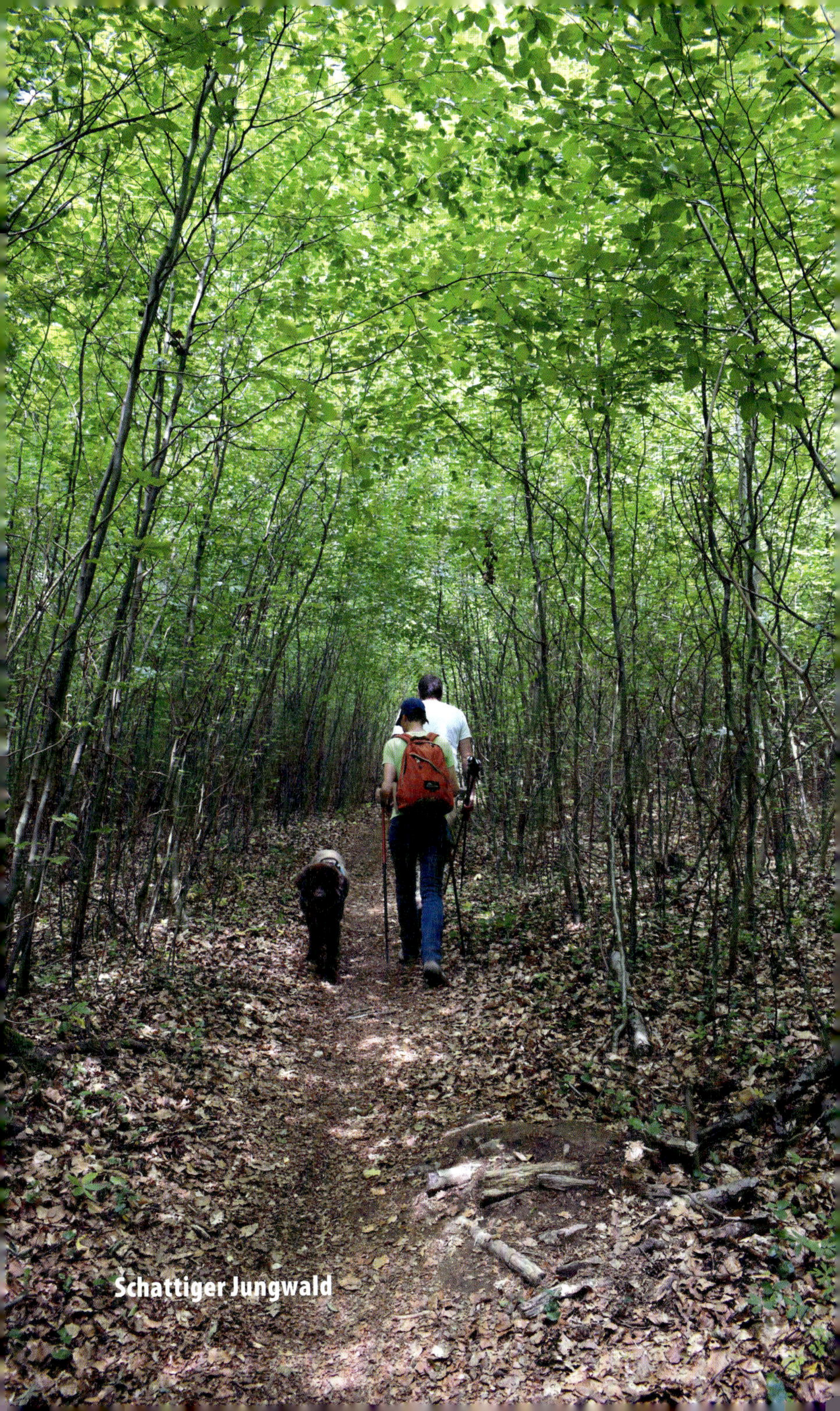

Schattiger Jungwald

werden nur entfernt, wenn der Weg ansonsten unpassierbar würde.

Immer öfter umschwirren uns bunte Falter und schillernde Libellen. Daran merken wir, dass wir uns dem kleinen Waldsee annähern. An der **Seehütte 5** mit dem Picknicktisch lassen wir es uns mit den Resten unseres Proviants gut gehen. Wir haben nur noch 1,5 Kilometer vor uns, brauchen also allenfalls noch Wasserreserven für die verbleibende Wegstrecke.

Hier befindet sich auch der Rettungspunkt 5511-729. Wir folgen dem Forstweg nach links und passieren einen überdachten Picknicktisch, bevor wir wieder zurück am Startpunkt sind.

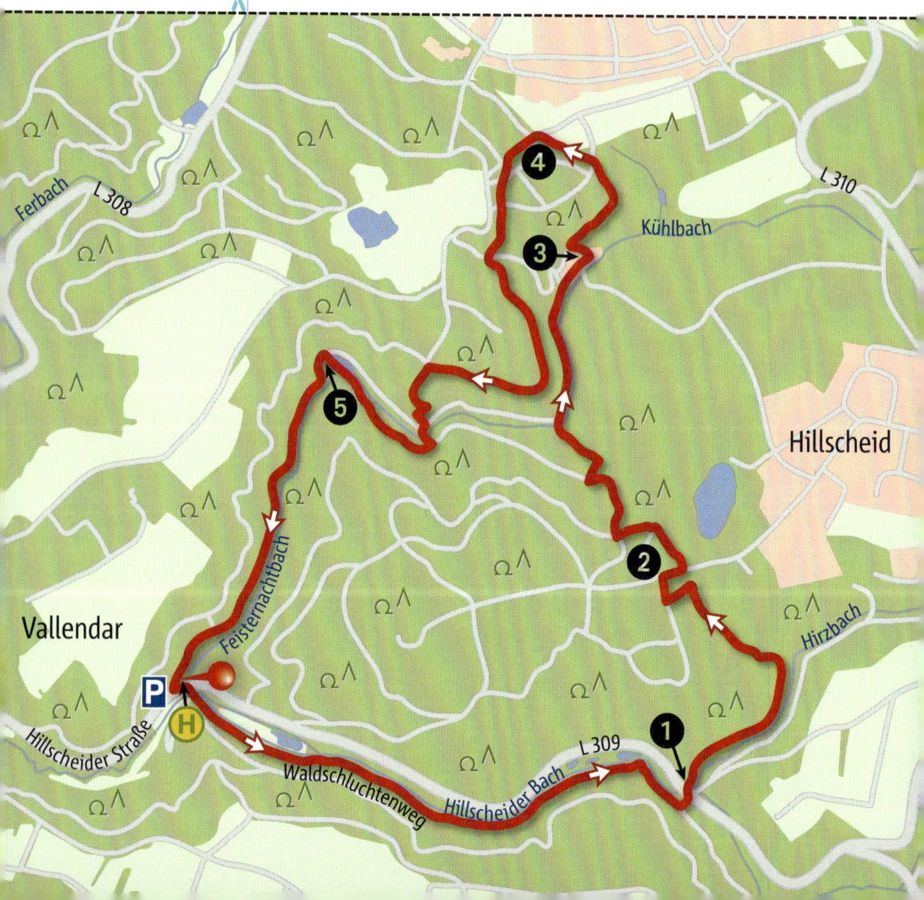

Alles auf einen Blick

WIE & WANN:
Naturpfade, Wald-, Wiesen- und Wirtschaftswege; ganzjährig lohnend

HIN & WEG:
Auto: Wanderparkplatz Feisternachtbachtal (L 309),
Hillscheider Straße 15, 56179 Vallendar (GPS: 50.404384, 7.645342)
ÖPNV: Keine direkte Anbindung an die Strecke

ESSEN & ENTSPANNEN:
Bitte an Rucksackverpflegung denken!

ENTDECKEN & ERLEBEN:
Furt mit Trittsteinen ❶
Abzweig zum Pedel ❷
Bembermühle ❸
Limes ❹
Seehütte ❺

Entspannung ✱✱✱✱✱
Genuss ✱✱✱✱✱
Romantik ✱✱✱✱✱

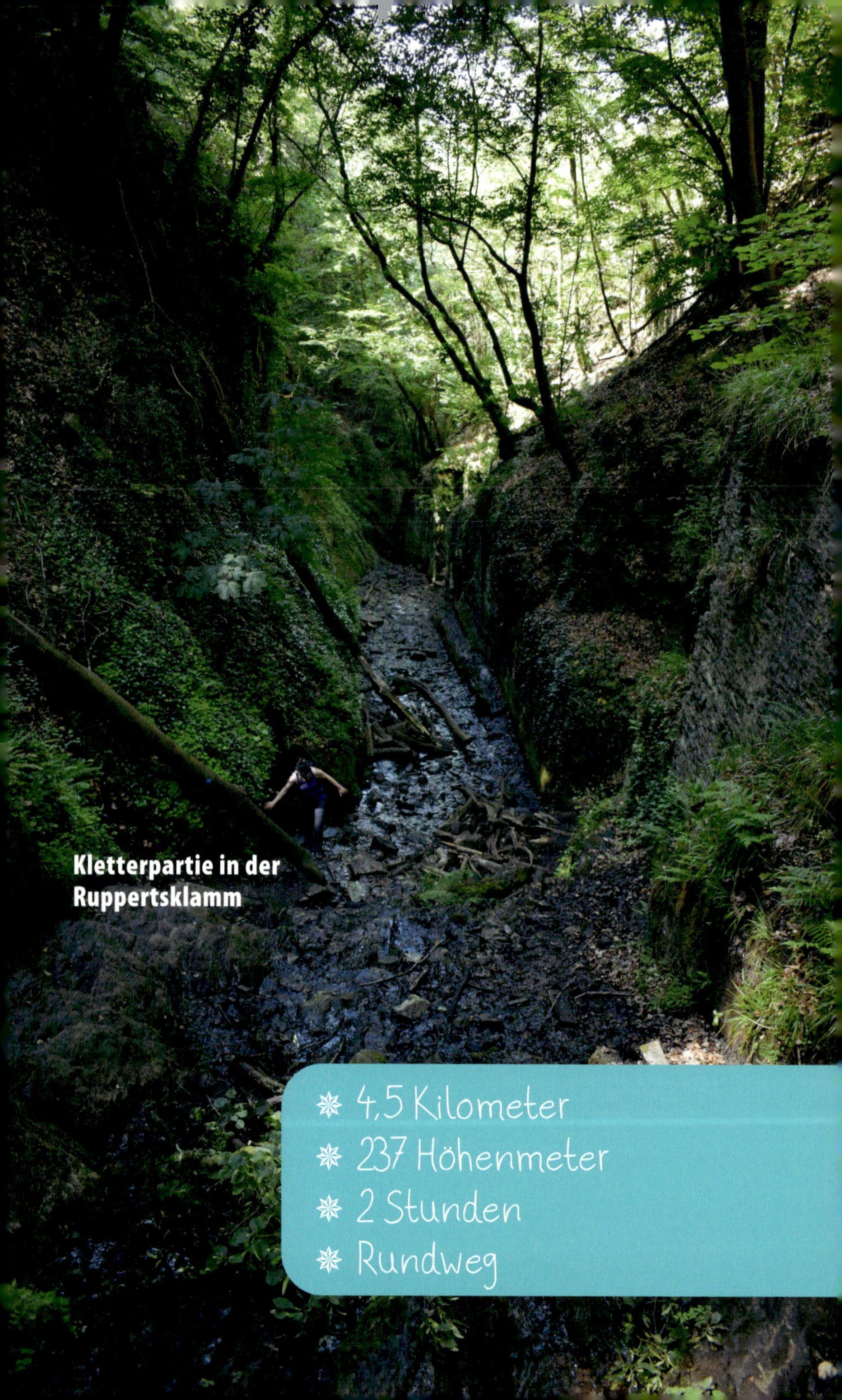

Kletterpartie in der Ruppertsklamm

Unser Startpunkt liegt an der B 260 am Rettungspunkt 5611-051. Vom Parkplatz laufen wir auf dem Gehweg neben der Straße etwa 70 Meter zu den Schildern **582>587 UNESCO-Welterbe Oberes Mittelrheintal** und **Eingang Ruppertsklamm.** Wir wandern scharf rechts einen asphaltierten Weg hinauf. Hier verlaufen auch der **Rheinsteig** und der **Lahnwanderweg.**

An einem großen Rastplatz wandern wir geradeaus durch ein hölzernes Portal. Wir lesen darauf „Eingang zur wildromantischen Ruppertsklamm" und durchschreiten es erwartungsvoll. Hinter diesem **Einstieg in die Ruppertsklamm** ① überqueren wir den Bach, der dieses Tal gegraben hat, auf einer Fußgängerbrücke.

Nun beginnt ein uriges Wandervergnügen durch die Ruppertsklamm. Auf gut 1 Kilometer steigen wir über 200 Meter durch die Schlucht. Der Weg wechselt mehrfach das Bachufer und führt einige Male auch durch den Bachlauf. An kniffeligen und rutschigen Stellen ist er zum Teil mit Metallseilen, Brückchen und Holzstegen gesichert.

Wir entdecken eine Metalltafel, die auf der linken Seite der Schlucht an Theodor Zais als Erschließer und Bewahrer dieser Schlucht erinnert.

Auf einem etwas breiteren Weg laufen wir an einem Holzzaun entlang um einen trockengefallenen Tümpel. Dahinter folgen wir dem schmalen Pfad nach rechts zurück ins Tal und genießen erneut die kühle Frische der Klamm und das konzentrierte Wandern auf den bemoosten Felsstufen, auch wenn es hier nicht mehr ganz so wildromantisch zugeht.

*Die **Ruppertsklamm** ist ein rund 1,2 Kilometer langes Tal mit hohen Felswänden. Sie wurde 1910–1912 von Theodor Zais für Wanderer begehbar gemacht. Seit 1936 steht sie wegen ihres artenreichen Laubwalds unter Naturschutz.*

Kurz und kühl

Durch die Ruppertsklamm

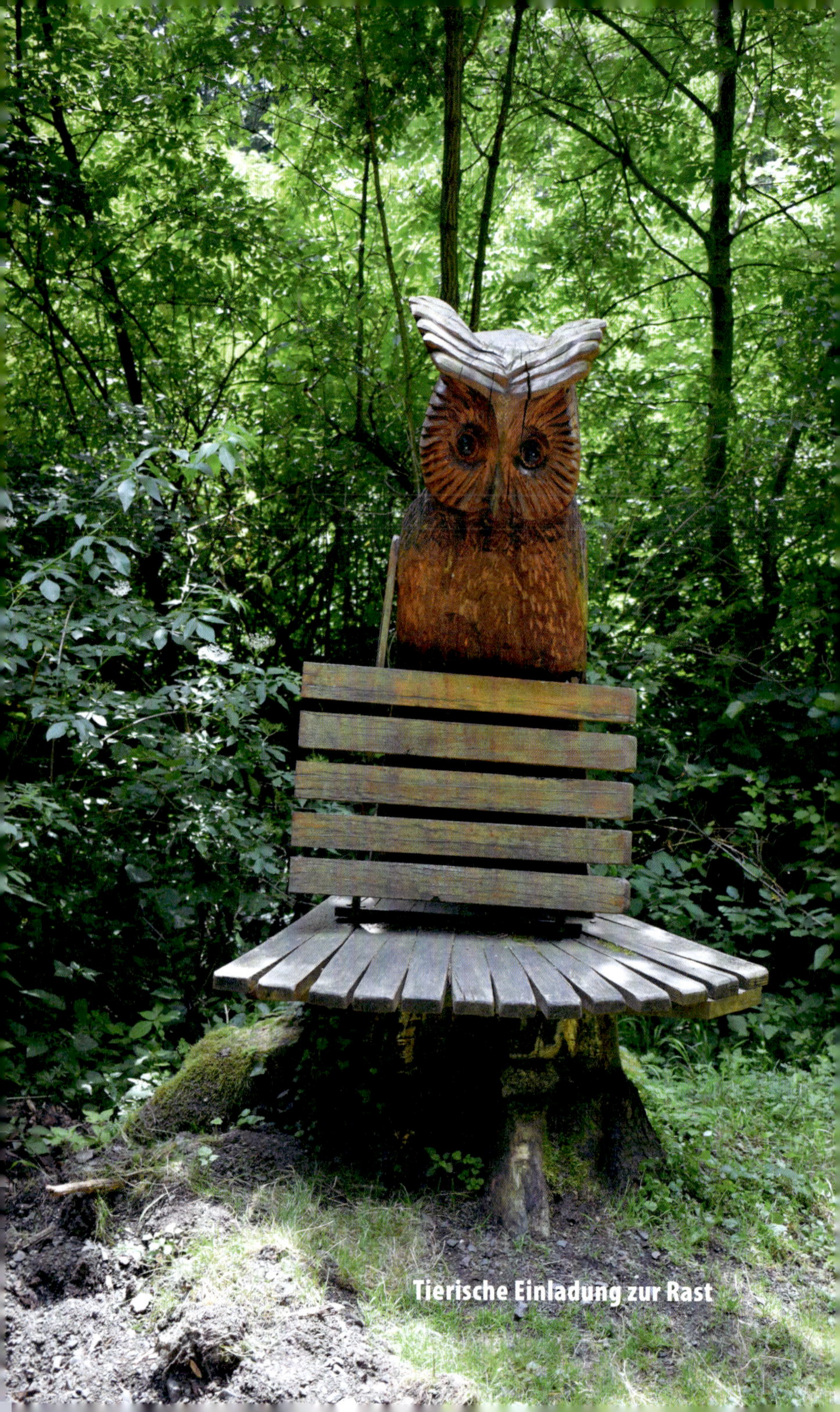

Tierische Einladung zur Rast

Von rechts und links kommen breitere Wege hinzu und wir erreichen die **Schutzhütte Ruppertsklamm.** In oder vor dieser riesigen Hütte haben wir uns erst einmal ein Picknick verdient. Nach der Rast laufen wir bis zum Ende des Picknickplatzes und dort scharf links zurück zum Rettungspunkt 5611-050 an der Kreuzung unterhalb der Hütte. Zugegeben: Wir hätten auch einfach wieder zurück zum Hütteneingang und zur Kreuzung gehen können. Aber dieser winzige Umweg führt uns zu einigen Schnitzereien. Die Schmetterlinge auf dem Balken über dem Bach öffnen unser Herz ganz weit.

Hier am Rettungspunkt folgen wir dem Weg **B 1 (Koblenz über Lichter-Kopf).** Es geht rund 300 Meter bergauf bis zu einer Sitzbank, an der wir scharf rechts abbiegen und einem Pfad weiter bergauf folgen. Nach weiteren etwa 300 Metern biegen wir ebenso scharf nach links ab und laufen einen Pfad hinauf, der für ungeübte Wanderer kaum auszumachen ist.

Wiederum etwa 300 Meter weiter kommen wir an einer jungen Aufforstung vorbei zu einem ebenen Waldweg. Diesem folgen wir nach links zur alten **Grenzeiche 2.** Neben den Grenzsteinen verdeutlichten in vergangenen Jahrhunderten markante Bäume die Grenzverläufe, wie hier die über 200 Jahre alte Eiche, ein geschütztes Naturdenkmal.

Bei genauerer Betrachtung fällt uns eine Verletzung auf. In uns entsteht der Wunsch, die alte Eiche zu umarmen und zu trösten. Ein verletzter Baum weist uns den Weg zu unserer eigenen Verletzlichkeit.

*Leben ist nicht genug, sagte der **Schmetterling.** Sonnenschein, Freiheit und eine kleine Blume gehören auch dazu. (Hans Christian Andersen)*

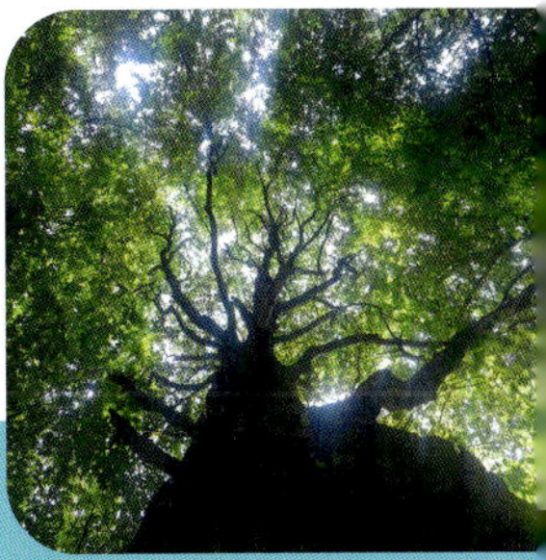

Für die Seele

Das Wandern auf den verwunschenen Pfaden durch die kühle Klamm gehört zu den besten denkbaren Fluchten aus dem Alltag.

*Das **Geheimnis der Abkürzungen** auf dem Grenzstein 171 ist schnell gelüftet, wenn wir uns vor Augen führen, dass hier das Königreich Preußen (KP) mit dem Ort Horchheim (HHM) an das Herzogtum Nassau (HN) und die Stadt Niederlahnstein (NLN) grenzte.*

Der Weg führt nun aus dem Wald heraus an einen Feldrand, dem wir nach rechts folgen. Nach rund 200 Metern treffen wir auf einen Waldweg, auf dem wir quasi geradeaus bergab wandern **(A 3).** Eine hübsch geschnitzte kleine **Eulenbank** ③ verführt Solo-Wanderer oder verliebte Paare zu einer Mini-Rast. Beim Weitergehen kommen wir zu einer T-Kreuzung, dort folgen wir den Markierungen des **Rheinsteigs** scharf links.

Nach etwa 300 Metern biegen wir rechts ab **(B 1, Rheinsteig).** Zwischen den Bäumen erhaschen wir einen ersten Blick hinab nach Friedland auf der südlichen Lahnseite. Wir steigen auf dem Geländerücken zwischen dem Michelbach und der Ruppertsklamm steil bergab zum **Friedlandblick** ④. Die kleinen Steinchen machen diesen Abstieg zu einer anspruchsvollen Wanderung. Jeder Schritt will wohl gesetzt sein, wir sind voll konzentriert und fokussiert.

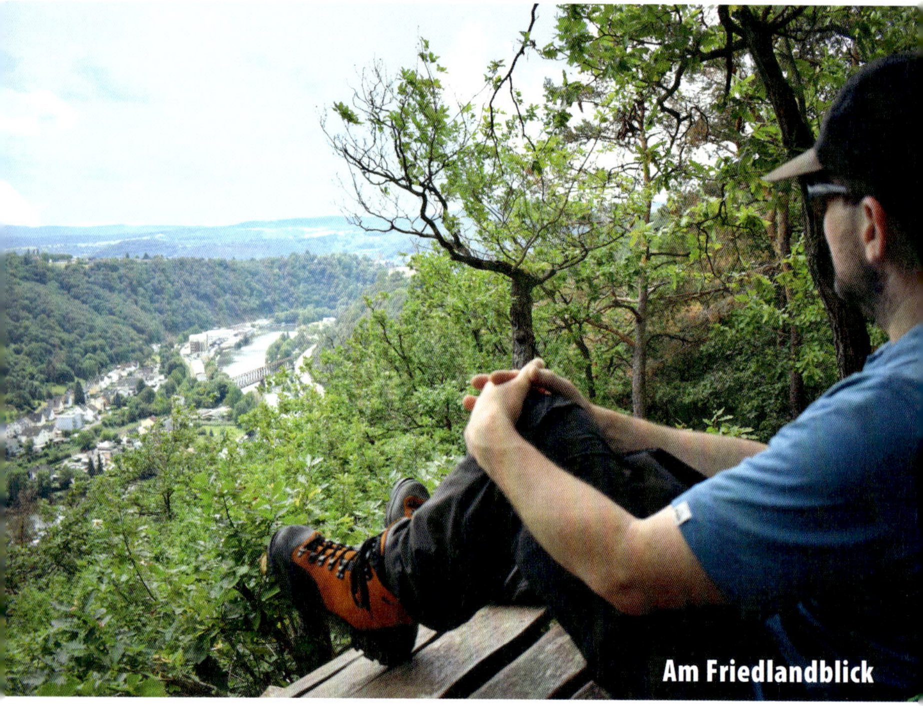

Am Friedlandblick

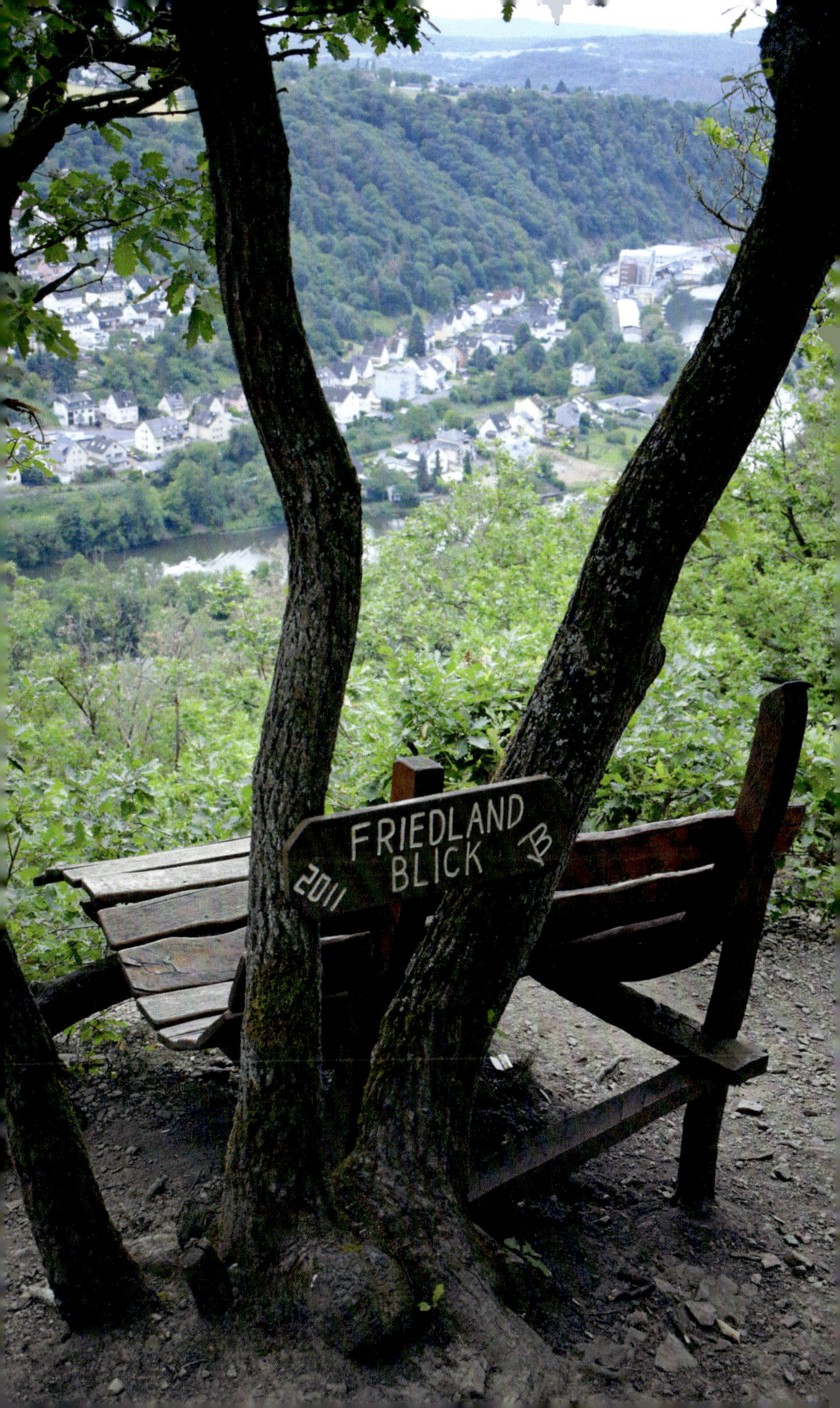
FRIEDLAND
BLICK
2011

Erfrischungstour 20

*Der **kleine Bach** in der großen Klamm scheint namenlos zu sein. Früher hieß er wohl Michelsbach (mit s), 1901 war vom Ruppertsthal die Rede. Heute lesen wir meist vom „Bach in der Ruppertsklamm", um ihn nicht mit dem Michelbach (ohne s) zu verwechseln.*

Am Friedlandblick pausieren wir kurz auf einer Aussichtsliege. An diesem Punkt haben wir einen noch besseren Blick hinab zur Lahn und hinüber nach Friedland. Ganz rechts sind sogar die Burg Lahneck und das Kloster Allerheiligenberg zu sehen.

Auf felsigem Untergrund geht es nun weiter steil bergab zu einer Wegkreuzung, wo uns eine Sitzbank einen guten Blick das Lahntal hinauf schenkt. Quasi geradeaus **(C)** laufen wir auf eine **Schutzhütte** zu. Der Pfad führt dahinter an der **Lahnblick-Liege** **4** vorbei und in Serpentinen zu Tal. Einige anspruchsvolle Stellen sind seilgesichert. Der Weg endet am Einstieg in die Klamm und wir gehen nach rechts zurück zum Parkplatz.

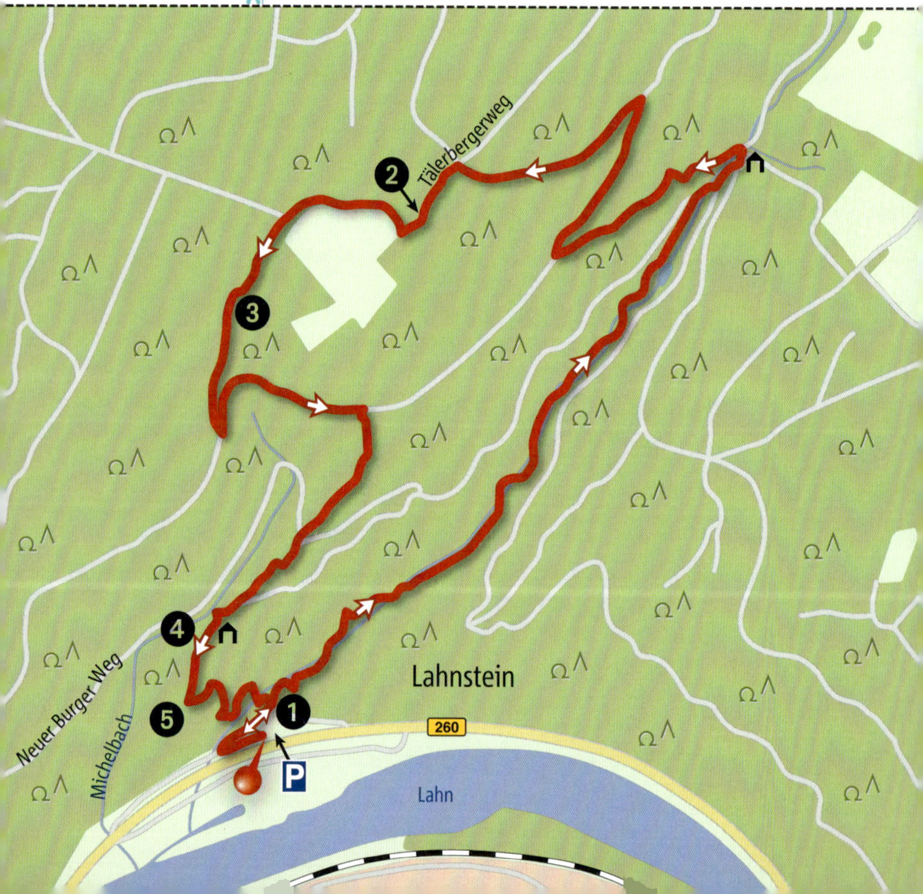

Alles auf einen Blick

WIE & WANN:
Wald-, Wiesen- und Wirtschaftswege, in der Klamm rutschiger Fels; Trittsicherheit erforderlich; Wechselschuhe mitnehmen; ganzjährig lohnend

HIN & WEG:
Auto: Wanderparkplatz an der B 260 nahe der Hohenrheiner Hütte, 56112 Lahnstein-Niederlahnstein (GPS: 50.316497, 7.626580)
ÖPNV: Keine direkte Anbindung an die Strecke

ESSEN & ENTSPANNEN:
Bitte an Rucksackverpflegung denken!

ENTDECKEN & ERLEBEN:
Einstieg Ruppertsklamm ❶
Grenzeiche ❷
Eulenbank ❸
Friedlandblick ❹
Lahnblick-Liege ❺

Entspannung ✱✱✱✱✱
Genuss ✱✱✱✱✱
Romantik ✱✱✱✱✱

Die GPS-Daten zu jeder Tour gibt es auf
www.droste-verlag.de

2. Auflage 2021
Konzeption/Satz: Droste Verlag, Düsseldorf
Einbandgestaltung: Britta Rungwerth, Düsseldorf, unter Verwendung von Bildern von © Fotolia.com: Andrey Kuzmin, undrey, dabost, niroworld; © stock.adobe.com: marrakeshh
Fotos: Ingrid Retterath, außer: Stephan Fürst: S. 62, 96, 125; Karl-Georg Müller, Neuwied: S. 70, 76, 87, 112, 132/133, 134, 136; stock.adobe.com: S. 1, 74 (travelpeter), 21 (Andreas Gillner), 36 (AVTG), 88 (Elke Hötzel), 168 (Tobias Arhelger), 171 (Andreas); Freddy Thobe: S. 56/57, 95
Karten: Thorsten David, Bochum
Druck und Bindung: LUC GmbH, Greven

MIX
Papier aus verantwortungsvollen Quellen
FSC® C011279
FSC www.fsc.org

ISBN 978-3-7700-2166-6
www.droste-verlag.de